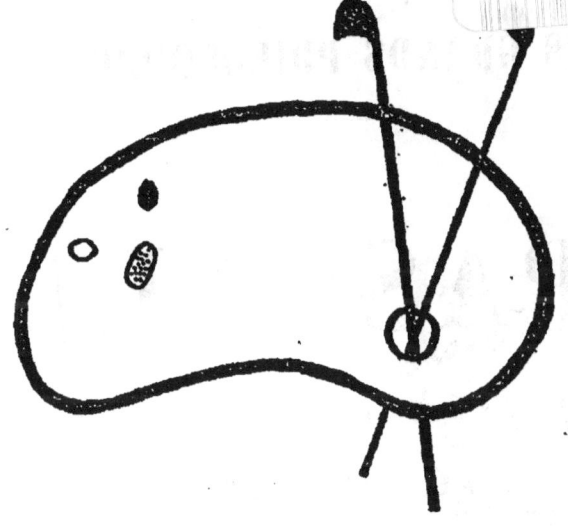

COUVERTURE SUPERIEURE ET INFERIEURE
EN COULEUR

LES GRANDS PHILOSOPHES

PASCAL

PAR

AD. HATZFELD

PARIS
FÉLIX ALCAN, ÉDITEUR
108, BOULEVARD SAINT-GERMAIN, 108

1901

Les Critiques littéraires du XIXᵉ siècle, par Ad. Hatzfeld et G. Meunier. — *Librairie Delagrave*, Paris.

Le XVIᵉ siècle en France, par Ad. Hatzfeld et A. Darmesteter, in-12 br. (Couronné par l'Académie française). — *Librairie Delagrave*, Paris.

La Poétique d'Aristote, édition et traduction nouvelles précédées d'une étude philosophique, par Ad. Hatzfeld et Médéric Dufour. — *Librairie Le Bigot*, Lille.

Dictionnaire général de la langue française, par Ad. Hatzfeld et A. Darmesteter. (Cet ouvrage a obtenu à l'Exposition le seul grand prix accordé aux livres). — *Librairie Delagrave*, Paris.

PASCAL

LES GRANDS PHILOSOPHES

Collection dirigée par CLODIUS PIAT

Publiée chez Félix Alcan

Volumes in-8° de 300 pages environ, chaque volume, 5 fr.

Ont paru :

SOCRATE, par Clodius Piat.

KANT, par Th. Ruyssen, ancien élève de l'École normale, professeur de philosophie au Lycée de Bordeaux.

AVICENNE, par le baron Carra de Vaux, ancien élève de l'École Polytechnique, professeur d'arabe à l'Institut catholique de Paris.

SAINT AUGUSTIN, par l'Abbé J. Martin.

MALEBRANCHE, par Henri Joly.

Va paraître :

Saint Anselme, par le comte Domet de Vorges.

LES GRANDS PHILOSOPHES

PASCAL

PAR

AD. HATZFELD

PARIS
FÉLIX ALCAN, ÉDITEUR
108, BOULEVARD SAINT-GERMAIN, 108

1901

AVANT-PROPOS

Ce livre est l'œuvre de M. Adolphe Hatzfeld, l'un des auteurs du *Dictionnaire de la langue française* qui a obtenu à l'Exposition le seul grand prix donné aux livres.

Esprit éminemment logique et précis, poussé par un désir impérieux de toujours remonter aux principes, M. Hatzfeld s'était d'abord orienté vers les études de philosophie; et s'il devint plus tard professeur de rhétorique, ce fut à la suite d'un léger dissentiment survenu entre lui et Victor Cousin, mais dissentiment que Cousin ne pardonna pas.

La publication du *Pascal* de Faugère, en 1844, avait fort séduit notre jeune normalien, et peu après il proposait à son maître de publier avec lui les *Pensées de Pascal* replacées dans l'ordre indiqué par Étienne Périer. N'ayant rien pu tirer d'un fatras de fragments qu'il tenait de Cousin, il abandonna son projet sans cesser toutefois d'étudier un de ses auteurs favoris et d'y réfléchir. Ses leçons sur Pascal étaient célèbres à Louis-le-

Grand et toujours impatiemment attendues par ses élèves. Aussi accepta-t-il avec empressement, en 1896, de collaborer à la « collection des grands philosophes » parmi lesquels Pascal avait sa place toute marquée.

La mort, qui a frappé Adolphe Hatzfeld en octobre 1900, est venue trop tôt pour lui permettre de voir l'accueil que le public ferait à son ouvrage. Elle l'a trouvé la plume à la main, la dernière phrase de son livre achevée.

M. Brunetière exprimait, il y a quelques années déjà, le regret de n'avoir jamais vu discuter « les titres scientifiques de Pascal » d'une façon qui permît d'établir « sa force d'invention »[1]. Cette discussion a été confiée par M. Hatzfeld au lieutenant Perrier, membre de la mission géodésique qui procède actuellement en Équateur à une nouvelle mesure de l'arc méridien connu sous le nom d'arc du Pérou.

G. H.

M. l'Abbé Piat, qui s'est chargé de la correction des épreuves, a dû introduire dans l'ouvrage un certain nombre de modifications que l'auteur lui-même avait en vue.

---

[1]. *Revue des Deux-Mondes*, 1ᵉʳ septembre 1885.

INTRODUCTION

Jamais Pascal n'a été tant réimprimé que de nos jours ; et l'on comprend l'attention dont il est l'objet. Il n'y a pas d'écrivain qui soit mieux approprié à l'état actuel de nos âmes ; il n'y en a pas qui ait pénétré plus profondément l'abîme de nos misères et plus vivement ressenti les étranges conflits de notre nature : on dirait qu'il a connu le malaise moral dont notre siècle est atteint.

Si l'on demande en quoi notre travail diffère des ouvrages qui ont paru ces dernières années sur Pascal, la réponse est dans ce texte de ses *Pensées* : « Pour entendre le sens d'un auteur, il faut accorder tous les passages contraires... Tout auteur a un sens auquel tous les passages s'accordent, ou il n'a pas de sens du tout[1]. »

D'aucuns se sont bornés à déplacer çà et là quelques morceaux, à édifier sur quelques fragments isolés des hypothèses chimériques, à demander aux *Pensées* des arguments pour une thèse, en laissant de côté ce qui la démentait. D'autres se sont scandalisés de certains passages qu'ils ont cru devoir attribuer à des états d'âme extraordinaires, parce que Pascal y exprime,

---

1. XVI, 10 *bis*, éd. Ern. Havet, Delagrave, Paris, 1883. — C'est celle que nous citerons toujours sur les *Pensées* et l'*Entretien de Pascal avec M. de Saci*.

avec une émotion poignante, comme si lui-même en avait souffert, le malheur d'être éloigné de Dieu et l'extravagance de ceux qui, au lieu de le chercher, s'endorment dans la corruption.

« Il me paraît, dit Voltaire, qu'en général, l'esprit dans lequel M. Pascal écrivit ses *Pensées* était de montrer l'homme dans un jour odieux ; il s'acharne à nous peindre tous méchants et malheureux ; il écrit contre la nature humaine à peu près comme il écrivait contre les jésuites. Il impute à l'essence de notre nature ce qui n'appartient qu'à certains hommes : il dit éloquemment des injures au genre humain. J'ose prendre le parti de l'humanité contre ce misanthrope sublime [1]. »

« Pascal, dit M. Cousin, respire le scepticisme ; il en est plein ; il en proclame le principe, il en accepte toutes les conséquences, et il le pousse d'abord à son dernier terme, qui est le mépris avoué et presque la haine de la philosophie. Oui, Pascal est un ennemi déclaré de la philosophie [2]. »

M. Cousin va plus loin : « C'est parce qu'il est sceptique en philosophie qu'il s'attache d'autant plus étroitement à la religion, comme au seul asile, comme à la dernière ressource de l'humanité dans l'impuissance de la raison, dans la ruine de toute vérité naturelle parmi les hommes [3]. »

---

1. *Premières remarques sur les Pensées de Pascal*, éd. Beuchot, t. XXXIII, p. 37.
2. *Des Pensées de Pascal*, nouv. éd., préface, Ladrange, 1847.
3. *Ibid.*, Avant-propos et rapport, 2ᵉ partie.

Sainte-Beuve avait d'abord adopté ce thème : « Pascal ne se servit… de cette ruine qu'il faisait de toutes les choses d'alentour, que pour s'attacher avec plus d'effroi à la colonne du temple, pour embrasser convulsivement la croix[1]. »

Il écrit plus justement ailleurs : « On a beaucoup disserté, à propos de Pascal, sur le scepticisme, sur le mysticisme ; le vrai titre du chapitre à son sujet devrait être : de la sainteté[2]. »

Vient enfin l'halluciné. « Son cerveau, dit Voltaire, se dérangea sur les dernières années de sa vie qui fut courte… C'est une chose bien singulière que Pascal et Abadie, les deux défenseurs de la religion chrétienne que l'on cite le plus, soient tous deux morts fous[3]. »

Ce que Voltaire admet volontiers pour déprécier la religion, M. Lélut se le persuade en qualité de médecin de la Salpêtrière : il voit partout des aliénés. Unissant dans un même diagnostic imaginaire Socrate et Pascal, il déclare que, « si l'on veut, ce n'étaient pas des fous, mais des hallucinés dont les visions pouvaient être appelées *les visions de la raison*[4] ».

Aux traits que nous venons de citer, Sainte-Beuve et Cousin ont encore ajouté (sous forme dubitative, il est vrai), le premier un Pascal joueur : « Pascal avec le train qu'il menait était joueur, peut-être[5] » ; le second un

---

1. *Portraits littéraires*, t. II, *Molière*, Garnier, Paris, 1864.
2. *Histoire de Port-Royal*, III, ch. xviii, Hachette, Paris, 1860.
3. Trad. d'*une lettre* de M. Bolingbroke, t. XLIII, p. 208.
4. *Amulette de Pascal*, p. 339, 1846.
5. Sainte-Beuve, *Port-Royal*, III, 5.

Pascal amoureux : « l'amour alors ne passait point pour une faiblesse : c'était la marque des grands esprits et de grands cœurs. Rien donc de plus naturel que Pascal n'ait pas su ou n'ait pas voulu se défendre d'une impression noble et tendre[1] ».

On a même inventé de nos jours un Pascal protestant.

Lorsqu'on soumet au contrôle des textes ces différentes opinions, on est conduit à croire que le vrai Pascal ne ressemble guère aux images qu'on s'en est faites; que, si l'on a restitué le texte de ses *Pensées*, l'unité de son caractère et celle de son œuvre sont encore à découvrir. Et c'est cette réduction à l'harmonie que nous voudrions tenter.

En ce qui concerne la peinture de l'homme, nous suivrons en quelque sorte sa vie année par année, sur les documents fournis par sa correspondance, par ses écrits, par les témoignages de ceux qui ont été constamment mêlés à son existence. On verra se dessiner ainsi son caractère véritable, très conséquent avec lui-même dans les phases successives de sa vie. On reconnaîtra que, dans cette carrière si remplie et si courte, torturée sans relâche par la souffrance physique, il y eut de tout temps une résignation vraiment chrétienne; que cette âme, qu'on nous représente comme cherchant dans des pratiques superstitieuses un refuge contre l'envahissement du doute, ne connut pas un seul jour l'incrédulité; que

---

[1]. Cousin, *Des Pensées de Pascal*, Appendice n° 11, Préamb.

ce qu'on est convenu d'appeler sa première conversion, fut simplement un accroissement de ferveur dû aux leçons et à l'exemple des solitaires de Port-Royal; que, si les quelques moments qu'il passa dans la société mondaine affaiblirent cette action, jamais ils n'entamèrent sa foi, de l'aveu même de sa sœur, la religieuse austère à qui la vie du monde la plus innocente semblait un scandale; que ce qu'on a nommé sa seconde conversion ne fut que son retour définitif à l'influence de sa sœur Jacqueline et de ses pieux directeurs; que l'accident du pont de Neuilly, qui mit sa vie en danger au mois de novembre 1654 et où l'on a voulu voir la cause de son abandon plus complet à Dieu, fut postérieur à ce renoncement volontaire; qu'il n'y a pas trace dans les témoignages contemporains des prétendus accès de folie attribués à cet accident; que les admirables ouvrages qui l'ont rendu immortel furent composés depuis et attestent la plénitude de son intelligence; enfin que, d'après toutes les relations du temps, jamais sa raison ne se montra plus ferme, sa piété plus douce, sa soumission à Dieu plus confiante que dans les dernières années de sa vie, en proie à de cruelles douleurs dont son âme demeura maîtresse, comme son génie.

En ce qui touche la philosophie de Pascal, nous constaterons que cette même suite que présente sa vie tout entière, nous la retrouvons dans l'ensemble de ses idées, dominant les difficultés avec lesquelles il a pu être aux prises : dans la doctrine du penseur qui, s'il place la vérité religieuse au-dessus des vérités humaines et gourmande sévèrement la raison lorsqu'elle s'érige en souverain juge de ce qu'il faut croire, n'a jamais cessé d'y voir le principe d'un développement scientifique indéfini et d'en faire le support nécessaire de la foi ; dans la doctrine du polémiste, qui croit servir l'Église et lui demeure fidèle d'intention, soit qu'il défende les jansénistes abusés par l'apparence d'orthodoxie dont ils couvraient leur erreur doctrinale, soit qu'il attaque les jésuites qu'on lui a représentés comme dépréciant la grâce et corrompant la morale; dans la doctrine de l'apologiste qui, s'il dépeint avec une véhémence et une âpreté parfois excessives l'infirmité de notre intelligence et de notre volonté, met toujours en regard de cette infirmité ce qui nous reste de grandeur, et tire de ce contraste violent la preuve irrécusable que la vie de ce monde a son but non en elle, mais au-dessus d'elle.

S'il se trouble au spectacle des faiblesses humaines, s'il s'irrite contre ce *moi* qu'il voudrait anéantir, chez les autres et chez lui, comme le véritable obstacle à la perfection chrétienne, rien n'ébranle sa confiance dans le résultat d'un effort sincère : partout il montre aux autres et entrevoit pour lui-même la victoire finale promise à la bonne volonté de celui qui aime et qui se jette humblement dans les bras du Sauveur.

PASCAL

PREMIÈRE PARTIE

BIOGRAPHIE PSYCHOLOGIQUE

Ce n'est pas ici une simple biographie de Pascal. C'est le récit de sa vie intellectuelle et morale; l'histoire de la formation de ce grand esprit et de cette grande âme; du développement de ses idées, de ses croyances; des luttes qu'il a soutenues pour ce qu'il croyait être la vérité : c'est, en un mot, la peinture de l'homme, pour éclairer la doctrine du penseur.

I. — 1623-1647.

Blaise Pascal naquit à Clermont, le 19 juin 1623, trois ans après la naissance de Gilberte, sa sœur aînée. Son père, Étienne Pascal, était président de la Cour des aides dans cette ville. C'était un homme d'une haute vertu et d'un grand savoir, également versé dans les lettres et dans les sciences. Devenu veuf en 1626, il se consacra tout entier à l'éducation de son fils, comme nous l'apprend Mᵐᵉ Périer (Gilberte Pascal).

« Ma mère étant morte dès l'année 1626, que mon frère n'avait que trois ans, mon père se voyant seul s'appliqua plus fortement au soin de sa famille; et comme il n'avait point d'autre fils que celui-là, cette qualité de fils unique et les grandes marques d'esprit qu'il reconnut dans cet enfant lui donnèrent une si grande affection pour lui, qu'il ne put se résoudre à commettre son éducation à un autre, et se résolut dès lors à l'instruire lui-même, comme il a fait; mon frère n'ayant jamais entré dans un collège, et n'ayant jamais eu d'autre maître que mon père[1]. »

Les progrès de l'enfant durant les quatre années qui suivirent furent si extraordinaires que le père résolut d'abandonner tout autre soin pour se donner uniquement à son fils, et de s'établir à Paris, où il pensait trouver plus de ressources pour l'éducation de Blaise Pascal. Il vendit donc en 1630 sa charge de président et la plus grande partie de ses biens, qu'il mit en rentes sur l'Hôtel de ville de Paris; et, l'année suivante, il quitta Clermont avec sa famille.

« En l'année 1631, dit Mᵐᵉ Périer, mon père se retira à Paris, nous y mena tous, et y établit sa demeure. Mon frère, qui n'avait que huit ans, reçut un grand avantage de cette retraite, dans le dessein que mon père avait

---

1. FAUGÈRE, *Lettres, opuscules et mémoires*, *Vie de Pascal*, par Mᵐᵉ Périer, p. 1, Vaton, Paris, 1845.

de l'élever ; car il est sans doute qu'il n'aurait pas pu prendre le même soin dans la province où l'exercice de sa charge et les compagnies continuelles qui abordaient chez lui l'auraient beaucoup détourné : mais il était à Paris dans une entière liberté ; il s'y appliqua tout entier, et il eut tout le succès que purent avoir les soins d'un père aussi intelligent et aussi affectionné qu'on le puisse être[1]. »

Le père de Blaise Pascal avait pour les mathématiques une prédilection marquée. Mais, voyant chez son fils une aptitude précoce pour les sciences, il voulut qu'il commençât par les lettres et qu'il fît avec lui ses humanités. Loin de hâter son développement, il s'appliquait plutôt à le modérer.

« Sa principale maxime dans cette éducation était de tenir toujours cet enfant au-dessus de son ouvrage ; et ce fut par cette raison qu'il ne voulut point commencer à lui apprendre le latin qu'il n'eût douze ans, afin qu'il le fît avec plus de facilité. Pendant cet intervalle il ne le laissait pas inutile, car il l'entretenait de toutes les choses dont il le voyait capable. Il lui faisait voir en général ce que c'était que les langues ; il lui montrait comment on les avait réduites en grammaire, sous de certaines règles... Cette idée générale lui débrouillait l'esprit, et lui faisait voir la raison des règles de la grammaire ; de sorte que, quand il vint à l'apprendre, il savait pourquoi il le faisait[2]. »

Pour les sciences, le père se contentait de donner à

---

1. *Id., ibid.*, p. 2.
2. *Id., ibid.*, p. 2.

l'enfant quelques notions pratiques, que celui-ci tendait sans cesse à dépasser. « Il lui parlait souvent des effets extraordinaires de la nature, comme de la poudre à canon et d'autres choses qui surprennent quand on les considère. Mon frère prenait grand plaisir à cet entretien, mais il voulait savoir la raison de toutes choses... Quand on ne lui disait pas de bonnes raisons, il en cherchait lui-même; et quand il s'était attaché à quelque chose, il ne la quittait point qu'il n'en eût trouvé quelqu'une qui le pût satisfaire[1]. »

Quatre ans se passent dans ces études élémentaires : déjà Blaise Pascal manifeste d'étonnantes aptitudes pour les sciences, observant par lui-même et réfléchissant sur ce qu'il a observé, comme le ferait un savant. « Quelqu'un ayant frappé à table un plat de faïence avec un couteau, il prit garde que cela rendait un grand son, mais qu'aussitôt qu'on eut mis la main dessus, cela l'arrêta. Il voulut en même temps en savoir la cause, et cette expérience le porta à en faire beaucoup d'autres sur les sons. Il y remarqua tant de choses qu'il en fit un traité à l'âge de douze ans, qui fut trouvé tout à fait bien raisonné[2]. »

Bientôt cet enfant extraordinaire devinera en quelque sorte les mathématiques, dont on le tient éloigné à dessein. Nous sommes en 1635, au moment où M. de Saint-Cyran va être appelé à la direction de Port-Royal. Blaise Pascal, âgé de douze ans, vient de commencer avec son père l'étude du latin et du grec. « Comme

---

1. *Id., ibid.*, p. 3.
2. *Id., ibid.*, p. 3-4.

mon père, dit Mme Périer, avait dessein d'instruire mon frère dans les langues, et qu'il savait que la mathématique est une science qui remplit et qui satisfait beaucoup l'esprit, il ne voulut point que mon frère en eût aucune connaissance, de peur que cela ne le rendît négligent pour la langue latine et les autres dans lesquelles il voulait le perfectionner. Par cette raison il avait serré tous les livres qui en traitent, et il s'abstenait d'en parler avec ses amis en sa présence[1]; mais cette précaution n'empêchait pas que la curiosité de cet enfant ne fût excitée, de sorte qu'il priait souvent mon père de lui apprendre la mathématique; mais il le lui refusait, lui promettant cela comme une récompense. Il lui promettait qu'aussitôt qu'il saurait le latin et le grec, il la lui apprendrait. Mon frère, voyant cette résistance, lui demanda un jour ce que c'était que cette science, et de quoi on y traitait : mon père lui dit en général que c'était le moyen de faire des figures justes et de trouver les proportions qu'elles avaient entre elles, et en même temps lui défendit d'en parler davantage et d'y penser jamais.

« Mais cet esprit qui ne pouvait demeurer dans ces bornes, dès qu'il eut cette simple ouverture, que la mathématique donnait des moyens de faire des figures infailliblement justes, il se mit lui-même à rêver sur cela à ses heures de récréation; et étant seul dans une salle où il avait accoutumé de se divertir, il

---

1. Étienne Pascal était lié avec les plus célèbres mathématiciens de son temps, le P. Mersenne, Fermat, Roberval, Carcavi, Le Pailleur, etc. (Voir plus bas, p. 114.)

prenait du charbon et faisait des figures sur des carreaux, cherchant les moyens de faire, par exemple, un cercle parfaitement rond, un triangle dont les côtés et les angles fussent égaux, et les autres choses semblables. Il trouvait tout cela lui seul; ensuite il cherchait les proportions des figures entre elles. Mais comme le soin de mon père avait été si grand de lui cacher toutes ces choses, il n'en savait pas même les noms. Il fut contraint de se faire lui-même des définitions; il appelait un cercle un rond, une ligne une barre, et ainsi des autres. Après ces définitions il se fit des axiomes, et enfin il fit des démonstrations parfaites; et comme l'on va de l'un à l'autre dans ces choses, il poussa ses recherches si avant qu'il en vint jusqu'à la trente-deuxième proposition du premier livre d'Euclide... Mon père fut si épouvanté de la grandeur et de la puissance de ce génie que, sans lui dire mot, il le quitta et alla chez M. Le Pailleur, qui était son ami intime, et qui était aussi fort savant... M. Le Pailleur ne fut pas moins surpris que mon père l'avait été, et il lui dit qu'il ne trouvait pas juste de captiver plus longtemps cet esprit... Mon père ayant trouvé cela à propos, lui donna les *Éléments d'Euclide* pour les lire à ses heures de récréation. Il les vit et les entendit tout seul, sans avoir jamais eu besoin d'aucune explication[1]. »

Étienne Pascal donnait en même temps à son fils une forte éducation chrétienne, fortifiant ses leçons par son exemple, comme celui-ci lui en rend témoignage. « Il m'a

---

1. *Id., ibid.*, p. 5-7.

dit plusieurs fois qu'il joignait cette obligation à toutes les autres qu'il avait à mon père qui, ayant lui-même un très grand respect pour la religion, le lui avait inspiré dès l'enfance, lui donnant pour maxime que tout ce qui est l'objet de la foi ne saurait l'être de la raison, et beaucoup moins y être soumis. Ces maximes, qui lui étaient souvent réitérées par un père pour qui il avait une très grande estime, et en qui il voyait une grande science accompagnée d'un raisonnement fort et puissant, faisaient une si grande impression sur son esprit que, quelque discours qu'il entendît faire aux libertins, il n'en était nullement ému; et quoiqu'il fût fort jeune, il les regardait comme des gens qui étaient dans ce faux principe, que la raison humaine est au-dessus de toutes choses, et qui ne connaissaient pas la nature de la foi [1]. »

Tandis que Blaise Pascal poursuivait ses études avec une ardeur croissante, sa jeune sœur Jacqueline montrait une remarquable facilité pour composer des vers. Elle s'y exerçait souvent avec deux compagnes un peu plus âgées qu'elle, les filles de Mme Saintot. Vers la fin de l'année 1636, Étienne Pascal ayant été obligé de faire un voyage en Auvergne, Mme Saintot le pria de lui laisser Jacqueline pendant son absence. Les trois petites filles s'avisèrent de composer une comédie en vers, qu'elles jouèrent elles-mêmes devant plusieurs personnes de la Cour. Jacqueline fit même des vers pour la Reine, qui voulut la voir et la complimenta. Jacque-

---

[1]. *Id., Ibid.*, p. 10-11.

line, la future sœur Sainte-Euphémie, ne se doutait guère alors que ce don profane allait tirer son père d'un danger sérieux.

En 1638, le bruit ayant couru qu'on allait retrancher un quartier des rentes sur l'Hôtel de ville, il y eut à Paris quelques troubles. Étienne Pascal se rencontra chez le chancelier Séguier avec beaucoup d'autres personnes, lésées comme lui dans leurs intérêts. Il y eut des réclamations violentes, des propos séditieux. Richelieu donna ordre de mettre les principaux coupables à la Bastille. Étienne Pascal, accusé à tort, dut se cacher chez des amis, puis se réfugier en Auvergne. Le talent précoce de la fille devint le salut du père, grâce au goût qu'avait Richelieu pour le théâtre.

« Au mois de février de l'année 1639, M. le Cardinal eut envie de faire jouer une comédie par des enfants. Mme la duchesse d'Éguillon prit le soin de chercher des filles et proposa à Mme Saintot si elle pourrait donner Mlle sa fille, la jeune, et s'il y aurait moyen d'avoir ma sœur, et lui dit que possible cela pourrait servir pour le retour de mon père, si cette petite le demandait à M. le Cardinal. Cet avis donné de cette part parut si important à tous nos amis qu'ils crurent qu'il ne fallait pas perdre cette occasion[1]. »

Nous avons la lettre que Jacqueline écrivit à son père pour lui raconter cette représentation; elle avait alors treize ans.

« M. mon père, je vous écris... pour vous faire le récit

---

1. *Id., ibid., Vie de Jacqueline*, p. 59.

de l'affaire qui se passa hier à l'hôtel de Richelieu, où nous représentâmes *l'Amour tyrannique* devant M. le Cardinal. Je m'en vais vous raconter de point en point tout ce qui s'est passé.

« Premièrement, M. de Montdory[1] entretint M. le Cardinal depuis trois heures jusqu'à sept heures, et lui parla presque toujours de vous, de sa part et non pas de la vôtre ; c'est-à-dire qu'il lui dit qu'il vous connaissait, lui parla fort avantageusement de votre vertu, de votre science et de vos autres bonnes qualités. Il parla aussi de cette affaire des rentes, et lui dit que les choses ne s'étaient pas passées comme on avait fait croire, et que vous vous étiez seulement trouvé une fois chez M. le Chancelier, et encore que c'était pour apaiser le tumulte... il lui dit aussi que je lui parlerais après la comédie. Enfin il lui dit tant de choses qu'il obligea M. le Cardinal à lui dire : « Je vous promets de lui accorder tout ce qu'elle « me demandera. »... Voilà tout ce qui se passa devant la comédie...

« Quant à la représentation, M. le Cardinal parut y prendre grand plaisir ; mais principalement lorsque je parlais ; il se mettait à rire, comme aussi tout le monde de la salle.

« Dès que la comédie fut jouée, je descendis du théâtre avec le dessein de parler à Mme d'Aiguillon... Outre cela M. de Montdory me pressait extrêmement d'aller parler à M. le Cardinal. J'y allai donc et lui récitai les vers que je vous envoie, qu'il reçut avec une extrême affection et

---

1. Acteur célèbre du temps, originaire de Clermont.

des caresses si extraordinaires, que cela n'était pas imaginable, car, premièrement, dès qu'il me vit venir à lui, il s'écria : « Voilà la petite Pascal »; puis il m'embrassait et me baisait, et pendant que je disais mes vers, il me tenait toujours entre ses bras et me baisait à tous moments avec une grande satisfaction; et puis, quand je les eus dits, il me dit : « Allez, je vous accorde « tout ce que vous me demandez; écrivez à votre père « qu'il revienne en toute sûreté. » Là-dessus Mme d'Aiguillon s'approcha, qui dit à M. le Cardinal : « Vraiment, « Monsieur, il faut que vous fassiez quelque chose pour « cet homme-là; j'en ai ouï parler; c'est un fort honnête « homme et fort savant; c'est dommage qu'il demeure « inutile. Il a son fils qui est fort savant en mathéma-« tiques et qui n'a pourtant que quinze ans[1]. »

En effet, depuis qu'on avait permis au jeune Pascal d'étudier la géométrie, nous dit sa sœur, « il composait et allait si avant qu'il se trouvait régulièrement aux conférences qui se faisaient toutes les semaines, où tous les habiles gens de Paris s'assemblaient pour porter leurs ouvrages ou pour examiner ceux des autres. Mon frère y tenait fort bien son rang, tant pour l'examen que pour la production; car il était de ceux qui y portaient le plus souvent des choses nouvelles[2] ».

Cependant le Cardinal avait déféré au désir exprimé par Mme d'Aiguillon. Mme Périer et sa fille Marguerite nous apprennent la nomination d'Étienne Pascal à

---

1. *Id., ibid., Lettre du 4 avril* 1639, p. 305-307.
2. *Id., ibid., Vie de Pascal,* p. 7.

l'intendance de Normandie, qui l'obligea à quitter Paris avec tous les siens[1].

Ce changement n'arrêta point les progrès surprenants de Blaise Pascal dans les sciences mathématiques. « Cependant, dit sa sœur, il n'employait à cette étude de géométrie que ses heures de récréation; car il apprenait le latin sur les règles que mon père lui avait faites exprès. Mais comme il trouvait dans cette science la vérité qu'il avait si ardemment recherchée, il en était si satisfait, qu'il y mettait son esprit tout entier; de sorte que, pour peu qu'il s'y appliquât, il y avançait tellement, qu'à l'âge de seize ans il fit un *Traité des Coniques,* qui passa pour un si grand effort d'esprit, qu'on disait que depuis Archimède on n'avait rien vu de cette force[2]. Les habiles gens étaient d'avis qu'on les imprimât dès lors, parce qu'ils disaient qu'encore que ce fût un ouvrage qui serait toujours admirable, néanmoins si on l'imprimait dans le temps que celui qui l'avait inventé n'avait encore que seize ans, cette circonstance ajouterait beaucoup à sa beauté: mais comme mon frère n'a jamais eu de passion pour la réputation, il ne fit pas cas de cela; et ainsi cet ouvrage n'a jamais été imprimé[3]. »

Toutefois, dès l'année 1640, on avait publié sous le titre d'*Essais pour les Coniques* une sorte de programme

---

[1]. *Id., ibid., Vie de Jacqueline,* p. 60; Marguerite Perier, *Mém.*, p. 421.

[2]. Descartes, à qui le P. Mersenne en avait envoyé un extrait, trouva cet ouvrage tellement fort qu'il ne put croire, quoi qu'on lui dît, que le jeune Pascal en fût l'auteur.

[3]. *Id., ibid., Vie de Pascal,* p. 7-8.

des questions traitées par le jeune Pascal, où il indiquait ce qui, dans ces essais, n'était pas de lui, et ce qu'il devait à ses devanciers, particulièrement à M. Desargues, de Lyon : « Je veux bien avouer, dit-il, que je dois le peu que j'ai trouvé sur cette matière à ses écrits, et que j'ai tâché d'imiter, autant qu'il m'a été possible, sa méthode sur ce sujet [1]. »

Cette même année 1640, eut lieu la publication posthume de l'*Augustinus* de Jansénius, qui devait soulever tant d'orages, et dont la doctrine renouvelant en quelque sorte l'hérésie de Baïus, fut condamnée le 6 mars 1642 par le pape Urbain VIII.

En 1641, la sœur aînée de Pascal, Gilberte, épouse Florin Périer, son cousin, conseiller de la Cour des aides de Clermont, que son père avait appelé près de lui à Rouen, pour lui confier une commission importante dans l'intendance de Normandie.

Cependant Étienne Pascal, au milieu des soucis et des travaux de l'intendance, ne cessait de travailler à l'éducation de son fils. « Pendant et après le repas, mon père l'entretenait tantôt de la logique, tantôt de la physique et des autres parties de la philosophie; et c'est tout ce qu'il en a appris, n'ayant jamais été au collège, ni eu d'autre maître pour cela, non plus que pour le reste. » Et Blaise Pascal menait de front, avec une merveilleuse facilité, ces études diverses, tout en méditant des travaux scientifiques qu'il préparait dans le silence.

L'homme le plus robuste supporterait difficilement

---

1. Pascal, éd. Lahure, III, p. 184.

une pareille tension d'esprit, et Blaise Pascal était d'une complexion délicate. Sa santé ne tarda pas à être ébranlée; son père ne soupçonna pas la gravité du mal. « Mon père prenait un plaisir tel qu'on le peut croire de ces grands progrès que mon frère faisait dans toutes les sciences, mais il ne s'aperçut pas que les graves et continuelles applications dans un âge si tendre pouvaient beaucoup intéresser sa santé; et, en effet, elle commença d'être altérée dès qu'il eut atteint l'âge de dix-huit ans. Mais comme les incommodités qu'il ressentait alors n'étaient pas encore dans une grande force, elles ne l'empêchèrent pas de continuer toujours dans ses occupations ordinaires [1]. »

Au milieu de ces travaux absorbants, Blaise Pascal trouvait du temps pour aider son père dans les occupations de sa charge. Et, non moins inventif dans la pratique que dans la théorie, voulant seconder son père, il conçut l'idée d'une machine à calculer [2], comme nous l'apprend la dédicace qu'il fit de son invention au chancelier Séguier.

« Les longueurs et les difficultés des moyens ordinaires dont on se sert m'ayant fait penser à quelque secours plus prompt et plus facile pour me soulager dans les grands calculs où j'ai été occupé depuis quelques années en plusieurs affaires qui dépendent des emplois dont il vous a plu d'honorer mon père pour le service de Sa Majesté, en la haute Normandie, j'employai à cette recherche toute la connaissance que

---

1. *Id., ibid., Vie de Pascal*, p. 8-9.
2. Voir plus bas, p. 116 et suiv.

mon inclination et le travail de mes premières études m'ont fait acquérir dans les mathématiques. » « Ce fut en ce temps-là, dit sa sœur, et à l'âge de dix-huit ans, qu'il inventa cette machine d'arithmétique par laquelle on fait non seulement toutes sortes de supputations sans plume et sans jetons, mais on les fait même sans savoir aucune règle d'arithmétique, et avec une sûreté infaillible[1]. »

Cette contention d'esprit ne diminuait pas sa tendresse et sa sollicitude pour les siens. Le 31 janvier 1643, il écrit à Mme Périer :

« Étant retourné à Rouen, j'ai trouvé une lettre de M. Perier qui mande que tu es malade. Il ne mande point si ton mal est dangereux, ni si tu te portes mieux; et il s'est passé un ordinaire depuis, sans avoir reçu de lettre, tellement que nous sommes en une peine dont je te prie de nous tirer au plus tôt. »

Les intervalles que lui laissaient ses études et le mauvais état de sa santé furent employés à l'achèvement de la machine arithmétique : « Ce travail le fatigua beaucoup, non pas pour la pensée ou pour le mouvement qu'il trouva sans peine, mais pour faire comprendre aux ouvriers toutes ces choses. De sorte qu'il fut deux ans à le mettre dans cette perfection où il est à présent[2].

« Mais cette fatigue et la délicatesse où se trouvait sa

---

[1]. *Id., ibid., Vie de Pascal,* p. 9.
[2]. On lit dans les *Pensées* de Pascal (XXIV, 67) : « La machine arithmétique fait des effets qui approchent plus de la pensée que tout ce que font les animaux. » — Voir, sur cette machine, M. BINET, Rapport à l'Académie des sciences, 12 février 1849.

santé depuis quelques années le jetèrent dans des incommodités qui ne l'ont plus quitté; de sorte qu'il nous disait quelquefois que depuis l'âge de dix-huit ans il n'avait pas passé un jour sans douleur[1]. »

La souffrance la plus aiguë ne peut arrêter sa pensée. Il a l'esprit occupé d'une expérience de Torricelli sur le vide dont il voudrait vérifier l'exactitude.

« Cette expérience ayant été mandée de Rome au R. P. Mersenne, minime à Paris, il la divulgua en France en l'année 1644, non sans l'admiration de tous les savants et curieux, par la communication desquels étant devenue fameuse de toutes parts, je l'appris de M. Petit, intendant des fortifications, et très versé en toutes les belles-lettres, qui l'avait apprise du R. P. Mersenne même. Nous la fîmes donc ensemble à Rouen, le dit sieur Petit et moi, de la même sorte qu'elle avait été faite en Italie, et nous trouvâmes de point en point ce qui avait été mandé de ce pays-là, sans y avoir, pour lors, rien remarqué de nouveau[2]. » Il venait d'achever enfin la machine arithmétique, que voulut voir le grand Condé (février 1644)[3], et qu'il présenta et dédia l'année suivante au chancelier Séguier[4], alors que son père venait de recevoir les lettres patentes qui le nommaient conseiller d'État (27 déc. 1645).

1. *Id., ibid., Vie de Pascal*, p. 9.
2. Éd. Lahure, III, p. 15; FAUGÈRE, ouvr. cit., *Vie de Pascal*, p. 10.
3. Bourdelot, qui était alors médecin de Condé et qui devint plus tard médecin de la reine Christine, écrit à Pascal le 26 février 1644 : « Je parlai hier à Son Altesse qui m'a témoigné impatience de vous voir avec votre Roue Pascal. »
4. Dans sa dédicace, Pascal remercie le Chancelier d'avoir « daigné donner des éloges au coup d'essai d'un homme de vingt ans ».

Nous arrivons à ce qu'on a appelé la *première conversion* de Pascal. Ce mot de conversion peut se prendre en différents sens. Il peut désigner le retour à la vertu d'une personne vivant dans le désordre ou le retour à la foi d'un incrédule, ou simplement la résolution que prend une âme chrétienne de se donner plus complètement à Dieu. Mme Périer ne nous laisse aucun doute sur le sens qui s'applique à Pascal. Nous savons par elle et par sa fille Marguerite que Pascal n'avait jamais cédé aux séductions du plaisir et que sa foi était demeurée inébranlable.

« Il avait été jusqu'alors préservé, par une protection de Dieu particulière, de tous les vices de la jeunesse : et ce qui est encore plus étrange à un esprit de cette trempe et de ce caractère, il ne s'était jamais porté au libertinage[1] pour ce qui regarde la religion... Ainsi cet esprit si grand, si vaste et si rempli de curiosités, qui cherchait avec tant de soin la cause et la raison de tout, était en même temps soumis à toutes les choses de la religion comme un enfant[2]. »

« Au mois de janvier 1646, mon père s'étant démis une cuisse en tombant sur la glace, il ne put prendre confiance en cet accident qu'à MM. de la Bouteillerie et Deslandes, gentilshommes du pays, qui eurent la bonté de demeurer chez lui trois mois de suite pour travailler à sa guérison. Toute la maison

---

1. On appelait *Libertins* au xviie siècle ceux que nous appelons aujourd'hui *libres penseurs.*
2. Faugère, *ouvr. cit.*, *Vie de Pascal.*, p. 10-11.

profita du séjour de ces messieurs. Leurs discours édifiants et leur bonne vie firent désirer à mon père, à mon frère et à ma sœur de voir les livres qui leur avaient servi pour parvenir à cet état. Ce fut alors qu'ils prirent connaissance des ouvrages de M. Jansénius, de M. de Saint-Cyran, de M. Arnauld et des autres écrits dont ils furent édifiés[1]. »

La fille de Mme Périer ajoute quelques détails qui vont dans le même sens : « Durant ces trois mois, ces messieurs, qui avaient autant de zèle et de charité pour le bien spirituel du prochain que pour le temporel, remarquaient dans mon grand-père et dans toute sa famille beaucoup d'esprit, et regardant comme un très grand dommage que tant de beaux talents fussent seulement employés à des sciences humaines dont ils connaissaient tous bien le néant et le vide[2], ils s'attachèrent beaucoup à M. Pascal, mon oncle, pour le faire entrer dans des lectures de livres de piété solide, et pour les lui faire goûter. Ils y réussirent très bien ; car, comme il avait un esprit très solide et très bon, et qu'il ne l'avait jamais accoutumé, quoique très jeune, à toutes les folies de la jeunesse, il connut avec ces messieurs le bien ; il le sentit, il l'aima et il l'embrassa. Et quand ils l'eurent gagné à Dieu, ils

---

[1]. *Id.*, *ibid.*, *Vie de Jacqueline*, p. 62. — M. de Saint-Cyran était mort en 1643. Arnauld venait de publier, en 1645, *La tradition de l'Église sur la Pénitence et la Communion.*

[2]. V. disc. de Jansénius sur *la Réformation de l'homme intérieur*, traduit par M. d'Andilly : « C'est cette curiosité toujours inquiète, qui a été appelée de ce nom à cause du vain désir qu'elle a de savoir, et que l'on a palliée du nom de science. »

eurent toute la famille; car lorsque mon grand-père commença à être en état de s'appliquer à quelque chose après un si grand mal, son fils commençant à goûter Dieu, le lui fit goûter aussi, et à ma tante, sa sœur, qui y entra si vivement qu'elle résolut dès lors de quitter le monde et de se faire religieuse[1]... Mon père et ma mère, peu de temps après, allèrent à Rouen voir mon grand-père; et trouvant toute la famille à Dieu et dans des sentiments d'une vraie et solide piété, ils s'y donnèrent aussi[2]. »

Cette conversion de Pascal, ou plutôt de la famille Pascal, ne fut donc en réalité que leur passage d'une piété que les solitaires de Port-Royal jugeaient imparfaite à une piété plus rigoureuse, telle qu'ils l'observaient eux-mêmes et la prescrivaient aux autres.

De cette influence puissante vont naître, pour le jeune savant, des combats intérieurs. Dorénavant son âme sera le théâtre d'une lutte incessante entre ce qu'on lui donne comme les exigences de la foi, et son amour passionné de la science; et la mystique Janséniste finira par avoir le dessus.

II. — 1647-1654.

Un des premiers effets de cet accroissement de ferveur chez Pascal fut la controverse qu'il engagea en 1647 avec Jacques Forton, dit frère Saint-Ange, qui met-

---

[1]. C'est alors que Jacqueline Pascal refusa la main d'un conseiller au Parlement.
[2]. Faugère, ouvr. cit., *Marguerite Perier*, *Mém.*, p. 424-425.

tait l'orthodoxie en péril. « Il était alors à Rouen, dit sa sœur... et il y avait aussi en ce temps un homme qui enseignait une nouvelle philosophie qui attirait tous les curieux. Mon frère ayant été pressé d'y aller par deux jeunes hommes de ses amis, y fut avec eux : mais ils furent bien surpris, dans l'entretien qu'ils eurent avec cet homme, qu'en leur débitant les principes de sa philosophie, il en tirait des conséquences sur des points de foi contraires aux décisions de l'Église[1]. » En effet, le frère Saint-Ange, renouvelant l'hérésie de Pélage, enseignait qu'un esprit vigoureux peut parvenir de lui-même à la connaissance de tous les mystères de la religion, et que la foi n'est qu'un supplément pour les esprits faibles, au défaut du raisonnement. Pascal et ses amis ayant considéré le danger qu'il y avait de laisser la liberté d'instruire la jeunesse à un homme qui avait des sentiments erronés, le signalèrent à l'archevêque de Rouen. « Il comparut dans le conseil de M. l'Archevêque et renonça à tous ses sentiments... On n'avait eu en cela aucun dessein de lui nuire, ni d'autre vue que de le détromper par lui-même, et l'empêcher de séduire les jeunes gens qui n'eussent pas été capables de discerner le vrai d'avec le faux dans des questions si subtiles[2]. »

Peu après, Pascal, dont la santé était profondément altérée, fut frappé de paralysie. « Pendant que mon grand-père était encore à Rouen, M. Pascal, mon oncle, qui vivait dans cette grande piété qu'il avait inspirée à

---

1. *Id., ibid., Vie de Pascal*, p. 12.
2. *Id., ibid., Vie de Pascal*, p. 13.

toute sa famille, tomba dans un état fort extraordinaire qui était causé par la grande application qu'il avait donnée aux sciences... Il se trouva dans une espèce de paralysie, depuis la ceinture en bas, en sorte qu'il fut réduit à ne marcher qu'avec des potences[1]. » On suppose que c'est alors qu'il écrivit la *Prière pour demander à Dieu le bon usage des maladies*, dans lesquelles l'homme ne doit pas seulement souffrir avec résignation; mais, comme pécheur, unir sa souffrance à celle de son rédempteur.

Vers la fin de l'été, Pascal quitte Rouen, pour aller consulter les médecins de Paris. Sa sœur Jacqueline, dont la vocation religieuse devient chaque jour plus ardente, part avec lui pour le soigner; et tous deux profitent de leur séjour pour se rapprocher de Port-Royal[2].

« Comme elle se rencontra lors à Paris, y étant allée accompagnée de son frère qui avait besoin d'y être pour ses indispositions, ils allaient souvent entendre M. Singlin; et voyant qu'il parlait de la vie chrétienne d'une manière qui remplissait tout à fait l'idée qu'elle en avait

---

1. *Id., ibid., Marguerite Perier, Mém.*, p. 452.
2. Port-Royal, situé dans un vallon près de Chevreuse, était une abbaye de femmes, réformée par la mère Angélique, sœur du grand Arnauld, qui avait fait accepter des religieuses la clôture absolue et, pour donner l'exemple, avait dit un suprême adieu à son père et à sa mère, se faisant une telle violence qu'elle s'était évanouie après la séparation. Plus tard, la communauté s'étant établie à Paris, Saint-Cyran avait attiré à Port-Royal des Champs quelques chrétiens fervents, amis du recueillement et de la solitude, Arnauld, son frère d'Andilly, Le Maître de Sacy, Nicole, Lancelot, etc. Cartésiens pour la plupart, et donnant dans leurs *Petites Écoles* un enseignement raisonné, ils avaient pourtant adopté la doctrine de Jansénius qui proscrivait la science comme une vanité.

conçue, depuis que Dieu l'avait touchée, et considérant que c'était lui qui conduisait la maison de Port-Royal, elle crut... qu'on pouvait être dans ce monastère raisonnablement. Elle communiqua cette pensée à mon frère, qui, bien loin de l'en détourner, l'y confirma, car il était dans les mêmes sentiments[1]. »

Pascal, devenu disciple de Port-Royal, allait-il renoncer à la science ? C'est alors, s'il faut en croire Mᵐᵉ Périer, « qu'il comprit parfaitement que la vie chrétienne nous oblige à ne vivre que pour Dieu et à n'avoir d'autre objet que lui ; et cette vérité lui parut si évidente et si utile qu'elle termina toutes ses recherches[2] ». Mᵐᵉ Périer s'abusait. Tout en partageant les exercices religieux de sa sœur Jacqueline, et en suivant M. Singlin avec elle, Pascal, qui venait souvent à Paris, poursuivait ses recherches sur le vide. En septembre, nous le voyons s'entretenir de ce sujet avec Descartes. Jacqueline raconte cette entrevue à sa sœur :

« J'ai différé à t'écrire, parce que je voulais te mander tout au long l'entrevue de M. Descartes et de mon frère, et je n'eus pas le loisir hier de te dire que dimanche au soir, M. Habert vint ici accompagné de M. de Montigny de Bretagne, qui venait me dire (au défaut de mon frère, qui était à l'église) que M. Descartes, son compatriote et intime ami, lui avait fort témoigné avoir envie de voir mon frère, à cause de la grande estime qu'il avait toujours ouï faire de M. mon père et de lui, et que pour cet effet il l'avait prié de venir voir s'il n'in-

---

1. *Id., ibid., Vie de Jacqueline,* p. 62-63.
2. *Id., ibid., Vie de Pascal,* p. 10.

commoderait pas mon frère (parce qu'il savait qu'il était malade) en venant céans le lendemain à neuf heures du matin. Quand M. de Montigny me proposa cela, je fus assez empêchée de répondre, à cause que je savais qu'il a peine à se contraindre et à parler particulièrement le matin ; néanmoins, je ne crus pas à propos de le refuser, si bien que nous arrêtâmes qu'il viendrait à dix heures et demie le lendemain...

« M. de Roberval, que mon frère avait averti, s'y trouva ; et là, après quelques civilités, il fut parlé de l'instrument (*la machine à calculer*) qui fut fort admiré tandis que M. de Roberval le montrait. Ensuite on se mit sur le vide, et M. Descartes avec un grand sérieux, comme on lui contait une expérience et qu'on lui demanda ce qu'il croyait qui fût entré dans la seringue, dit que c'était de sa matière subtile ; sur quoi mon frère lui répondit ce qu'il put, et M. de Roberval, croyant que mon frère avait peine à parler, entreprit avec un peu de chaleur M. Descartes (avec civilité pourtant), qui lui répondit avec un peu d'aigreur qu'il parlerait à mon frère tant que l'on voudrait, parce qu'il parlait avec raison, mais non pas à lui, qui parlait avec préoccupation ; et là-dessus, voyant à sa montre qu'il était midi, il se leva, parce qu'il était prié de dîner au faubourg Saint-Germain, et M. de Roberval aussi, si bien que M. Descartes l'emmena dans un carrosse où ils étaient tous deux seuls ; et là ils se chantèrent goguette, mais un peu plus fort que peu, à ce que nous dit M. de Roberval, qui revint ici l'après-dînée...

« J'avais oublié à te dire que M. Descartes, fâché d'avoir

été si peu céans, promit de le venir revoir le lendemain à huit heures... M. Descartes venait ici en partie pour consulter le mal de mon frère[1]... Ils parlèrent de bien d'autres choses, car il y fut jusques à onze heures; mais je ne saurais qu'en dire, car pour hier je n'y étais pas, et je ne le pus savoir... Mon frère écrivit au P. Mersenne l'autre jour pour savoir de lui quelles raisons M. Descartes apportait contre la colonne d'air... Ce n'était pas M. Descartes (car, au contraire, il la croit fort, mais par une raison que mon père n'approuve pas), mais M. de Roberval qui était contre[2]. »

Dès le 4 octobre 1647, huit jours après son entretien avec Descartes, Pascal publie comme siennes les *Nouvelles Expériences touchant le vide*, où il prend acte de ce qui est de son invention. « Je me résolus donc, dit-il, de faire des expériences si convaincantes, qu'elles fussent à l'épreuve de toutes les objections qu'on pourrait y faire; j'en fis au commencement de cette année un grand nombre, dont il y en a qui ont quelque rapport avec celle d'Italie, et d'autres qui en sont entièrement éloignées, et n'ont rien de commun avec elle[3]. »

Vers la fin d'octobre[4], Pascal, tout malade qu'il est, soutient sur ce sujet une longue polémique avec le P. Noël, jésuite, qui lui faisait des objections indignes d'un vrai savant. Il oppose au P. Noël la vraie méthode scientifique qui n'admet, en dehors des axiomes, que des

1. Descartes tenait à lui donner son avis comme médecin.
2. *Id., ibid., Lettre de Jacqueline Pascal à sa sœur, Mme Perier*, du 25 septembre 1647, p. 309-312.
3. Éd. Lahure, III, p. 2.
4. Voir p. 122 et suiv.

faits rigoureusement démontrés; et il n'a pas de peine à établir que son adversaire n'apporte que des hypothèses chimériques. Écrivant à M. Le Pailleur, il montre dans les idées du P. Noël une incohérence, qui suffit à le réfuter : « Tous ceux qui combattent la vérité, observe-t-il, sont sujets à une semblable inconstance, et ceux qui tombent dans cette variété sont suspects de la contredire[1]. »

Le 15 novembre, il écrit à M. Périer pour lui demander de faire au sommet du Puy de Dôme la fameuse expérience sur la pesanteur de l'air[2]. « Parce qu'il est impossible de la faire en cette ville de Paris, qu'il n'y a que très peu de lieux en France propres pour cet effet, et que la ville de Clermont en Auvergne est un des plus commodes, je priai M. Perier, conseiller en la Cour des aides d'Auvergne, mon beau-frère, de prendre la peine de la faire. » Et dans cette lettre, comme dans sa réponse au P. Noël, Pascal déclare la raison seule souveraine dans le domaine de la science. « Je n'estime pas, dit-il, qu'il nous soit permis de nous départir légèrement des maximes que nous tenons de l'antiquité, si nous n'y sommes obligés par des preuves indubitables et invincibles. Mais, en ce cas, je tiens que ce serait une extrême faiblesse d'en faire le moindre scrupule, et qu'enfin nous devons avoir plus de vénération pour les vérités évidentes, que d'obstination pour ces opinions reçues[3]. » C'est la pensée qu'il développera si éloquemment dans la *Préface* du *Traité sur le vide*.

1. *Id., ibid.*, III, p. 61.
2. Voir p. 126 et suiv.
3. Éd. Lahure, III, p. 139.

Toutefois, ces occupations scientifiques sont loin de l'absorber entièrement. Il conçoit alors le dessein de défendre la vraie doctrine, par les armes seules de la raison, et s'en ouvre à M. Le Rebours; mais celui-ci voit dans ce projet la marque d'une confiance orgueilleuse dans la force du raisonnement humain, et l'en dissuade.

« Entre autres discours je lui dis avec ma franchise et ma naïveté ordinaires que nous avions vu leurs livres et ceux de leurs adversaires; que c'était assez pour lui faire entendre que nous étions de leurs sentiments. Il m'en témoigna quelque joie. Je lui dis ensuite que je pensais que l'on pouvait, suivant les principes mêmes du sens commun, démontrer beaucoup de choses que leurs adversaires disent lui être contraires, et que le raisonnement bien conduit portait à les croire, quoiqu'il les faille croire sans l'aide du raisonnement... Mais comme tu sais que toutes les actions peuvent avoir deux sources, et que ce discours pouvait procéder d'un principe de vanité et de confiance dans le raisonnement, ce soupçon, qui fut augmenté par la connaissance qu'il avait de mon étude de la géométrie, suffit pour lui faire trouver ce discours étrange... J'essayai néanmoins de lui faire connaître mon motif; mais ma justification accrut son doute et il prit mes excuses pour une obstination[1]. »

Pascal approuvait alors pleinement la vocation religieuse de sa sœur Jacqueline, encouragée par M. Singlin. « Il dit à mon frère qu'il n'avait jamais vu en personne de si grandes marques de vocation. Ce témoignage

---

1. *Lett. de Pascal à M*ᵐᵉ *Perier* (et non à Jacqueline, comme le portent certaines éditions), Éd. Lahure, II, p. 103.

consola beaucoup mon frère, et l'obligea de redoubler ses soins pour le succès d'un dessein qu'on avait tout sujet de croire qui venait de Dieu. Toutes ces choses se passaient dans les premiers mois de l'année 1648, mon frère et ma sœur étant à Paris, et mon père à Rouen[1]. »

La sœur aînée de Pascal, Mme Périer, était dans les mêmes idées ; et, dans une lettre de la même année, Pascal et Jacqueline la félicitent d'avoir, comme eux, pour objet la gloire de Dieu et de joindre à l'alliance que la nature a faite en eux celle qu'y ajoute la grâce : « Notre bonheur a été si grand d'être unis de la dernière sorte, que nous nous devons unir pour le reconnaître et pour nous en réjouir. Car il faut avouer que c'est proprement depuis ce temps (que M. de Saint-Cyran veut qu'on appelle commencement de la vie) que nous devons nous considérer comme véritablement parens, et qu'il a plu à Dieu de nous joindre aussi bien dans son nouveau monde par l'esprit, comme il avait fait dans le terrestre par la chair[2]. »

Dans cette même lettre apparaît déjà l'idée qui dominera son apologie de la religion chrétienne, ce reste de grandeur qui, survivant à la chute de l'homme, l'invite à se relever et à se tourner vers le libérateur promis. « Il faut que nous nous servions du lieu même où nous sommes tombés pour nous relever de notre chute. C'est pourquoi nous devons bien ménager l'avantage que la bonté de Dieu nous donne de nous laisser toujours devant les yeux une image des biens que nous avons

---

1. Faugère, ouvr. cit., *Vie de Jacqueline*, p. 65.
2. *Lettre du 1er avril* 1648, Éd. Lahure, II, p. 105.

perdus, et de nous environner dans la captivité même où sa justice nous a réduits, de tant d'objets qui nous servent d'une leçon continuellement présente. De sorte que nous devons nous considérer comme des criminels dans une prison toute remplie des images de leur libérateur et des instructions nécessaires pour sortir de la servitude[1]. »

La Fronde venait d'éclater. Le Parlement de Paris, par une déclaration du 15 juillet, avait demandé et obtenu la suppression de certaines intendances, notamment de celles de Normandie. Étienne Pascal quitta donc Rouen pour revenir se fixer à Paris. Il y apprit, non sans déplaisir, la résolution de Jacqueline.

« Au mois de mai de cette année, mon père étant venu à Paris, M. Singlin trouva à propos qu'on lui déclarât le dessein de ma sœur, parce qu'alors elle était entièrement résolue. Mon frère se chargea de cette commission, parce qu'il n'y avait que lui qui le pût faire. Mon père fut fort surpris de cette proposition et il fut étrangement partagé; car, d'un côté, comme il était entré dans les maximes de la pureté du christianisme, il était bien aise de voir ses enfants dans le même sentiment; mais, de l'autre, l'affection si tendre qu'il avait pour ma sœur l'attachait si fort à elle qu'il ne pouvait se résoudre de s'en séparer pour toujours[2]. »

Mᵐᵉ Périer confesse que son père n'écouta point en cette occasion « les maximes de la pureté du christianisme ». « Après avoir balancé quelque temps, il lui dit

---

1. *Ibid.*
2. FAUGÈRE, ouvr. cit., *Vie de Jacqueline*, p. 64.

nettement (à Blaise Pascal) qu'il ne pouvait y donner son consentement. Il se plaignit même de mon frère, de ce qu'il avait fomenté ce dessein sans savoir s'il lui serait agréable ; et cette considération l'aigrit de telle sorte contre mon frère et contre ma sœur qu'il n'eut plus confiance en eux… si bien que depuis ce temps-là elle ne put aller à Port-Royal qu'en cachette, ni voir M. Singlin que par adresse et par invention[1]. »

Au milieu de cette grande ferveur, la science revient solliciter Pascal. Le 22 septembre, M. Périer lui annonce que l'expérience du Puy de Dôme a réussi : « Enfin j'ai fait l'expérience que vous avez si longtemps souhaitée. Je vous aurais plus tôt donné cette satisfaction ; mais j'en ai été empêché, autant par les emplois que j'ai eus en Bourbonnais, qu'à cause que, depuis mon arrivée, les neiges ou les brouillards ont… couvert la montagne du Puy de Dôme ;… de sorte que je n'ai pu joindre ma commodité avec celle de la saison avant le 19 de ce mois. Mais le bonheur avec lequel je la fis ce jour-là m'a pleinement consolé du petit déplaisir que m'avaient donné tant de retardements que je n'avais pu éviter[2]. »

Au mois d'octobre suivant, Pascal fait de nouvelles expériences sur la pesanteur de l'air au sommet de la tour de l'église Saint-Jacques de la Boucherie et dans une maison particulière à Paris, et publie un récit détaillé de celle qu'il a fait faire en Auvergne par M. Périer. « Je n'ai pu m'empêcher, dit-il dans un Avis au Lecteur, de la donner par avance, contre le dessein que j'avais

---

[1]. *Id., ibid.*
[2]. Éd. Lahure, III, p. 141.

de ne le faire que dans le traité entier (que je vous ai promis dans mon Abrégé), dans lequel je déduirai les conséquences que j'en ai tirées... Mais comme il ne peut pas sitôt paraître, je n'ai pas voulu la retenir davantage, autant pour mériter de vous plus de reconnaissance par ma précipitation, que pour éviter le reproche du tort que je croirais vous faire par un plus long retardement [1]. » En même temps, il demande à M. Périer de faire régulièrement des observations « sur la diversité des élévations ou abaissements du vif-argent dans les tuyaux [2] ». C'est ce que nous apprend le début du récit de M. Périer. « Après l'expérience que je fis au Puy de Dôme,... M. Pascal me manda de Paris à Clermont où j'étais, que non seulement la diversité des lieux, mais aussi la diversité du temps en un même lieu, selon qu'il faisait plus ou moins froid ou chaud, sec ou humide, causaient de différentes élévations ou abaissements du vif-argent dans les tuyaux. Pour savoir si cela était vrai, et si la différence de tempérament de l'air causait si régulièrement et si constamment cette diversité, qu'on pût en faire une règle générale et en déterminer la cause unique, je me résolus d'en faire plusieurs expériences durant un long temps... Je commençai ces observations au commencement de l'année 1649 [3]. »

A la fin de l'année 1648, « une sorte de brouillerie », comme dit Pascal, survient dans cette famille si unie : il

---

1. Éd. Lahure, III, p. 146.
2. Voir p. 138 et suiv.
3. Éd. Lahure, III, p. 147.

s'agit d'un projet de construction d'une maison à Clermont, projet qui séduisait M. et M%%me%% Périer et que désapprouvaient fortement le père de Pascal, Blaise Pascal et Jacqueline, comme devant entraîner à de trop grandes dépenses. Pascal, de concert avec sa sœur Jacqueline, écrit à M%%me%% Périer le 5 novembre pour rétablir l'union, et fait appel à sa sagesse non seulement par des raisons humaines, mais par des considérations tirées de la foi. « Nous savons aussi bien que son projet n'est que pour une partie du bâtiment ; mais, outre qu'elle n'est que trop longue elle seule, elle engage à l'achèvement du reste aussitôt qu'il n'y aura plus d'obstacle, de quelque résolution qu'on se fortifie pour s'en empêcher, principalement s'il emploie à bâtir le temps qu'il faudrait pour se détromper des charmes secrets qui s'y trouvent. Ainsi nous l'avons conseillé de bâtir bien moins qu'il ne prétendait, et rien que le simple nécessaire... Nous te prions d'y penser sérieusement, de t'en résoudre, et de l'en conseiller de peur qu'il arrive... qu'il donne bien plus de soin et de peine au bâtiment d'une maison qu'il n'est pas obligé de faire qu'à celui de cette tour mystique, dont tu sais que saint Augustin parle dans une de ses lettres, qu'il s'est engagé d'achever dans ses entretiens... » Jacqueline ajoute en post-scriptum : « J'espère que je t'écrirai en mon particulier de mon affaire[1], dont je te manderai le détail ; cependant prie Dieu pour son issue. Si tu sais quelque bonne âme, fais-la prier Dieu pour moi aussi[2]. »

1. Son entrée en religion.
2. Éd. Lahure, II, p. 107.

Ici vient ce qu'on a appelé la *dissipation* de Pascal, aussi improprement que ce qu'on avait appelé sa *conversion*. Ce jeune homme de vingt-six ans, chercheur infatigable et profondément religieux, l'esprit uniquement préoccupé de science, le cœur rempli de Dieu, « était travaillé par des maladies continuelles et qui allaient toujours en augmentant... Les médecins crurent que pour se rétablir entièrement il fallait qu'il quittât toute sorte d'application d'esprit, et qu'il cherchât autant qu'il pourrait les occasions de se divertir. Mon frère eut de la peine à se rendre à ce conseil, parce qu'il y voyait du danger : mais enfin il le suivit, croyant être obligé de faire tout ce qui lui serait possible pour remettre sa santé, et il s'imagina que les divertissements honnêtes ne pourraient lui nuire[1] ». La fille de Mᵐᵉ Périer confirme ce témoignage. « Cet état où les médecins le virent, les obligea de lui défendre toute sorte d'application; mais cet esprit si vif et si agissant ne pouvait pas demeurer oisif. Quand il ne fut plus occupé de sciences, ni de choses de piété qui portent avec elles leur application, il lui fallut quelque plaisir : il fut contraint de revoir le monde, de jouer et de se divertir. Dans le commencement cela était modéré; mais insensiblement le goût en revint, il se mit dans le monde, sans vice néanmoins ni dérèglement, mais dans l'inutilité, le plaisir et l'amusement[2]. »

De son côté, Jacqueline « ne cessait pas d'aller quel-

---

1. Faugère, ouvr. cit., *Vie de Pascal*, p. 14-15.
2. *Id., ibid., Marguerite Perier, Mém.*, p. 452-453.

quefois à Port-Royal, d'y écrire souvent et d'en recevoir des lettres... Mon père, qui était très persuadé qu'elle avait choisi la meilleure part et qui ne résistait à son dessein que par affection et par tendresse, voyant qu'elle s'affermissait tous les jours dans sa résolution, lui dit qu'il voyait bien qu'elle ne voulait point penser au monde, qu'il approuvait de tout son cœur ce dessein, et qu'il lui promettait de ne lui faire jamais aucune proposition d'engagement aussi avantageux qu'il parût, mais qu'il la priait de ne le point quitter; que sa vie ne serait possible pas encore bien longue, et qu'il la priait d'avoir cette patience; et cependant qu'il lui donnait la liberté de vivre comme elle voudrait dans sa maison. Elle le remercia, et ne lui fit point de réponse positive sur la prière qu'il lui faisait de ne le point quitter, se contentant seulement de lui promettre qu'elle ne lui donnerait jamais sujet de se plaindre de sa désobéissance. Ceci se passa vers le mois de mai 1649, et mon père prit résolution en ce temps-là de venir en Auvergne, et d'y mener mon frère et sa sœur[1] ». Il voulait rompre, s'il se pouvait, leurs relations avec Port-Royal.

Pascal, à qui l'on a défendu toute application d'esprit, revoit la société de la ville où il est né et y retrouve beaucoup de parents et d'amis. C'est sans nul doute à cette date qu'il faut placer une anecdote rapportée par Fléchier dans des Mémoires sur son séjour à Clermont en 1665 et 1666, publiés par M. Gonod. Il y parle d'une demoiselle qui était *la Sapho du pays*. « Cette demoiselle était aimée par tout ce qu'il y avait

---

1. *Id., ibid., Vie de Jacqueline*, p. 66.

de beaux esprits : les esprits ont leurs liaisons qui font bien souvent celles des corps. M. Pascal qui s'est depuis acquis tant de réputation et un autre savant étaient continuellement auprès de cette belle savante. » Puis il mentionne un troisième visiteur qui « crut qu'il devait être de la partie, et qu'on ne pouvait passer pour bel esprit qu'en aimant une dame qui en avait et qui était aimée par des gens qui passaient pour en avoir ».

Mais il est difficile de savoir la portée de ce propos recueilli par Fléchier au bout de seize ans, car on ne peut le rapporter au dernier voyage que Pascal presque mourant fera à Clermont en 1660. Même durant son séjour à Clermont, Pascal était déjà bien malade; de plus, il était fort peu mondain, nous dit son ami, le chevalier de Méré, qui, dans son *Traité de l'esprit*, le représente comme un grand mathématicien « qui ne sait que cela » et n'a pas l'agrément de la finesse. Toujours occupé de sciences, malgré la défense des médecins, il se tenait au courant des observations que M. Périer faisait chaque jour sur la pesanteur de l'air et de celles que faisait pour lui en Suède M. Chanut, aidé de Descartes (ce qui prouve, pour le dire en passant, que Pascal et Descartes avaient conservé des relations courtoises[1]). « Je me donnai l'honneur, dit M. Périer, d'en écrire aussi à M. Chanut,... lequel me fit la faveur d'agréer ma prière, et de m'envoyer pareillement les observations que lui et M. Descartes firent à Stockholm, depuis le 21 octobre 1649[2]. »

1. Voir p. 140.
2. Éd. Lahure, III, p. 148.

Pendant ce séjour de dix-sept mois à Clermont, Jacqueline correspond en secret avec les mères de Port-Royal et particulièrement avec la mère Agnès, qui lui envoie de sages conseils et modère son impatience d'entrer en religion. Elle lui écrit le 5 août 1650 : « le monde vous retient, car il veut recueillir ce qu'il a semé. N.-S. fera de même quand il lui plaira : il demandera le fruit de la divine semence qu'il a jetée dans votre cœur, qui se sera beaucoup multipliée par la patience. C'est tout ce qu'il vous demande pour le présent [1] ».

Pendant que Pascal était à Clermont, M. Chanut écrit à M. Périer, le 28 mars 1650, pour lui annoncer la mort de Descartes : « Peu de jours après vous avoir écrit la lettre à laquelle vous m'avez fait l'honneur de me répondre le 11 de mars dernier, nous perdîmes M. Descartes d'une maladie pareille à celle que j'avais eue peu de jours auparavant; je soupire encore en vous l'écrivant, car sa doctrine et son esprit étaient encore au-dessous de sa grandeur, de sa bonté et de l'innocence de sa vie. » Il ajoute à propos des observations qu'il avait faites avec Descartes : « Je souhaite de tout mon cœur que M. Pascal, votre beau-frère, qui a le temps et un esprit merveilleux, trouve en cette matière quelque ouverture de conséquences pour la physique. Je me tiendrais heureux que notre septentrion lui donnât quelques observations qui pussent aider sa spéculation [2]. »

1. FAUGÈRE, ouvr. cit., *Vie de Jacqueline*, p. 68, note.
2. Éd. Lahure, III, p. 149-150.

Pascal revint à Paris au mois de juin. Trois mois après, son père l'y rejoignit avec Jacqueline. « Mon père s'en étant retourné à Paris voulut que ma sœur y allât aussi. Ce retour fut au mois de novembre 1650[1]. » Pascal souffrait alors plus que jamais du mal qui le minait depuis sa jeunesse. « Il avait, dit sa sœur, entre autres incommodités, celle de ne pouvoir rien avaler de liquide qu'il ne fût chaud; encore ne le pouvait-il faire que goutte à goutte : mais comme il avait outre cela une douleur de tête insupportable, une chaleur d'entrailles excessive et beaucoup d'autres maux, les médecins lui ordonnèrent de se purger de deux jours l'un durant trois mois; de sorte qu'il fallut prendre toutes ces médecines, et pour cela les faire chauffer et les avaler goutte à goutte, ce qui était un véritable supplice qui faisait mal au cœur à tous ceux qui étaient auprès de lui, sans qu'il s'en soit jamais plaint [2]. »

Mais ses travaux scientifiques ne cessaient de le préoccuper[3]. Le 25 juin 1651, à l'instigation du P. Noël, cet adversaire passionné, dont il a été question plus haut, les Jésuites de Montferrand insinuèrent que Pascal avait tenté de s'approprier l'expérience de Torricelli : « Il y a de certaines personnes aimant la nouveauté, qui veulent se dire les inventeurs d'une certaine expérience dont Torricelli est l'auteur, qui a été faite en Pologne; et nonobstant cela, ces personnes voulant se

---

1. FAUGÈRE, ouvr. cit., *Vie de Jacqueline*, p. 70.
2. *Id., ibid., Vie de Pascal*, p. 15.
3. Voir p. 130 et suiv.

l'attribuer, après l'avoir faite en Normandie, sont venues la publier en Auvergne[1]. »

Pascal n'en est pas encore au détachement que lui demandent ses amis de Port-Royal et sa sœur Jacqueline. Cette imputation le blesse au vif dans sa légitime fierté ; impatient de se justifier, il écrit à M. de Ribeyre le 12 juillet de la même année : « ... Comme les honnêtes gens joignent à l'inclination générale qu'ont tous les hommes de se maintenir dans leurs justes possessions, celle de refuser l'honneur qui ne leur est pas dû, vous approuverez sans doute que je me défende également et de ceux qui voudraient m'ôter quelques-unes des expériences que je donne ici, et de ceux qui voudraient m'attribuer celle d'Italie,... puisqu'elle n'en est pas...

« Et je vous dirai que dès l'année 1647 nous fûmes avertis d'une très belle pensée qu'eut Torricelli touchant la cause de tous les effets qu'on a jusqu'à présent attribués à l'horreur du vide. Mais comme ce n'était qu'une simple conjecture, et dont on n'avait aucune preuve, pour en reconnaître ou la vérité ou la fausseté, je méditai dès lors une expérience que vous savez avoir été faite en 1648 par M. Perier au haut et au bas du Puy de Dôme... Il est véritable, Monsieur, et je vous le dis hardiment, que cette expérience est de mon invention ; et, partant, je puis dire que la nouvelle connaissance qu'elle nous a découverte, est entièrement de moi[2]. »

---

1. Prologue des thèses soutenues dans le collège des Jésuites de Montferrand, Éd. Lahure, III, p. 73 ; *ibid.*, p. 75.
2. Éd. Lahure, t. III, p. 78-79.

Et M. de Ribeyre lui répond le 26 juillet 1651 : « Vous m'auriez fait tort, Monsieur, si vous aviez cru que vous eussiez besoin de justification en mon endroit : votre candeur et votre sincérité me sont trop connues pour croire que vous puissiez jamais être convaincu d'avoir fait quelque chose contre la vérité dont vous faites profession, et qui paraît dans toutes vos actions et vos mœurs. Je l'honore et la révère en vous plus que votre science[1]. »

Les mois qui suivirent furent une douloureuse épreuve pour Pascal : une maladie cruelle lui enleva son père qu'il aimait tendrement. Jacqueline ne quitta pas un instant le chevet du malade : « Au mois de septembre de l'année 1651, écrit Mme Périer, mon père étant tombé malade de la maladie dont il mourut, elle s'appliqua à lui rendre service avec tout le soin imaginable jour et nuit. On peut dire qu'elle ne faisait autre chose ; car lorsqu'elle voyait qu'elle n'était pas si nécessaire auprès de lui, elle se retirait dans son cabinet où elle était prosternée en larmes, priant sans cesse pour lui... Enfin nonobstant tout cela, Dieu en disposa selon sa volonté, et mon père mourut le 24 septembre[2]. »

Peu de temps après, le 17 oct. 1651, Pascal écrivit à sa sœur absente, Mme Périer, une lettre toute chrétienne sur cette mort édifiante :

« Ne nous affligeons donc pas comme les païens qui n'ont point d'espérance. Nous n'avons pas perdu mon père au moment de sa mort : nous l'avons perdu, pour

---

1. *Ibid.*, p. 81.
2. Faugère, ouvr. cit., *Vie de Jacqueline*, p. 72.

ainsi dire, dès qu'il entra dans l'Église par le baptême. Dès lors il était à Dieu; sa vie était vouée à Dieu; ses actions ne regardaient le monde que pour Dieu. Dans sa mort il s'est totalement détaché des péchés; et c'est en ce moment qu'il a été reçu de Dieu, et que son sacrifice a reçu son accomplissement et son couronnement... Que notre volonté ne sépare donc pas ce que Dieu a uni; et étouffons ou modérons, par l'intelligence de la vérité, les sentimens de la nature corrompue et déçue qui n'a que les fausses images, et qui trouble par ses illusions la sainteté des sentimens que la vérité de l'Évangile nous doit donner[1]. »

Cette lettre déroute fort ceux qui veulent que Pascal ait vécu à ce moment dans les plaisirs mondains. Le plus illustre d'entre eux, l'auteur de *Port-Royal*, en fait l'aveu[2]. Ceux qui ne sont point prévenus y reconnaîtront sans peine, à des signes non équivoques, le chrétien qui ne s'est jamais démenti, au lieu d'imaginer chez Pascal, après un abandon de la foi que contredisent tous les textes, un retour passager à la foi causé par la mort de son père, comme le suppose gratuitement Sainte-Beuve[3].

Du 18 au 26 octobre 1651, Jacqueline et Pascal s'étaient fait des donations réciproques qui transféraient

---

1. Éd. Lahure, II, p. 23.
2. « On a de très belles et très chrétiennes Pensées de Pascal, entre autres d'une lettre écrite sur la mort de son père (17 oct. 1651). Cela est un peu embarrassant et paraît peu cadrer avec l'ensemble de ses sentimens à cette époque. » (Sainte-Beuve, *Port-Royal*, liv. III, ch. v, note de la page 483.)
3. *Port-Royal*, ibid. : « Il put bien avoir en effet, sous le coup du deuil, un retour passager à la foi causé par la mort de son père. »

à Pascal la propriété du capital et convertissaient la part de Jacqueline en rente viagère. Mais il avait été stipulé que pendant plusieurs années les lots resteraient indivis, répondant solidairement de ce qui ne répondait pas à l'évaluation faite pour le partage.

Demeuré seul par la mort de son père, Pascal ne pouvait plus se faire à l'idée de se séparer de sa sœur Jacqueline. Il espérait qu'elle ferait pour lui ce qu'elle avait fait pour son père, qu'elle consentirait à différer son entrée en religion. Elle crut devoir obéir à l'appel de Dieu. « Mon frère, qui était sensiblement affligé et qui recevait beaucoup de consolation de ma sœur, s'imagina que sa charité la porterait à demeurer avec lui au moins un an pour lui aider à se résoudre en ce malheur. Il lui parla, mais d'une manière qui faisait tellement voir qu'il s'en tenait assuré qu'elle n'osa le contredire de peur de redoubler sa douleur, de sorte que cela l'obligea de dissimuler jusqu'à notre arrivée. Alors elle me dit que son intention était d'entrer en religion aussitôt que nos partages seraient faits ; mais qu'elle épargnerait son frère en lui faisant accroire qu'elle y allait seulement faire une retraite. Elle disposa toutes choses pour cela en ma présence. Nos partages furent signés le dernier jour de décembre, et elle prit jour pour entrer le 4 janvier (1652).

« La veille de ce jour-là, elle me pria d'en dire quelque chose à mon frère le soir, afin qu'il ne fût pas si surpris. Je le fis avec le plus de précaution que je pus ; mais quoique je lui disse que ce n'était qu'une retraite pour connaître un peu cette sorte de vie, il ne laissa pas d'en être fort touché. Il se retira donc fort triste dans sa chambre, sans voir ma sœur qui était alors dans un petit cabinet où elle avait accoutumé de faire sa prière. Elle n'en sortit qu'après que son frère fut hors de sa chambre, parce qu'elle craignait que sa vue ne lui donnât au cœur. Je lui dis de sa part les paroles de tendresse qu'il m'avait dites, après quoi nous nous allâmes tous coucher. Mais quoique je consentisse de tout mon cœur à ce qu'elle faisait, à cause que je croyais que c'était le plus grand bien qui lui pût arriver, néanmoins la grandeur de cette résolution m'étonnait de telle sorte et m'occupait si fort l'esprit, que je n'en dormis point de toute la nuit. Sur les sept heures, comme je voyais que ma sœur ne se levait point, je crus qu'elle n'avait pas dormi non plus, et j'eus peur qu'elle ne fût incommodée, de sorte que j'allai à son lit où je la trouvai fort endormie. Le bruit que je fis l'ayant réveillée, elle me demanda quelle heure il était; je le lui dis, et, lui ayant demandé comment elle se portait et si elle avait bien dormi, elle me dit qu'elle se portait bien et qu'elle avait fort bien dormi. Ainsi, elle se leva, s'habilla et s'en alla, faisant cette action comme toutes les autres dans une tranquillité et une égalité d'esprit inconcevables. Nous ne nous dîmes point adieu, de crainte de nous attendrir; et je me détournai de son passage, lorsque je la vis prête à sortir. Voilà de quelle manière elle quitta le monde. Ce fut le 4 janvier de l'année 1652, étant alors âgée de vingt-six ans et trois mois[1]. »

---

1. FAUGÈRE, ouvr. cit., *Vie de Jacqueline*, p. 72-73.

Le 7 mars, elle écrivit à son frère pour lui faire agréer sa résolution d'entrer au couvent. « Encore que je sois libre,... je ne laisse pas d'avoir besoin de votre consentement et de votre aveu que je demande de toute l'affection de mon cœur, non pas pour pouvoir accomplir la chose, puisqu'ils n'y sont pas nécessaires, mais pour pouvoir l'accomplir avec joie, avec repos d'esprit, avec tranquillité... Ne vous opposez pas à cette lumière divine ; n'empêchez pas ceux qui font bien et faites bien vous-même ou, si vous n'avez pas la force de me suivre, au moins ne me retenez pas. Ne vous rendez pas ingrat envers Dieu de la grâce qu'il a faite à une personne que vous aimez : plus elle doit vous être chère, plus les faveurs qu'elle reçoit vous doivent être sensibles... J'attends ce témoignage d'amitié de toi principalement, et te prie pour mes fiançailles qui se feront, Dieu aidant, le jour de la Sainte-Trinité. » Elle ajoutait : « Ce n'est que par forme que je t'ai prié de te trouver à la cérémonie ; car je ne crois pas que tu aies la pensée d'y manquer[1]. » Son frère ne céda pas de bonne grâce. « Il vint le lendemain fort outré avec un grand mal de tête que cela lui causait, et néanmoins fort adouci, car au lieu de deux ans qu'il me demandait la dernière fois, il ne voulait plus me faire attendre que jusqu'à la Toussaint ; mais me voyant ferme à ne pas attendre et assez complaisante néanmoins pour condescendre à lui donner quelque peu de temps pour se pouvoir résoudre, il s'adoucit entièrement et eut pitié de la peine que cela

---

1. *Id., ibid.,* p. 335-343.

me faisait de différer encore une chose que je souhaite depuis si longtemps. Il ne se rendit pourtant pas à l'heure; mais M. d'Andilly à ma prière eut la bonté de l'envoyer quérir samedi, et l'entreprit avec tant de chaleur et tant d'adresse qu'il le fit consentir à tout ce que nous voulions[1]. »

La science intervient pour divertir Pascal du profond chagrin que lui causait le départ de sa sœur préférée.

Au mois de mars, il envoie à la reine Christine la machine arithmétique, avec une lettre éloquente et hardie où il met sa dignité de savante au-dessus de sa dignité de reine. « Le pouvoir des rois sur les sujets n'est, ce me semble, qu'une image du pouvoir des esprits sur les esprits qui leur sont inférieurs, sur lesquels ils exercent le droit de persuader, ce qui est parmi eux ce que le droit de commander est dans le gouvernement politique. Ce second empire me paraît même d'un ordre d'autant plus élevé, que les esprits sont d'un ordre plus élevé que les corps, et d'autant plus équitable, qu'il ne peut être départi et conservé que par le mérite, au lieu que l'autre peut l'être par la naissance ou par la fortune. Il faut donc avouer que chacun de ces empires est grand en soi; mais, Madame, que Votre Majesté me permette de le dire, elle n'y est pas blessée, l'un sans l'autre me paraît défectueux. Quelque puissant que soit un monarque, il manque quelque chose à sa gloire, s'il n'a la prééminence de l'esprit[2]. »

1. *Id.*, *ibid.*, p. 344.
2. Éd. Lahure, III, p. 193.

Le mois suivant, Pascal explique le mécanisme de la machine à calculer chez la duchesse d'Aiguillon, comme nous l'apprend la Muse historique de Loret :

> Je me rencontrai l'autre jour
> Dedans le petit Luxembourg,
> Au quel beau lieu que Dieu bénie
> Se trouva grande compagnie
> Tant duchesses que cordons bleus
> Pour voir les effets merveilleux
> D'un ouvrage d'arithmétique
> Autrement de mathématique
> Où, par un secret sans égal,
> Un auteur, qu'on nomme Pascal,
> Fit voir une spéculative
> Si claire et si persuasive
> Touchant le calcul et le jet
> Qu'on admira le grand projet.
> Il fit encor, sur les fontaines,
> Des démonstrations si pleines
> D'esprit et de subtilité
> Que l'on vit bien en vérité
> Qu'un très beau génie il possède
> Et qu'on le traita d'Archimède [1]. »

La réputation de Pascal avait attiré le duc de Roannez qui aimait les sciences. Peu à peu le jeune seigneur se prit pour lui d'une véritable amitié, et il l'emmena dans son gouvernement de Poitou. Ce voyage semble avoir eu lieu à la fin de juin.

M. Collet, dans un mémoire intitulé : *Un séjour de Pascal en Auvergne*, rattache à cette excursion le récit suivant, emprunté au chevalier de Méré : « Je fis un

---

1. 14 avril 1652.

voyage avec D.D.R. qui parle d'un sens juste et profond et que je trouve de fort bon commerce. M. M. que vous connaissez et qui plaît à toute la cour était de la partie ; et parce que c'était plutôt une promenade qu'un voyage, nous ne songions qu'à nous divertir et nous discourions de tout. Le D.D.R. a l'esprit mathématique ; et pour ne pas s'ennuyer en chemin, il avait fait provision d'un *homme entre deux âges, qui n'était alors que fort peu connu.* »

Le D.D.R. est le duc de Roannez, M. M. est Miton ; et le personnage dont le Duc a fait provision pour ne pas s'ennuyer serait Pascal.

Il est vraiment difficile d'accepter une aussi étrange hypothèse, d'admettre avec M. Collet que Pascal, qui avait alors vingt-neuf ans, soit désigné par *un homme entre deux âges ;* que ce jeune penseur, qui jouissait d'une réputation européenne, qui était en correspondance avec les savants de tous les pays, soit donné comme « fort peu connu ». La suite du récit qui fait de cet homme un plaisantin, composant de petits vers, et servant de plastron à ses compagnons de voyage, s'accorde moins encore avec le caractère de Pascal[1]. « Enfin, le chevalier de Méré affirme de ce personnage que depuis cette excursion il ne songea plus aux mathématiques qui l'avaient toujours occupé, et que ce fut là comme une abjuration[2]. » Or c'est précisément dans les années qui vont suivre que Pascal

---

1. « Cet homme qui n'avait ni goût ni sentiment, ne laissait pas de se mêler en tout ce que nous disions, mais il nous surprenait presque toujours et nous faisait souvent rire. »
2. *Œuvres de Méré*, t. I, *de l'Esprit.*

publie ses travaux scientifiques les plus considérables. La conjecture de M. Collet, dont on a fait grand bruit, est donc plus que contestable.

A ce moment, comme l'époque de sa profession approchait, Jacqueline écrivit à son frère et à sa sœur, pour leur faire savoir qu'elle souhaitait apporter en dot à Port-Royal la part qui lui revenait dans l'héritage paternel. On se montra très froissé de ses intentions.

On lui répondit, d'assez mauvaise grâce, qu'elle était liée par des engagements en vertu desquels l'héritage paternel devait rester indivis pendant un certain nombre d'années. La douleur de Jacqueline fut extrême : « Ils prirent les choses dans un esprit tout séculier, comme auraient pu faire des personnes tout du monde qui n'auraient pas même connu le nom de la charité... Ils m'écrivirent chacun à part de même style et, sans me dire qu'ils fussent choqués, ils me traitèrent néanmoins comme l'étant beaucoup, et pour toute réponse à mes propositions, ils me firent une déduction de mes affaires à la rigueur, par où ils me déclaraient que la nature de mon bien était telle que je n'en pouvais disposer en façon quelconque, ni en faveur de qui que ce soit. »

« Quoique je sache bien, dit-elle au sujet des raisons qu'on lui oppose, qu'elles étaient véritables, mais nous n'avions pas coutume d'en user ensemble[1]. » Elle s'afflige d'un procédé si peu fraternel. Pascal avait alors conçu la pensée de « se mettre dans le monde »; et si

---

1. FAUGÈRE, ouvr. cit., *Relation de Jacqueline à la mère prieure*, p. 179.

honnêtement que ce fût, c'était, aux yeux de Jacqueline, un abandon de Dieu, une sorte d'apostasie, comme nous l'apprend la nièce de Pascal, Marguerite Périer. « Mon grand-père mourut; il continua à se mettre dans le monde, avec même plus de facilité étant maître de son bien; et alors après s'y être un peu enfoncé, il prit la résolution de suivre le train commun du monde, c'est-à-dire de prendre une charge et se marier. Et prenant ses mesures pour l'un et l'autre, il en conférait avec ma tante qui était alors religieuse, qui gémissait de voir celui qui lui avait fait connaître le néant du monde, s'y plonger de lui-même par de nouveaux engagements[1]. »

Telle est la grande dissipation de Pascal : il veut prendre une charge et se marier. Et la mère Agnès, tout en montrant un désintéressement absolu et en prescrivant à Jacqueline d'abandonner ses prétentions, explique le refus de Pascal « par ces nouveaux engagements ». « Vous savez bien que celui qui a le plus d'intérêt à cette affaire est encore trop du monde, et même dans la vanité et les amusements du monde, pour préférer les aumônes que vous vouliez faire à sa commodité particulière. » La mère Agnès se trompait. Quand Pascal, de retour à Paris, vit le chagrin de sa sœur, « de son propre mouvement il résolut de mettre ordre à cette affaire, s'offrant de prendre sur lui toutes les charges et les risques du bien, et de faire en son nom pour la maison, ce qu'il voyait bien qu'on ne pouvait

---

1. *Id., ibid., Marguerite Périer, Mém.*, p. 452.

omettre avec justice [1] ». Quelques jours après, il écrivit à Mme Périer: « Ma sœur fit hier profession, jeudi 5 juin 1653. Il m'a été impossible de retarder : MM. de Port-Royal craignaient qu'un petit retardement en apportât un grand et voulaient la hâter par cette raison qu'ils espèrent la mettre bientôt dans les charges; et partant il faut hâter, parce qu'il faut qu'elles aient pour cela plusieurs années de profession. Voilà de quoi ils m'ont payé [2]. »

Mais Jacqueline demeurait inconsolable des projets mondains de son frère. « C'est une pensée que m'a donnée le bonheur de ma condition, qui me semblera imparfaite tant que ceux que j'aime comme mon frère et vous deux ne le connaîtront pas assez et n'y participeront point [3]. » Elle exhortait donc Pascal à renoncer aux avantages de cette vie; mais l'heure n'était pas venue : il l'écoutait et ne laissait pas de pousser toujours ses desseins [4]. Il ne rompait pas « ces horribles attaches [5] », qui n'étaient autre chose que le mariage, une charge et la passion de la science : il ne sortait point du « bourbier » [6].

Là-dessus certains biographes prennent à la lettre « la dissipation » que Jacqueline reproche à son frère, et qui, dans sa pensée, s'applique à tout ce qui tient à la vie du monde, sans exception. Ils se donnent

1. *Id., ibid., Relation de Jacqueline*, p. 195-212.
2. Éd. Lahure, II, p. 109.
3. FAUGÈRE, ouvr. cit., p. 348.
4. *Id., ibid., Marguerite Perier, Mém.*, p. 453.
5. *Id., ibid.*, p. 357.
6. *Id., ibid.*, p. 354.

carrière, ils imaginent un Pascal joueur, libertin et dissipateur.

Ne fréquente-t-il pas Miton, un égoïste qui ne vit que pour lui et se contente de dissimuler son égoïsme? C'est Pascal qui le dit : « Le moi est haïssable; vous, Miton, le couvrez, mais ne l'ôtez pas pour cela. » N'est-il pas lié avec le chevalier de Méré, à qui Miton écrit : « Je croirais bien que le jeu et les dames vous consolent aisément de mon absence[1] »? Méré, grand joueur, a proposé à Pascal des problèmes sur les *partis,* c'est-à-dire sur le partage des enjeux après interruption de la partie[2]; donc Pascal a dû être joueur. On lui attribue le *Discours sur les passions de l'amour;* donc il a dû être amoureux. La correspondance de Pascal avec Mlle de Roannez est celle du directeur le plus rigide. Mais M. Picard, un de ses biographes, n'en sait pas moins que Pascal aime Mlle de Roannez, qu'il lui a déclaré son amour; et nous ne devrons pas être surpris de voir Pascal à Port-Royal des Champs, « quand nous rencontrerons, non loin des allées où le philosophe promène ses *Pensées,* la silhouette d'une jeune religieuse entrée en même temps que lui et sur ses conseils pressants au même monastère ». Enfin, Pascal s'est promené dans un carrosse à quatre chevaux qui, selon toute apparence, était celui du duc de Roannez, son ami; il faut, par conséquent, qu'il soit devenu un dissipateur fastueux.

Laissons là ces romans et revenons aux documents authentiques. Ils nous disent ce qui se passait vérita-

---

1. Méré, *Lettre* 112.
2. Voir p. 151 et suiv.

blement, dès la fin de 1653, dans l'âme de Pascal. Il se sentait déjà si fort ébranlé, que Jacqueline écrit à sa sœur le 8 décembre 1654 : « Que son frère a depuis plus d'un an un grand mépris du monde [1]. »

Cependant, la première partie de l'année 1654 nous le montre encore très occupé de recherches scientifiques. Il envoie à la réunion de savants dont nous avons déjà parlé [2], qu'il qualifie déjà de *très célèbre Académie parisienne de mathématiques,* dix nouveaux traités [3], parmi lesquels un travail sur les *partis,* c'est-à-dire sur la règle à suivre pour partager exactement les enjeux suivant les chances de gain de chacun des joueurs, dans une partie interrompue. L'étude de cette règle des partis [4] fait l'objet d'une correspondance suivie de Pascal avec Fermat; et il lui exprime sa joie de ce que, sans s'être entendus, l'un à Paris, l'autre à Toulouse, ils se sont rencontrés pour la solution de ce problème. « Je vois bien, lui écrit Pascal, que la vérité est la même à Toulouse et à Paris » (29 juillet 1654) [5].

Il semble, si l'on en juge par les communications répétées de Pascal à l'Académie de Mersenne et par ses relations avec Fermat, qu'à défaut de scrupules religieux la science ne lui laisse guère le loisir de *se dissiper,* quand la santé le lui permettrait. Mais une lettre de Jacqueline à sa sœur [6] nous apprend que la

---

1. Faugère, ouvr. cit., p. 351.
2. La future Académie des sciences.
3. Voir plus loin p. 114, 145 et 220.
4. Voir p. 153 et suiv.
5. Éd. Lahure, III, p. 220.
6. Faugère, ouvr. cit., Janv. 1655, p. 356.

lutte intérieure, que nous avons vue commencer en lui dès l'année 1653, gagne en intensité et qu'il est venu lui confier ses derniers combats : « Vers la fin de septembre dernier, il vint me voir et à cette visite il s'ouvrit à moi d'une manière qui me fit pitié, en m'avouant qu'au milieu de ses préoccupations qui étaient grandes, et parmi toutes les choses qui pouvaient contribuer à lui faire aimer le monde, et auxquelles on avait raison de le croire fort attaché, il était de telle sorte sollicité de quitter tout cela, et par une aversion extrême qu'il avait des folies et des amusements du monde, et par le reproche continuel que lui faisait sa conscience, qu'il se trouvait détaché de toutes choses d'une telle manière qu'il ne l'avait jamais été de la sorte ni rien d'approchant; mais que d'ailleurs il était dans un si grand abandonnement du côté de Dieu, qu'il ne sentait aucun attrait de ce côté-là; qu'il s'y portait néanmoins de tout son pouvoir. »

On rapporte au 8 novembre 1654 l'accident du pont de Neuilly, raconté dans un manuscrit des Pères de l'Oratoire de Clermont. « M. Arnoul (de Saint-Victor), curé de Chambourcy, dit qu'il a appris de M. le Prieur de Barillon, ami de Mme Périer, que M. Pascal, quelques années avant sa mort, étant allé selon sa coutume un jour de fête à la promenade au pont de Neuilly dans un carrosse à quatre ou six chevaux, les deux chevaux de volée prirent le frein aux dents à l'endroit du pont où il n'y avait point de garde-fou; et s'étant précipités dans l'eau, les laisses qui les attachaient au train de derrière se rompirent, en sorte que le carrosse demeura sur le bord du précipice. Ce qui fit prendre la résolution à M. Pascal de rompre ses promenades et de vivre dans une entière solitude. »

Si cette anecdote, qu'appuie un témoignage unique, était vraie, on pourrait admettre que Pascal, déjà résolu à se séparer du monde, ait vu, dans le péril auquel il avait échappé, comme un avertissement de ne plus différer une retraite à laquelle il aspirait bien avant cet accident. C'est l'interprétation qui résulte tout naturellement des lettres de Jacqueline. Mais cela ne suffit pas à ceux qui ont imaginé le Pascal sceptique, joueur, dissipateur, etc. Incrédule jusqu'alors, la terreur causée par cet accident l'aurait, à leur sens, précipité dans la religion.

D'autres veulent que depuis lors Pascal ait été halluciné. Ils s'appuient sur une lettre de l'abbé Boileau adressée longtemps après la mort de Pascal, en 1737, à une demoiselle, sujette à des terreurs imaginaires, pour la rassurer. « Cela me fait souvenir de M. Pascal, dont la comparaison ne vous déplaira pas... Ce grand esprit croyait toujours voir un abîme à son côté gauche et y faisait mettre une chaise pour se rassurer; je sais l'histoire d'origine. Ses amis, son confesseur, son directeur avaient beau lui dire qu'il n'y avait rien à craindre, il convenait de tout cela avec eux, car il n'était nullement visionnaire; et un quart d'heure après il se creusait de nouveau le précipice qui l'effrayait[1]. »

Voltaire est ravi de ce récit : il le rattache à l'acci-

---

1. *Lettres de l'abbé Boileau*, éd. de 1737, p. 207.

dent du pont de Neuilly, à la suite duquel, selon lui, Pascal est devenu fou : « Il n'est pas étonnant, dit-il, qu'un homme d'un tempérament délicat, d'une imagination triste, comme Pascal, soit, à force de mauvais régime, parvenu à déranger les organes de son cerveau[1]. »

Pourtant, deux ans après, retenons cette date, ce fou écrivait les *Lettres provinciales* et préparait l'apologie de la religion chrétienne, dont l'ébauche seule frappe d'admiration même ses adversaires. Le vrai n'est donc pas là. Le vrai, c'est que l'enfance et la jeunesse chrétiennes de Pascal, l'influence de Port-Royal et la direction de M. Singlin, enfin l'exemple et les exhortations pressantes de sa sœur avaient préparé par degrés ce qu'on appelle sa conversion définitive.

Le 23 novembre 1654, il ressent une sorte de ravissement qui lui commande la soumission totale à J.-C. Afin que ce souvenir ne le quitte plus, il le consigne dans un écrit qu'il porte toujours sur lui et qu'on trouva après sa mort cousu dans son habit, en double, sur parchemin et sur papier.

☦

L'AN DE GRACE 1654.

Lundi 23 novembre, jour de saint Clément.

Depuis environ dix heures et demie du soir jusques environ minuit et demi

Dieu d'Abraham, Dieu d'Isaac, Dieu de Jacob,

non des philosophes et des savants.

Certitude, certitude, sentiment, joie, paix,

... grandeur de l'âme humaine...

---

1. Volt., éd. Beuchot, t. LIV, p. 350.

Renonciation totale et douce.

Soumission totale à J.-C. et à mon directeur.

Éternellement en joie pour un jour d'exercice sur la terre.

C'est cette paix, cette joie, cette certitude, cette renonciation totale et douce que M. Cousin représente comme un « fruit amer éclos dans la région désolée du doute, sous le souffle aride du désespoir ». C'est ce ravissement que M. Lélut transforme en un accès de folie; et les lignes où Pascal en conserve pieusement le souvenir deviennent pour lui « une amulette ».

Les lecteurs, qui ont le sens de la vie chrétienne, en jugeront différemment. On peut même dire que ces quelques lignes, si pleines dans leur brièveté lapidaire, marquent le terme final auquel doit conduire la dynamique de l'Apologie : elles sont comme le cri de triomphe du fidèle qui touche le but.

III. — 1654-1662.

Voici donc Pascal résolu à se retirer du monde : « Notre nouveau converti pensa de son propre mouvement, pour plusieurs raisons, qu'une retraite quelque temps hors de chez lui lui serait fort nécessaire[1]. »

Il consulte M. Singlin, qui approuve son projet. « Ils jugèrent l'un et l'autre qu'il lui serait bon de faire un voyage à la campagne pour être plus à soi qu'il n'était à cause du retour de son ami (vous savez qui je veux dire) qui l'occupait tout entier[2]. Il lui confia ce secret, et avec son consentement qui ne fut pas donné sans

---

1. FAUGÈRE, ouvr. cit., *Lettre de Jacqueline*, 15 janv. 1655, p. 360.
2. Il s'agit du duc de Roannez.

larmes, il partit le lendemain de la fête des Rois (7 janvier 1655) avec M. de Luines pour aller en l'une de ses maisons (château de Vaumurier), où il resta quelque temps. Mais, parce qu'il n'était pas là assez seul à son gré, il a obtenu une chambre ou cellule parmi les solitaires de Port-Royal d'où il m'a écrit avec une extrême joie de se voir traité et logé en prince, mais en prince au jugement de saint Bernard, dans un lieu solitaire où l'on fait profession de pratiquer la pauvreté[1]. »

C'est à Port-Royal des Champs qu'il eut alors avec M. de Saci le célèbre entretien sur Épictète et Montaigne qui nous a été rapporté par Fontaine, et dans lequel on trouve, par avance, les grandes lignes de la philosophie chrétienne de Pascal : contradictions qu'offre la nature de l'homme par son mélange incompréhensible de grandeur et de bassesse; impuissance des philosophes à expliquer cette énigme, les uns ne voyant que la grandeur, comme Épictète, les autres que la bassesse, comme Montaigne; et l'Évangile seul capable de la résoudre par le péché qui a fait déchoir l'homme de sa grandeur primitive.

On rapporte à la même époque l'écrit *Sur la conversion du pécheur*.

Pascal dut pourtant quitter cette solitude, où il trouvait le repos du corps et de l'âme. « Il ne s'ennuyait point là, nous dit Jacqueline, mais quelques affaires l'ont obligé de revenir contre son gré, et pour ne pas

---

1 *Id., ibid.*, p. 361.

tout perdre, il a demandé une chambre céans, où il demeure depuis jeudi, sans qu'on sache chez lui qu'il est de retour... On dit qu'il s'est fait moine, d'autres, hermite, d'autres, qu'il est à Port-Royal : Il le sait et ne s'en soucie guère[1]. »

Mais Jacqueline ne le trouve pas assez contrit, assez pénitent. Elle lui écrit le 19 janvier : « J'ai autant de joie de vous trouver gai dans la solitude que j'avais de douleur quand je voyais que vous l'étiez dans le monde. Je ne sais néanmoins comment M. de Saci s'accommode d'un pénitent si réjoui et qui prétend satisfaire aux vaines joies et aux divertissements du monde par des joies un peu plus raisonnables et par *des jeux d'esprit plus permis* (ceci s'adresse au savant), au lieu de les expier par des larmes continuelles[2]. »

Elle approuvait toutefois ces jeux d'esprit, lorsqu'ils pouvaient être utiles aux *petites écoles* de Port-Royal, dont elle avait la direction. Pascal, dont l'intelligence n'était jamais en repos, avait cherché une méthode nouvelle pour apprendre à lire aux enfants, celle que l'on pratique aujourd'hui et dont Pascal est le véritable inventeur. Jacqueline lui écrit le 26 octobre pour lui soumettre quelques difficultés : « Nos mères m'ont commandé de vous écrire afin que vous me mandiez toutes les circonstances de votre méthode pour apprendre à lire par be, ce, de, etc., où il ne faut point que les enfants sachent le nom des lettres... Je ne vois pas comme on peut leur faire comprendre facilement que les lettres

---

1. *Id., ibid.*, p. 362.
2. *Id., ibid.*, p. 353.

finissantes ne doivent point ajouter *d'e*. Pour *on*, ils diront *one*[1]. »

En revanche, lorsque son frère pousse le renoncement aux commodités de la vie jusqu'à la négligence absolue du soin de sa personne et de son intérieur, elle le raille finement. « On m'a congratulée pour la grande ferveur qui vous élève si fort au-dessus de toutes les manières communes, que vous mettez les balais au rang des meubles superflus... Il est nécessaire que vous soyez, au moins durant quelques mois, aussi propre que vous êtes sale, afin qu'on voie que vous réussissez aussi bien dans l'humble diligence et vigilance sur la personne qui vous sert, que dans l'humble négligence de ce qui vous touche. Et après cela, il vous sera glorieux, et édifiant aux autres, de vous voir dans l'ordure, s'il est vrai toutefois que ce soit le plus parfait, dont je doute beaucoup, parce que saint Bernard n'était pas de ce sentiment[2]. »

En l'année 1656 commence la période militante de la vie de Pascal.

Arnauld ayant soutenu que les cinq propositions de Jansénius, condamnées par les évêques, n'étaient pas dans l'*Augustinus*, la Sorbonne conclut à la censure le 16 janvier 1656.

Nous apprenons par la nièce de Pascal, Marguerite Périer, comment MM. de Port-Royal obtinrent qu'il employât son éloquence au service de leur théologie, et

---

1. *Id., ibid.*, p. 372.
2. *Id., ibid., Lettre du* 1ᵉʳ *déc.* 1655, p. 374.

lui fournirent des matériaux qu'il allait mettre en œuvre avec une suprême habileté.

« Il était allé à Port-Royal des Champs pour y passer quelque temps en retraite, comme il faisait de temps en temps. C'était alors qu'on travaillait en Sorbonne à la condamnation de M. Arnauld, qui était aussi à Port-Royal. Tous ces messieurs le pressaient pour écrire pour se défendre, et lui disaient : Est-ce que vous vous laisserez condamner comme un enfant sans rien dire? Il fit donc un écrit, lequel il lut en présence de tous ces messieurs, qui n'y donnèrent aucun applaudissement. M. Arnauld, qui n'était point jaloux de louanges, leur dit : Je vois bien que vous trouvez cet écrit mauvais, et je crois que vous avez raison (il n'en publie pas moins le 18 janvier sa *Lettre à la Faculté*). Puis il dit à M. Pascal : Mais vous, qui êtes jeune, vous devriez faire quelque chose. M. Pascal fit la première lettre (23 janvier), la leur lut; M. Arnauld s'écria : Cela est excellent, cela sera goûté; il faut le faire imprimer. On le fit, et cela eut le succès qu'on a vu : on continua...

« M. Pascal, qui avait une maison de louage dans Paris, alla se mettre dans une auberge, pour continuer cet ouvrage, à l'enseigne du Roi David, dans la rue des Poiriers, où il était inconnu sous un autre nom (il avait pris le nom de M. de Mons, qui appartenait à une des branches de sa famille). C'était tout vis-à-vis du collège de Clermont, qu'on nomme à présent le collège Louis-le-Grand. M. Perier, son beau-frère, étant allé à Paris dans ce temps-là, alla se loger dans cette auberge, comme un homme de province, sans faire connaître qu'il était son beau-frère[1]. » Suivant une relation du P. Guerrier, « M. Pascal avait un laquais nommé Picard, très fidèle, qui savait que son maître composait les Lettres provinciales. C'était lui qui pour l'ordinaire en portait les manuscrits à M. Fortin, principal du collège d'Harcourt, qui avait soin de les faire imprimer. On assure qu'elles ont été imprimées dans le collège même [2] ».

Le 5 février, paraît la 2ᵉ Provinciale; le 12 février, la 3ᵉ; le 25 février, la 4ᵉ; le 20 mars, la 5ᵉ. Et la persécution contre Port-Royal en devient plus vive : l'expulsion d'Arnauld est décrétée le 18 février, la dispersion des solitaires le 20 mars.

La guérison extraordinaire d'une petite nièce de Pascal vient exalter la foi des religieuses de Port-Royal, demeurées fidèles à leurs directeurs, et confirme Pascal dans sa résolution de les défendre.

Voici, d'après un écrit du temps, le récit du *Miracle de la Sainte Épine*. « M. de la Poterie, ecclésiastique de condition et de piété, avait depuis quelque temps, parmi les autres reliques de sa chapelle, une sainte épine de la couronne de Notre-Seigneur, laquelle ayant été envoyée aux religieuses carmélites, qui avaient eu une sainte curiosité de la voir, il l'envoya aussi à Port-Royal le vendredi 24 mars dernier. Les religieuses la reçurent avec beaucoup de dévotion : elles la mirent au dedans de leur chœur, sur une table parée en forme d'autel, et, après avoir chanté l'antienne de la sainte couronne, elles allèrent toutes la baiser. Une petite pensionnaire, nommée

---

1. *Id., ibid.,* p. 460.
2. *Id., ibid.,* p. 468.

Marguerite Perier, qui depuis trois ans et demi avait une fistule lacrymale, s'approcha pour la baiser en son rang, et la religieuse, sa maîtresse,... eut mouvement de faire toucher la relique à son mal, croyant que Dieu était assez bon et assez puissant pour la guérir. Elle n'y fit pas alors d'autre attention. Mais la petite fille s'étant retirée à sa chambre, un quart d'heure après elle aperçut que son mal était guéri [1] »... « Les médecins et les chirurgiens, qui étaient touchés d'une si grande merveille, se tinrent obligés en conscience de le dire à tout le monde, pour rendre gloire à celui qui leur avait fait voir sur l'œil et le visage tout défiguré de cette petite fille les traits vénérables de sa main puissante [2]. »

Cependant la persécution redouble. Les *petites écoles* du couvent sont fermées. Pascal poursuit son œuvre avec une ardeur nouvelle. Le 10 avril, il publie la 6ᵉ Provinciale; le 25 avril, la 7ᵉ; le 28 mai, la 8ᵉ. Les Jésuites commencent à soupçonner l'auteur et cherchent à faire parler M. Périer. « Le 30 avril, le P. Defrétat, jésuite, son parent, et parent aussi de M. Pascal, alla trouver M. Perier, et lui dit qu'ayant l'honneur de lui appartenir, il était bien aise de l'avertir que l'on était persuadé, dans la société, que c'était M. Pascal, son beau-frère, qui était l'auteur des petites lettres contre eux, qui couraient Paris, et qu'il devait l'en avertir et lui conseiller de ne pas continuer, parce qu'il pourrait lui en arriver du chagrin. M. Perier le remercia, et lui dit

---

1. Éd. Lahure, II, p. 301.
2. *Ibid.*, p. 303.

que cela était inutile, et que M. Pascal lui répondrait qu'il ne pouvait pas les empêcher de l'en soupçonner, parce que quand il leur dirait que ce n'était pas lui, ils ne le croiraient pas, et qu'ainsi, s'ils voulaient l'en soupçonner, il n'y avait pas de remède. Il se retira là-dessus, lui disant toujours qu'il fallait l'en avertir, et qu'il y prît garde.

« M. Perier fut fort soulagé quand il s'en alla ; car il y avait une vingtaine d'exemplaires de la septième et de la huitième lettre sur son lit, qu'il y avait mis pour sécher ; mais les rideaux étaient tirés, et heureusement un frère, que le P. Defrétat avait mené avec lui, et qui s'était assis près du lit, ne s'en aperçut pas. M. Perier alla aussitôt en avertir M. Pascal, qui était dans la chambre au-dessus de lui, et que les Jésuites ne croyaient pas être si proche d'eux[1]. »

La lutte continue. Les Jansénistes obtiennent que les curés de Rouen défèrent les casuistes à l'assemblée du clergé. Pascal publie, le 3 juillet, la 9ᵉ Provinciale ; le 10 août, la 10ᵉ ; le 18 août, la 11ᵉ. Le 25 août, les Jésuites font mettre à l'index tous les écrits d'Arnauld.

La 12ᵉ Provinciale paraît le 9 septembre ; la 13ᵉ, le 30 septembre. Le 16 octobre, le Pape Alexandre V publie la bulle *Ad Petri sedem* qui condamne formellement les cinq propositions ; et, peu après, l'assemblée du clergé propose un formulaire pour l'acceptation de la bulle pontificale. Pascal revient à la charge : il publie le 23 octobre la 14ᵉ Provinciale, le 25 octobre la 15ᵉ, et le

---

1. FAUGÈRE, ouvr. cit., p. 461.

4 décembre la 16°. Passant de la défense à l'attaque, il dénonce comme abominables les excès des casuistes dont il rend la Compagnie de Jésus responsable.

A partir de ce moment, la religion seule occupe Pascal. Il écrit à l'abbé Barcos au sujet des miracles, frappé par celui de la Sainte Épine qui lui est apparu comme un appel direct de Dieu. Il travaille à convertir le duc de Roannez[1]. Il adresse à la sœur de son noble ami toute une série de lettres qu'on pourrait appeler des lettres de direction; et l'on peut dire que Bossuet et Fénelon n'ont jamais parlé à leurs pénitentes un langage plus sévère que Pascal à cette personne, dont on a voulu le croire épris.

Chose curieuse, dans une de ces lettres, Pascal déclare à Mlle de Roannez qu'il ne veut en aucune façon se séparer du Saint-Siège en ce qui concerne la foi : « Je loue de tout mon cœur le petit zèle que j'ai reconnu dans votre lettre pour l'union avec le pape. Le corps n'est non plus vivant sans le chef, que le chef sans le corps. Quiconque se sépare de l'un ou de l'autre n'est plus du corps, et n'appartient plus à Jésus-Christ... Toutes les bonnes œuvres sont inutiles hors de l'Église, et de la communion du chef de l'Église, qui est le pape. Je ne me séparerai jamais de sa communion[2]. »

Cependant, le calme est loin de se rétablir. Le Parlement d'Aix vient de condamner les seize premières *Provinciales;* le 19 février 1657, Pascal publie une 17° lettre. Le 17 mars, l'assemblée du clergé prescrit son

---

1. *Id., ibid.*, p. 454.
2. Éd. Lahure, *Lettre à Mlle de Roannez*, II, p. 40.

formulaire de soumission; le 24 mars, Pascal publie une 18ᵉ lettre et en commence une 19ᵉ. Le 6 septembre, la congrégation de l'Index condamne les *Provinciales;* Pascal, qui croit avoir combattu pour la vérité, ne s'en émeut nullement.

Depuis quelque temps d'ailleurs, un plus haut dessein occupait son esprit : s'élevant au-dessus de tous ces débats, il méditait une apologie de la religion chrétienne par laquelle il se proposait non plus seulement de confondre les incrédules, mais de les ramener à Dieu.

Entre temps, les sciences, auxquelles il semblait avoir renoncé, lui servent de distraction au milieu de ses souffrances. « Pendant que M. Pascal travaillait contre les athées, il arriva qu'il lui vint un très grand mal de dents. Un soir, M. le duc de Roannez le quitta dans des douleurs très violentes; il se mit au lit, et son mal ne faisant qu'augmenter il s'avisa, pour se soulager, de s'appliquer à quelque chose qui pût lui faire oublier son mal. Pour cela, il pensa à la proposition de la Roulette faite autrefois par le P. Mersenne, que personne n'avait jamais pu trouver et à laquelle il ne s'était jamais amusé. « Il y pensa si bien qu'il en trouva la solution et toutes les démonstrations. Cette application sérieuse détourna son mal de dents, et quand il cessa d'y penser, il se sentit guéri de son mal[1]. »

Pascal ne songeait pas même à publier ses découvertes[2]; mais le duc de Roannez lui persuada que tout

---

1. Faugère, ouvr. cit., p. 457.
2. N'a-t-il pas écrit dans les *Pensées :* « Les autres suent dans leur ca-

ce qui augmenterait sa réputation de savant ajouterait à l'autorité de l'ouvrage qu'il préparait en faveur de la religion. Il lui dit « que dans le dessein où il était de combattre les athées, il fallait leur montrer qu'il en savait plus qu'eux tous en ce qui regarde la géométrie et ce qui est sujet à la démonstration... Et sur cela, il lui conseilla de consigner soixante pistoles et de faire une espèce de défi à tous les mathématiciens habiles qu'il connaissait et de proposer ce prix pour celui qui trouverait la solution du problème. M. Pascal le crut et consigna les soixante pistoles entre les mains de M***; nomma des examinateurs pour juger des ouvrages qui viendraient de toute l'Europe et fixa le temps à dix-huit mois ; au bout desquels personne n'ayant trouvé la solution suivant le jugement des examinateurs, M. Pascal retira ces soixante pistoles et les employa à faire imprimer son ouvrage[1] ».

Il ne s'est pas pour cela désintéressé de la cause de Port-Royal, car le 25 novembre de la même année, il a rédigé un projet de mandement contre la morale des casuistes, qui est adopté par les vicaires généraux.

Toutefois, à ne juger que les résultats, on pourrait croire que la science l'a repris. Il résout un nouveau problème : *Dimension d'un solide formé par une spirale autour d'un cône*[2], sur lequel il se rencontre avec

binet pour montrer aux savants qu'ils ont résolu une question d'algèbre qu'on n'aurait pu trouver jusqu'ici » (IV, 2.)

1. FAUGÈRE, ouvr. cit., p. 458. — Voir sur l'épisode la roulette page 174 et suiv.
2. Voir p. 184.

M. de Roberval ; et celui-ci lui en abandonne l'honneur : « Aussitôt qu'il sut que je l'avais résolu, il déclara qu'il n'y prétendait plus par cette raison que n'en ayant jamais produit la solution, il devait la quitter à celui qui l'avait produite le premier[1]. » Mais ce ne sont là, pour ainsi dire, que les récréations de ce grand esprit. Il ne songe plus guère qu'à l'ouvrage qu'il a entrepris pour la gloire de Dieu et le salut des incrédules, depuis que, sous l'influence de MM. de Port-Royal et de sa sœur, il condamne tout ce qui n'est pas uniquement consacré au service de Dieu, et considère comme coupables tous les attachements du monde, même les plus légitimes.

Aussi vers la fin de l'année 1659, sa sœur, Mme Périer, l'ayant consulté sur un projet de mariage très avantageux pour sa fille âgée de quinze ans, il lui déclare, de l'avis de MM. Singlin, de Saci et Le Rebours, qu'elle ne peut, sans blesser mortellement la charité et sa conscience, « engager une enfant de son âge, de son innocence et même de sa piété à la plus périlleuse et à la plus basse des conditions du christianisme ;... que les maris, quoique riches et sages suivant le monde, sont en vérité de francs païens devant Dieu ». MM. de Port-Royal oubliaient trop que, si la virginité est en honneur dans l'Église, le mariage est un des sacrements institués par Jésus-Christ.

Au milieu de l'année suivante, il écrit de Poitiers au savant Fermat, qui offrait de faire la moitié du chemin

---

[1]. *Lettre de Dettonville à Sluze*, chanoine de la cathédrale de Liège, non datée, éd. Lahure, III, p. 445.

pour venir de Toulouse converser avec lui, que sa santé ne lui permet plus aucun déplacement, que d'ailleurs il a renoncé aux sciences profanes, et qu'il voit « peu de différence entre un homme qui n'est que géomètre et un habile artisan ». La géométrie est, à ses yeux, « le plus beau métier du monde, mais enfin ce n'est qu'un métier ». « Elle n'est bonne que pour faire l'essai, mais non l'emploi de notre force »; et il assure qu'il ne ferait pas deux pas pour cette science.

Faisant ensuite allusion à son traité de la cycloïde et à sa grande apologie de la religion, il ajoute : « Mais il y a maintenant ceci de plus en moi, que je suis dans des études si éloignées de cet esprit-là, qu'à peine me souviens-je qu'il y en ait. Je m'y étais mis, il y a un an ou deux, par une raison tout à fait singulière, à laquelle ayant satisfait, je suis au hasard de ne plus jamais y penser, outre que ma santé n'est pas encore assez forte; car je suis si faible que je ne puis marcher sans bâton, ni me tenir à cheval. Je ne puis même faire que trois ou quatre lieues au plus en carrosse ; c'est ainsi que je suis venu de Paris ici en 22 jours [1]. »

Au retour de ce voyage, dans un des intervalles que lui laissait la maladie, Pascal exposa à Port-Royal le plan de son apologie de la religion chrétienne. On lit en effet dans la préface de l'édition des *Pensées* de Pascal publiées en 1669 :

« Il se rencontra... une occasion, il y a environ dix ou douze ans, en laquelle on l'obligea, non pas

---

1. *Lettre du 10 août 1660*, éd. Lahure, III, p. 337.

d'écrire ce qu'il avait dans l'esprit sur ce sujet-là, mais d'en dire quelque chose de vive voix. Il le fit donc en présence et à la prière de plusieurs personnes très considérables de ses amis... Et ce qu'elles virent de ce projet et de ce dessein dans un discours de deux ou trois heures fait ainsi sur le champ... leur fit juger ce qu'il pourrait être un jour, s'il était jamais exécuté et conduit à sa perfection par une personne dont elles connaissaient la force et la capacité. »

Non seulement Pascal exposa le plan de son ouvrage, mais il en lut des morceaux importants devant cet auditoire choisi. Un fragment des *Pensées* (IX, 5) porte cette indication autographe : *A Port-Royal; grandeur et misère*. Deux autres fragments (XII et 1 *bis*) portent ces étiquettes : *A Port-Royal, commencement; — A Port-Royal, pour demain, prosopopée*.

Cependant la persécution contre les Jansénistes, un moment suspendue par la modération et la prudence de Mazarin, reprend avec plus de force. Le 4 février 1661, le formulaire qui a été préparé en 1656, est définitivement imposé par un mandement des vicaires généraux du diocèse de Paris à la signature de toute personne tenant à l'Église et aux religieuses elles-mêmes sous la menace des peines ecclésiastiques et civiles.

La mort de Mazarin (8 mars) précipite les événements. Le 13 avril, le roi signe un arrêt ordonnant de faire exécuter la résolution de la dernière assemblée; et, le 23 avril, les religieuses de Port-Royal reçoivent défense de garder leurs pensionnaires et leurs postulantes, et d'en recevoir dorénavant jusqu'à nouvel ordre. Restait pour les religieuses elles-mêmes et pour les religieux la signature du formulaire.

MM. de Port-Royal avaient obtenu, dit-on, du Cardinal de Retz, archevêque de Paris, qui passait pour leur être favorable, cette adroite restriction dans le 2° mandement de ses grands vicaires : « N'ayant rien de si précieux que la foi, nous embrassons sincèrement et de cœur tout ce que Sa Sainteté et le pape Innocent X en ont décidé et rejetons toutes les erreurs qu'ils ont jugées y être contraires. » Ce libellé permettait à la rigueur de signer sur la question de droit, c'est-à-dire sur la condamnation des propositions déclarées hérétiques, en réservant la question de fait : savoir si les propositions se trouvaient dans l'*Augustinus*. Autrement dit, on pouvait par ce subterfuge condamner les propositions sans condamner Jansénius.

Après de longues hésitations on finit par signer à Port-Royal, le 8 juin 1661. Mais lorsqu'il s'agit de faire signer les religieuses, la sœur Euphémie (Jacqueline Pascal), qui craignait jusqu'à l'ombre même du mal, fut une de celles qui témoignèrent le plus d'opposition. Elle écrivit même à M. Arnauld une grande lettre où elle lui exposait, de la manière la plus forte, combien elle redoutait de faire quelque démarche qui parût démentir la sincérité chrétienne. Et, dans une lettre du 23 juin à la sœur Angélique, elle ne craignit pas de le désavouer. « Des fidèles, s'écrie-t-elle, des gens qui connaissent et qui soutiennent la vérité, l'Église catholique, user de déguisement et biaiser ! Je ne crois pas que cela se soit jamais vu dans les siècles passés[1]. » « Je sais bien que ce n'est pas à des filles à défendre la vérité, quoique l'on peut dire, par une triste rencontre, que, puisque les évêques ont des courages de filles, les filles doivent avoir des courages d'évêques; mais si ce n'est pas à nous à défendre la vérité, c'est à nous à mourir pour la vérité[2]. »

MM. de Port-Royal finirent par la décider à force d'instances. « Elle signa, nous dit Mme Périer, mais ce fut avec une extrême répugnance, étant combattue de deux côtés : savoir, par l'inclination qu'elle avait de se soumettre, et par la crainte qu'elle ne dût pas le faire en cette occasion. Sa santé fut tellement ébranlée par la violence que toute cette affaire lui causa, qu'elle tomba dangereusement malade et mourut bientôt après; étant (ainsi qu'elle l'avait prédit dans sa lettre à M. Arnauld) la *première victime* de la signature ; car elle eut une douleur extrême de voir l'Église agitée par de nouvelles contestations auxquelles on voulait que les religieuses de Port-Royal prissent part ; et comme elle en ressentait vivement les maux, son corps ne put supporter l'accablement de son esprit. Elle mourut le 4 octobre 1661[3]. »

Le frère résistait, comme la sœur.

Le 31 octobre, il composa un écrit sur *la signature,* où il protestait contre l'équivoque. Suivant lui, le formulaire condamnait le sens de Jansénius; le sens de Jansénius étant la grâce efficace, on ne pouvait signer

---

1. FAUGÈRE, ouvr. cit., p. 405.
2. *Id., ibid.,* p. 406.
3. *Id., ibid., Vie de Jacqueline,* p 77.

le formulaire sans excepter formellement le sens de la grâce efficace et celui de Jansénius[1].

Arnauld et Nicole répondaient que ce serait faire injure au Pape et aux évêques que de donner lieu de les accuser d'avoir condamné la grâce efficace.

Marguerite Périer nous a rapporté le débat violent qui eut lieu à ce sujet en novembre chez Pascal, trop malade pour se rendre à Port-Royal, et qui abrégea peut-être ses jours, comme ceux de sa sœur Angélique.

« M. Arnauld, M. Nicole et quelques-uns de ces messieurs s'assemblèrent un jour chez M. Pascal pour examiner cela... Tous ces messieurs donc, après avoir entendu les raisons de part et d'autre, par déférence ou par conviction se rendirent au sentiment de M. Arnauld et de M. Nicole; car c'étaient eux qui avaient trouvé cette restriction. M. Pascal, qui aimait la vérité par-dessus toute chose, qui d'ailleurs était accablé d'un mal de tête qui ne le quittait point, qui s'était efforcé pour leur faire sentir ce qu'il sentait lui-même, et qui s'était exprimé très vivement malgré sa faiblesse, fut si pénétré de douleur qu'il se trouva mal, perdit la parole et la connaissance. On s'empressa pour le faire revenir; ensuite tous ces messieurs se retirèrent. Il ne resta que M. de Roannez, madame Perier, M. Perier le fils et M. Domat, qui avaient été présents à la conversation. Lorsqu'il fut tout à fait remis, madame Perier lui demanda ce qui lui avait causé cet accident; il répondit : « Quand j'ai vu « toutes ces personnes-là que je regardais comme étant

---

[1]. Éd. Lahure, II, p. 3

« ceux à qui Dieu avait fait connaître la vérité et qui de-
« vaient en être les défenseurs, s'ébranler et succomber,
« je vous avoue que j'ai été si saisi de douleur que je
« n'ai pu la soutenir[1]. »

On lit dans Mᵐᵉ de Sévigné, à propos d'Arnauld : « Un homme me disait l'autre jour : C'est un crime que sa signature; et je dis : Oui, c'est un crime pour eux de signer et de ne signer pas[2]. »

« Cette diversité de sentiment, dit Marguerite Périer, ne rompit nullement l'union qui était entre eux. M. Pascal, à la vérité, appréhendait que ce ne fût le désir de conserver la maison de Port-Royal qu'ils croyaient fort utile à l'Église, comme en effet elle l'était, qui les portait à ces condescendances qu'il appelait du nom de relâchement. Ces messieurs au contraire prétendaient que ce qu'ils voulaient accorder ne faisait point de tort à la vérité[3]. » Ainsi, Pascal n'admettait pas chez ses amis cette sorte de restriction mentale, qu'ils reprochaient si fort aux Jésuites : les croyant sincèrement fidèles à la doctrine de l'Église, il ne voulait pas d'une profession de foi ambiguë.

Ce dissentiment a fait croire à une rétractation de la doctrine janséniste, que Pascal aurait signée dans les dernières années de sa vie. Mais une lettre de Mᵐᵉ Périer, postérieure à la mort de Pascal, ne laisse rien subsister de cette erreur.

« Mon frère, dit Mᵐᵉ Périer, ne s'est jamais rétracté et n'a

---

1. FAUGÈRE, ouvr. cit., *Marguerite Perier, Mém.*, p. 465.
2. *Lettre* 760.
3. FAUGÈRE, ouvr. cit., *Marguerite Perier, Mém.*, p. 466.

jamais eu besoin de le faire, n'ayant eu toute sa vie que des sentiments très purs et très catholiques; et la déclaration sur laquelle on a fondé cette calomnie ne dit pas un mot de rétractation. J'en ai une copie authentique qui m'a été envoyée par feu M. l'archevêque de Paris, et celui qui a donné cette déclaration a eu bien du déplaisir de l'abus qu'on en a fait. Il a reconnu lui-même qu'il s'était trompé, ayant pris les paroles de mon frère dans un sens contraire à celui qu'elles avaient.

« Ce sont les propres termes qu'il emploie dans les lettres qu'il m'a fait l'honneur de m'écrire sur ce sujet [1]. »

A la fin de l'année 1661, une curieuse préoccupation vint le distraire des cruelles souffrances qui allaient quelques mois après mettre fin à sa vie. On a vu que ce grand esprit était inventeur en pratique, comme en théorie; qu'à l'âge de dix-neuf ans, il avait imaginé et fait construire une machine arithmétique pour faciliter les calculs; que de la transmission des pressions des liquides il avait tiré le principe de la presse hydraulique, qu'il avait probablement inventé le haquet, sorte de charrette longue et sans ridelles sur laquelle on transporte les pièces de vin et qu'on peut faire basculer pour faciliter le chargement et le déchargement[2].

---

1. *Id., ibid., Lettre à M. Audigier*, 1682, p. 113. — Voir aussi *Lettre à M. Beurrier*, 1665, p. 87.

2. Je ne parle pas de l'invention de la brouette qu'on lui attribue sans doute à tort et qui lui est de beaucoup antérieure. On peut voir au musée d'Anvers, sous le n° 410, dans un dessin de Jean Van Eyck (1390-1440), parmi des ouvriers travaillant à la construction d'une tour, un homme qui pousse une brouette.

Pascal conçut alors l'idée de *carrosses à cinq sols* pour le transport en commun, qui devaient plus tard devenir les *omnibus*.

De grands seigneurs s'intéressèrent à l'affaire; des fermiers en firent les fonds; on obtint l'agrément du Roi, qui donna en janvier des lettres patentes pour l'entreprise.

Mme Périer écrit, le 21 mars de la même année : « La chose a réussi si heureusement, que dès la première matinée il y eut quantité de carrosses pleins, et il y alla même plusieurs femmes; mais l'après-dînée, ce fut une si grande foule qu'on ne pouvait en approcher, et les autres jours ont été pareils; de sorte qu'on voit par expérience que le plus grand inconvénient qui s'y trouve, c'est celui que vous avez appréhendé; car on voit le monde dans les rues qui attend un carrosse pour se mettre dedans, mais quand il arrive, il se trouve plein : cela est fâcheux, mais on se console, car on sait qu'il en viendra un autre dans un demi-quart d'heure... C'est un applaudissement si universel que l'on peut dire que rien n'a jamais si bien commencé... Hier, au matin, M. de Roannez, M. de Crenan et M. le grand Prévôt étant tous trois au Louvre, le Roi s'entretint de cette nouvelle avec beaucoup d'agrément, et en s'adressant à ces Messieurs il leur dit : Et notre route, (une ligne partant du Louvre), ne l'établirez-vous pas bientôt[1]? »

Pascal consacre immédiatement à des œuvres de charité les bénéfices qui devaient lui revenir sur cette

---

1. *Id., ibid.*, p. 80.

affaire. Le pays de Blois était en proie à une affreuse détresse durant l'hiver de 1662. On publiait à Paris de pressants appels à la charité publique.

« Dès que l'affaire des carrosses fut établie, écrit Mme Périer, il me dit qu'il voulait demander mille francs pour sa part à des fermiers avec qui l'on traitait... pour envoyer aux pauvres de Blois ; et comme je lui disais que l'affaire n'était pas assez sûre pour cela et qu'il fallait attendre à une autre année, il me fit tout aussitôt cette réponse : qu'il ne voyait pas un grand inconvénient à cela parce que s'ils y perdaient, il le leur rendrait de son bien, et qu'il n'avait garde d'attendre à une autre année, parce que le besoin était trop pressant pour différer la charité[1]. » « L'amour qu'il avait pour la pauvreté le portait à aimer les pauvres avec tant de tendresse, qu'il n'avait jamais pu refuser l'aumône, bien qu'il n'en fît que de son nécessaire, ayant peu de bien et étant obligé de faire une dépense qui excédait son revenu, à cause de ses infirmités. »

On trouve, dans les *Pensées,* cette belle profession de foi : « J'aime la pauvreté parce qu'Il (J.-C.) l'a aimée. J'aime les biens parce qu'ils donnent le moyen d'en assister les misérables[2]. » Ces paroles traduisent le fond de son cœur.

Depuis qu'il s'était mis entre les mains de M. Singlin, il s'imposait, même au milieu d'intolérables souffrances, les plus dures et les plus répugnantes mortifications. Il avait pris chez lui un ménage pauvre. Et

1. *Id., ibid., Vie de Pascal,* p. 26.
2. XXIV, 69. V. aussi Faugère, p. 55.

l'enfant de ces indigents ayant été atteint de la petite vérole, comme il **craignait** la contagion pour les enfants de Mme **Périer**, il quitta sa maison, la laissa à ceux qu'il avait recueillis par charité et alla loger chez sa sœur.

« L'éloignement du monde, qu'il pratiquait avec tant de soin, n'empêchait point qu'il ne vît souvent des gens de grand esprit et de grande condition, qui ayant des pensées de retraite demandaient ses avis et les suivaient exactement ; et d'autres qui étaient travaillés de doute sur les matières de la foi... Les conversations auxquelles il se trouvait souvent engagé, ne laissaient pas de lui donner quelque crainte qu'il ne s'y trouvât du péril ; mais comme il ne pouvait pas aussi en conscience refuser le secours que des personnes lui demandaient, il avait trouvé un remède à cela. Il prenait dans les occasions une ceinture de fer pleine de pointes, il la mettait à nu sur sa chair ; et lorsqu'il lui venait quelque pensée de vanité, ou qu'il prenait quelque plaisir au lieu où il était, ou quelque chose semblable, il se donnait des coups de coude pour redoubler la violence des piqûres et se faisait ainsi souvenir lui-même de son devoir... »

Pendant sa maladie, sa patience était si admirable qu'il édifiait et surprenait toutes les personnes qui se trouvaient autour de lui. « Il disait à ceux qui témoignaient avoir de la peine à voir l'état où il était que, pour lui il n'en avait pas et qu'il appréhendait même de guérir ; et quand on lui en demandait la raison, il disait : C'est que je connais les dangers de la santé et les avantages de la maladie... Ne me plaignez point ; la maladie est l'état naturel des chrétiens, parce qu'on est par là, comme on devrait toujours être, dans la souffrance des maux, dans la privation de tous les biens et de tous les plaisirs des sens, exempt de toutes les passions qui travaillent pendant tout le cours de la vie, sans ambition, sans avarice, dans l'attente continuelle de la mort. N'est-ce pas ainsi que les chrétiens devraient passer la vie[1] ? »

M. Beurrier, curé de Saint-Étienne-du-Mont, qui le voyait souvent durant sa maladie, disait de lui : « Il est soumis, il est humble comme un enfant. »

Le 17 août de la même année, « environ minuit il lui prit une convulsion si violente, que, quand elle fut passée, nous crûmes qu'il était mort ». Revenu à lui, il demanda le curé de Saint-Étienne-du-Mont; et comme il était absent, il se confessa à M. de Sainte-Marthe, de Port-Royal, le curé ne devant revenir que le lendemain.

« Nous avions cet extrême déplaisir avec tous les autres de le voir mourir sans le saint sacrement, après l'avoir demandé si souvent avec tant d'instance. Mais Dieu qui voulait récompenser un désir si fervent et si juste, suspendit comme par un miracle cette convulsion, et lui rendit son jugement entier, comme dans sa parfaite santé; en sorte que M. le curé entrant dans sa chambre avec le saint sacrement, lui cria : Voici celui que vous avez tant désiré. Ces paroles achevèrent de le réveiller; et comme M. le curé approcha pour lui donner la communion, il fit un effort et il se leva seul à moitié, pour le

---

[1]. FAUGÈRE, ouvr. cit., *Vie de Pascal*, p. 19-20, 41-42.

recevoir avec plus de respect; et M. le curé l'ayant interrogé, suivant la coutume, sur les principaux mystères de la foi, il répondit distinctement : Oui, Monsieur, je crois tout cela de tout mon cœur. Ensuite il reçut le saint viatique avec des sentiments si tendres qu'il en versait des larmes.

« Il répondit à tout, remercia M. le curé; et lorsqu'il le bénit avec le saint ciboire, il dit : Que Dieu ne m'abandonne jamais ! Ce qui fut comme ses dernières paroles; car, après avoir fait son action de grâces, un moment après ses convulsions le reprirent, qui ne le quittèrent plus et qui ne lui laissèrent pas un instant de liberté d'esprit : elles durèrent jusqu'à sa mort, qui fut vingt-quatre heures après, le 19 d'août 1662, à une heure du matin, âgé de 39 ans et deux mois[1]. »

Pascal eut donc, à ses derniers moments, la pleine conviction qu'il mourait, comme il avait toujours vécu, dans la foi catholique.

---

1. *Id., ibid., Vie de Pascal*, p. 44-45.

DEUXIÈME PARTIE

CONQUÊTE DE LA CERTITUDE

Pascal n'est point un philosophe tel que Descartes ou Leibniz : il n'a pas, comme eux, un système régulièrement ordonné ; il ne se propose pas, comme eux, de résoudre par les seules forces de l'entendement les grandes questions qui intéressent la destinée humaine. C'est un philosophe chrétien, qui trouve dans la raison même les motifs de soumettre la raison à la foi ; c'est un métaphysicien, qui, selon le mot de La Bruyère, « fait servir la métaphysique à la religion ».

Pascal a une doctrine philosophique ; et il paraît assez étrange que l'on ait essayé de convertir en sceptique l'un des plus grands géomètres et des plus fermes logiciens qui furent jamais, comme si ses découvertes scientifiques étaient autre chose qu'une application de la raison ; ses controverses, une protestation de la raison en faveur de la vérité ; son apologie, un appel à la raison pour préparer à la foi. Vouloir l'enrôler parmi les disciples de Pyrrhon, n'est-ce pas aller contre l'évidence ?

A quoi tient cependant que cette évidence rencontre des contradicteurs ? A deux causes surtout : l'originalité même de la conception de Pascal et l'expression fragmentaire qu'il nous en a laissée.

Atteindre la vérité, voilà l'unique but qu'il poursuit. Où est la certitude complète? Comment nous est-il possible d'y arriver? Voilà l'objet constant de sa préoccupation. Or, sur ce sujet capital, il n'est pas facile d'accorder les éléments épars de son œuvre. Dans maint passage, il admire, il glorifie la raison humaine; dans maint autre, il la contraint d'avouer son impuissance et l'on dirait qu'il prend plaisir à la montrer « froissée par ses propres armes[1] » : en sorte que sa doctrine semble contenir des antinomies irréductibles.

Mais ces antinomies ne sont, en définitive, que les aspects divers d'une pensée plus profonde. Pascal lui-même les dépasse, et formule expressément le principe où elles vont s'unir.

I. — LES ANTINOMIES

§ 1. — PUISSANCE DE LA RAISON.

Dans les sciences physiques et mathématiques, Pascal ne se borne pas, comme la plupart des savants, à pratiquer dans toute sa rigueur la méthode scientifique; il expose en divers endroits, avec une force de raisonnement singulière et une inébranlable assurance, comme l'ont fait les dogmatiques les plus convaincus, les règles de la méthode pour conduire sa raison.

---

1. *Entretien avec M. de Saci,* c. CXXXI.

Dans le *Discours de la Méthode,* Descartes avait posé la règle suivante : « Ne recevoir jamais aucune chose pour vraie que je ne la connusse évidemment être telle, c'est-à-dire éviter soigneusement la précipitation et la prévention, et ne comprendre rien de plus en mes jugements que ce qui se présenterait si clairement et si distinctement à mon esprit, que je n'eusse aucune occasion de le mettre en doute. »

En réponse à une lettre au P. Noël, non seulement Pascal donne identiquement la même règle, mais il se sert à peu près des mêmes termes pour l'énoncer : « Permettez-moi de vous rapporter une règle universelle, qui s'applique à tous les sujets particuliers, où il s'agit de reconnaître la vérité,... c'est qu'on ne doit jamais porter un jugement décisif de la négative ou de l'affirmative d'une proposition, que ce que l'on affirme ou nie n'ait une de ces deux conditions : savoir, ou qu'il paraisse si clairement et si distinctement de soi-même aux sens ou à la raison, suivant qu'il est sujet à l'un ou à l'autre, que l'esprit n'ait aucun moyen de douter de sa certitude, et c'est ce que nous appelons principe ou axiome;... ou qu'il se déduise par des conséquences infaillibles et nécessaires de principes ou axiomes, de la certitude desquels dépend toute celle des conséquences qui en sont bien tirées... Tout ce qui a une de ces deux conditions est certain et véritable[1]. » Le champ de la certitude est même plus étendu pour Pascal que pour Descartes; car il ne révoque pas en

---

1. *Réponse au P. Noël,* 1647, III, p. 12, éd. Lahure.

doute comme lui, même d'une manière provisoire, le témoignage des sens, dont il fait le fondement de la méthode expérimentale et de la révélation elle-même. « Comme Dieu a voulu se servir de l'entremise des sens pour donner entrée à la foi, *fides ex auditu,* tant s'en faut que la foi détruise la certitude des sens, que ce serait au contraire détruire la foi que de vouloir révoquer en doute le rapport fidèle des sens[1]. »

Pascal établit de nouveau la même règle dans la *Préface* du *Traité sur le vide.* « S'il s'agit de savoir qui fut le premier roi des Français; en quel lieu les géographes placent le premier méridien; quels sont les mots usités dans une langue morte,... c'est l'autorité seule qui nous en peut éclaircir... Il n'en est pas de même des sujets qui tombent sous le sens ou sous le raisonnement : l'autorité y est inutile ; la raison seule a lieu d'en connaître. Elles ont leurs droits séparés : l'une avait tantôt l'avantage ; ici l'autre règne à son tour [2]. »

Non content de déclarer la raison souveraine dans « les sujets qui tombent sous les sens ou sous le raisonnement », il lui rend le plus magnifique hommage qu'elle ait jamais reçu en désavouant ceux qui veulent lui imposer l'autorité des anciens. « N'est-ce pas là traiter indignement la raison de l'homme, et la mettre en parallèle avec l'instinct des animaux, puisqu'on en ôte la principale différence, qui consiste en ce que les effets du raisonnement augmentent sans cesse, au lieu que l'instinct demeure toujours dans un état égal? Les

1. 18e *Provinciale*, I, 210.
2. III, p. 158-159.

ruches des abeilles étaient aussi bien mesurées il y a mille ans qu'aujourd'hui... Il en est de même de tout ce que les animaux produisent par ce mouvement occulte. La nature les instruit à mesure que la nécessité les presse; mais cette science fragile se perd avec les besoins qu'ils en ont : comme ils la reçoivent sans étude, ils n'ont pas le bonheur de la conserver... Il n'en est pas de même de l'homme, qui n'est produit que pour l'infinité. Il est dans l'ignorance au premier âge de sa vie; mais il s'instruit sans cesse dans son progrès : car il tire avantage non seulement de sa propre expérience, mais encore de celle de ses prédécesseurs... La même chose arrive dans la succession des hommes que dans les âges différents d'un particulier. De sorte que toute la suite des hommes, pendant le cours de tant de siècles, doit être considérée comme un même homme qui subsiste toujours et qui apprend continuellement [1]. »

Le traité de l'*Esprit géométrique* affirme avec même confiance la certitude des principes de la raison et des conséquences qu'on tire de ces principes. « En poussant les recherches de plus en plus, on arrive nécessairement à des mots primitifs qu'on ne peut plus définir, et à des principes si clairs qu'on n'en trouve plus qui le soient davantage pour servir à leur preuve. » La science mathématique se conforme à cet ordre. Or « cet ordre, le plus parfait entre les hommes, consiste non pas à tout définir ou à tout démontrer, ni aussi à ne rien définir ou à ne rien démontrer, mais à se tenir dans ce

---

[1]. *Ibid.*, p. 160-161.

milieu de ne point définir les choses claires et entendues de tous les hommes, et de définir toutes les autres ; et de ne point prouver les choses connues de tous les hommes, et de prouver toutes les autres[1] ».

Ainsi Pascal admet partout ce que nient partout les sceptiques, des vérités évidentes par elles-mêmes, qui sont le fondement de la connaissance. « Toutes ces vérités ne se peuvent démontrer... Mais comme la cause qui les rend incapables de démonstration n'est pas leur obscurité, mais au contraire leur extrême évidence, ce manque de preuve n'est pas un défaut, mais plutôt une perfection[2]. »

Pascal, dira-t-on peut-être, a écrit cela au temps de sa ferveur scientifique ; et alors il avait foi en la raison humaine. Ne se peut-il pas que la ferveur religieuse qui l'a conquis en 1654 ait ébranlé sa confiance en la puissance de la raison ? Non. Car en 1658, quatre ans après cette conversion, Pascal redonne les mêmes règles de méthode, dans la 18ᵉ Provinciale : « D'où apprendrons-nous donc la vérité des faits ? Ce sera des yeux, mon Père, qui en sont les légitimes juges, comme la raison l'est des choses naturelles et intelligibles, et la foi des choses surnaturelles et révélées. Ces trois principes de nos connaissances, les sens, la raison et la foi, ont chacun leurs objets séparés, et leur certitude dans leur étendue[3]. »

Ce ne sont pas là des propositions isolées ; c'est un

1. III, p. 165.
2. *Ibid.*, p. 169.
3. I, p. 210.

ensemble de doctrine lié, suivi, qui ne se dément à aucune époque de la vie de Pascal. Jusque dans les fragments de l'Apologie, presque à la veille de sa mort, il affirme encore la certitude invincible des premiers principes et de ce qui est établi sur leur fondement. « C'est de cette dernière sorte que nous connaissons les premiers principes, et c'est en vain que le raisonnement, qui n'y a point de part, essaie de les combattre. Les Pyrrhoniens, qui n'ont que cela pour objet, y travaillent inutilement. Nous savons que nous ne rêvons point, quelque impuissance où nous soyons de le prouver par raison. Cette impuissance ne conclut autre chose que la faiblesse de notre raison, mais non pas l'incertitude de toutes nos connaissances, comme ils le prétendent. Car la connaissance des premiers principes... est aussi ferme qu'aucune de celles que nos raisonnements nous donnent[1]. »

Ici, comme dans l'*Esprit géométrique*, Pascal oppose à l'intuition des premiers principes, qui n'ont d'autre preuve que le sentiment de leur évidence, le raisonnement qui s'appuie sur ces principes, et en tire toute sa certitude : « Les principes se sentent, les propositions se concluent, et le tout avec certitude[2].

Du moins, Pascal n'est-il pas sceptique en philosophie? Nous trouvons, dans les *Pensées*, des passages absolument contraires à cette hypothèse. Cet ennemi prétendu de la philosophie emprunte à Descartes sa proposition fameuse : Je pense, donc je suis. « Le moi,

---

[1]. *Pensées*, VIII, 6.
[2]. *Ibid.*

dit-il, consiste dans ma pensée[1]. » C'est là aussi qu'il met, comme Descartes, toute notre excellence naturelle. « L'homme est visiblement fait pour penser; c'est toute sa dignité et tout son mérite; et tout son devoir est de penser comme il faut[2]. »

Il reproduit la preuve cartésienne de l'existence de Dieu, fondée sur les vérités éternelles, que l'homme découvre en son esprit. « Je sens que je puis n'avoir point été : car le moi consiste dans ma pensée ; donc moi qui pense n'aurais point été, si ma mère eût été tuée avant que j'eusse été animé. Donc je ne suis pas un être nécessaire. Je ne suis pas aussi éternel, ni infini ; mais je vois bien qu'il y a dans la nature un être nécessaire, éternel, infini[3]. »

Il loue la philosophie de Descartes, et sa démonstration de la spiritualité de l'âme tirée du *Cogito ergo sum*, qu'on trouve déjà dans saint Augustin, mais dont il a tiré, selon Pascal, des conséquences admirables. « Je voudrais demander à des personnes équitables si ce principe : la matière est dans une incapacité invincible de penser[4], et celui-ci : Je pense, donc je suis, sont en effet les mêmes dans l'esprit de Descartes et dans celui de saint Augustin, qui a dit la même chose douze cents ans auparavant. En vérité je suis bien éloigné de dire

---

1. *Ibid.*, I, 11.
2. *Ibid.*, XXIV, 53.
3. *Ibid.*, I, 11.
4. « Il était persuadé... que celle (la preuve) qu'on tire de ce que la matière est incapable de penser, est fort solide, et qu'elle fait voir clairement que l'âme n'est point matérielle. » (Nicole, *Éducation d'un prince*, II, 43.

que Descartes n'en soit pas le véritable auteur, quand même il ne l'aurait appris que dans la lecture de ce grand saint; car je sais combien il y a de différence entre écrire un mot à l'aventure... et apercevoir dans ce mot une suite admirable de conséquences, qui prouve la distinction des natures matérielle et spirituelle[1]. » Il admire même Épictète, quand celui-ci montre la grandeur de l'homme : « Épictète est un des philosophes du monde qui ait le mieux connu les devoirs de l'homme... J'ose dire qu'il mériterait d'être adoré, s'il avait aussi bien connu son impuissance[2]. » Pascal n'infirme donc nullement les vérités philosophiques, dans le domaine de la philosophie.

Reste le domaine de la religion où sûrement Pascal doit immoler la raison à la foi. Pascal déclare le contraire. Il réclame expressément pour la foi le concours de la raison. « Si on choque les principes de la raison, notre religion sera absurde et ridicule[3]. » Dieu dit à l'homme : « C'est le consentement de vous à vous-mêmes, et la voix constante de votre raison, et non des autres, qui doit vous faire croire[4]. »

« Je n'entends pas que vous soumettiez votre créance à moi sans raison, et ne prétends pas vous assujettir avec tyrannie. Je ne prétends point aussi vous rendre raison de toutes choses, et, pour accorder ces contrariétés, j'entends vous faire voir clairement, par des preuves

1. *Espr. géom.*, III, p. 180.
2. *Entretien avec M. de Saci*, p. CXXIV, CXXV.
3. *Pensées*, XIII, 3.
4. *Ibid.*, XXV, 49.

convaincantes, des marques divines en moi, qui vous convainquent de ce que je suis, et m'attirent autorité par des merveilles et des preuves que vous ne puissiez refuser; et qu'ensuite vous croyiez sciemment les choses que je vous enseigne[1]. »

Pascal admet donc expressément la raison comme auxiliaire de la foi. Bien plus, loin d'ébranler l'autorité des premiers principes, c'est sur ce procédé spontané de la raison qu'il appelle la connaissance du cœur et de l'instinct, que Pascal s'appuie pour dériver d'une source commune la vérité scientifique et la vérité religieuse, pour établir que ceux qui ont l'intuition de cette dernière ont droit de l'affirmer par cela seul avec une certitude égale à celle qui nous vient des axiomes. Selon Pascal, l'acte de foi du croyant est légitime au même titre que l'acte de foi du savant. « C'est sur ces connaissances du cœur et de l'instinct qu'il faut que la raison s'appuie »... et « ceux à qui Dieu a donné la religion par sentiment du cœur sont bien heureux et bien légitimement persuadés [2] ». Si les dogmes religieux ne sont pas avoués de tous comme les axiomes, il n'en reste pas moins vrai que le critérium est le même pour les uns comme pour les autres, l'évidence intuitive; et que ce prétendu sceptique affirme constamment la certitude des vérités premières, qui sont le fond de la raison humaine. « Il n'y a point de connaissance naturelle dans l'homme qui précède celles-là, et qui les surpasse en clarté[3]. »

---

1. *Ibid.*, XII, 5. — 2. *Ibid.*, VIII, 6. — 3. *Espr. géom.*, III, p. 170.

Il est donc absurde de ne pas agir conformément à la raison. « L'homme n'agit point par la raison, qui fait son être[1]. »

« La raison nous commande bien plus impérieusement qu'un maître : car en désobéissant à l'un on est malheureux, et en désobéissant à l'autre on est un sot[2]. »

§ 2. — IMPUISSANCE DE LA RAISON.

Mais voici que les principes eux-mêmes s'obscurcissent et peuvent s'effacer.

Leur évidence est-elle indubitable? Ne viendrait-elle pas simplement d'une habitude de l'esprit? « Qu'est-ce que nos principes naturels, sinon nos principes accoutumés?... Une différente coutume en donnera d'autres principes naturels. Cela se voit par expérience; et s'il y en a d'ineffaçables à la coutume, il y en a aussi de la coutume contre la nature, ineffaçables à la nature et à une seconde coutume. Cela dépend de la disposition... Quelle est donc cette nature, sujette à être effacée?... J'ai bien peur que cette nature ne soit elle-même qu'une première coutume, comme la coutume est une seconde nature[3]. »

Puis, qui nous garantit que ce que nous prenons pour la réalité n'est pas un rêve analogue à ceux que nous avons en dormant? Pascal s'approprie un moment cette objection des Pyrrhoniens contre la raison : « Que

---

1. *Pensées*, XXV, 27. — 2. *Ibid.*, VI, 2. — 3. *Ibid.*, III, 13.

personne n'a d'assurance, hors de la foi, s'il veille ou s'il dort, vu que durant le sommeil on croit veiller aussi fermement que nous faisons ; on croit voir les espaces, les figures, les mouvements ; on sent couler le temps, on le mesure, et enfin on agit de même qu'éveillé ; de sorte que, la moitié de la vie se passant en sommeil, par notre propre aveu, où, quoiqu'il nous en paraisse, nous n'avons aucune idée du vrai, tous nos sentiments étant alors des illusions, qui sait si cette autre moitié de la vie où nous pensons veiller n'est pas un autre sommeil un peu différent du premier, dont nous nous éveillons quand nous pensons dormir[1] ?

Il revient sur la même idée à propos des réflexions de Montaigne sur l'incertitude des connaissances humaines. « De telle sorte qu'on demeure convaincu que nous ne pensons pas mieux à présent que dans quelques songes dont nous ne nous éveillons qu'à la mort, et pendant lesquels nous avons aussi peu les principes du vrai que dans le sommeil naturel[2]. »

Même conclusion dans un passage des *Pensées*, où il explique que ce qu'on voit en rêve « affecte bien moins que ce qu'on voit en veillant, à cause de la continuité ; qui n'est pourtant pas si continue et égale qu'elle ne change aussi, mais moins brusquement, si ce n'est rarement, comme quand on voyage ; et alors on dit : Il me semble que je rêve ; car la vie est un songe, un peu moins inconstant[3]. »

Est-il même certain que les hommes, lorsqu'ils pa-

1. *Ibid.*, VIII, 1. — 2. *Entretien avec M. de Saci*, CXXIX. — 3. III, 14.

raissent d'accord sur certains principes, entendent les mêmes choses sous les mêmes mots? « De cette conformité d'application on tire une puissante conjecture d'une conformité d'idée; mais cela n'est pas absolument convaincant de la dernière conviction, quoiqu'il y ait bien à parier pour l'affirmative; puisqu'on sait qu'on tire souvent les mêmes conséquences de suppositions différentes[1]. »

Enfin ce même penseur, qui réfutait victorieusement le P. Noël en s'appuyant sur l'autorité de la raison et des sens, les oppose maintenant l'un à l'autre, comme se donnant un perpétuel démenti. « Ces deux principes de vérité, la raison et les sens, outre qu'ils manquent chacun de sincérité, s'abusent réciproquement l'un l'autre. Les sens abusent la raison par de fausses apparences; et cette même piperie qu'ils apportent à la raison, ils la reçoivent d'elle à leur tour : elle s'en revanche. Les passions de l'âme troublent les sens, et leur font des impressions fausses. Ils mentent et se trompent à l'envi[2]. »

C'est pourquoi les preuves les mieux établies n'apportent pas une certitude invincible. « Les prophéties, les miracles mêmes et les preuves de notre religion, ne sont pas de telle nature qu'on puisse dire qu'ils sont absolument convaincants[3]. »

« Ce n'est point ici le pays de la vérité : elle erre inconnue parmi les hommes : Dieu l'a couverte d'un voile[4]. »

---

1. *Ibid.*, III, 15. — 2. *Ibid.*, III, 19. — 3. *Ibid.*, XXIV, 18. — 4. *Ibid.*, XXIII, 31.

De là les contradictions au milieu desquelles la raison humaine se débat. « Incompréhensible que Dieu soit, et incompréhensible qu'il ne soit pas; que l'âme soit, avec le corps, que nous n'ayons pas d'âme; que le monde soit créé, qu'il ne le soit pas; que le péché originel soit, et qu'il ne soit pas[1]. » « Si nous sommes simplement matériels, nous ne pouvons rien du tout connaître, et si nous sommes composés d'esprit et de matière, nous ne pouvons connaître parfaitement les choses simples, spirituelles ou matérielles[2]. » Chaque chose est donc vraie en partie, fausse en partie. Or « la vérité essentielle n'est pas ainsi : elle est toute pure et toute vraie. Ce mélange la déshonore et l'anéantit. Rien n'est purement vrai; et ainsi rien n'est vrai, en l'entendant du pur vrai[3]. »

Mais ce qui achève de déconcerter la raison humaine, c'est qu'elle trouve dans les sciences mêmes, dont elle s'enorgueillit, la confirmation de son impuissance; car celles-ci lui démontrent qu'elle est comme suspendue entre deux infinis qui échappent également à ses prises : en sorte que le sentiment même de l'infini, par lequel Pascal élevait l'homme si fort au-dessus des animaux et où il voyait sa grandeur, fait son incurable faiblesse. Si l'on considère la mécanique, science du mouvement, l'arithmétique, science du nombre, et la géométrie, science de l'étendue, on voit, dit Pascal, « qu'il y a des propriétés communes à toutes choses... La principale comprend les deux infinités qui se rencontrent

---

1. *Ibid.*, XXIV, 97. — 2. *Ibid.*, I, 1. — 3. *Ibid.*, VI, 60.

dans toutes : l'une de grandeur, l'autre de petitesse. Car quelque prompt que soit un mouvement, on peut en concevoir un qui le soit davantage, et hâter encore ce dernier, et ainsi toujours à l'infini, sans jamais arriver à un qui le soit de telle sorte qu'on ne puisse plus y ajouter. Et au contraire, quelque lent que soit un mouvement, on peut le retarder davantage, et encore ce dernier; et ainsi à l'infini, sans jamais arriver à un tel degré de lenteur qu'on ne puisse encore en descendre à une infinité d'autres, sans tomber dans le repos.

« De même, quelque grand que soit un nombre, on peut en concevoir un plus grand, et encore un qui surpasse le dernier, et ainsi à l'infini, sans jamais arriver à un qui ne puisse plus être augmenté. Et au contraire, quelque petit que soit un nombre, comme la centième ou la dix millième partie, on peut encore en concevoir un moindre et toujours à l'infini, sans arriver au zéro ou néant.

« Quelque grand que soit un espace, on peut en concevoir un plus grand, et encore un qui le soit davantage; et ainsi à l'infini, sans jamais arriver à un qui ne puisse plus être augmenté. Et au contraire, quelque petit que soit un espace, on peut encore en considérer un moindre, et toujours à l'infini, sans jamais arriver à un indivisible qui n'ait plus aucune étendue : ... C'est-à-dire, en un mot, que quelque mouvement, quelque nombre, quelque espace, quelque temps que ce soit, il y en a toujours un plus grand et un moindre : de sorte qu'ils se soutiennent tous entre le néant et l'infini, étant toujours infiniment éloignés de ces extrêmes : ... Car qu'y a-t-il de plus évident que cette vérité, qu'un nombre, tel qu'il soit, peut être augmenté : Ne peut-on pas le doubler? Que la promptitude d'un mouvement peut être doublée, et qu'un espace peut être doublé de même? Et qui peut douter aussi qu'un nombre, tel qu'il soit, ne puisse être divisé par la moitié, et sa moitié encore par la moitié? Car cette moitié serait-elle un néant? Et comment ces deux moitiés, qui seraient des zéros, feraient-elles un nombre? De même un mouvement, quelque lent qu'il soit, ne peut-il pas être ralenti de moitié?... et ce dernier mouvement encore? Car serait-ce un pur repos?..... Enfin un espace, quelque petit qu'il soit, ne peut-il pas être divisé en deux, et ces moitiés encore? Et comment pourrait-il se faire que ces moitiés fussent indivisibles, sans aucune étendue, elles qui jointes ensemble ont fait quelque étendue? »... toutes ces grandeurs sont donc « divisibles à l'infini, sans tomber dans leurs indivisibles, de sorte qu'elles tiennent le milieu entre l'infini et le néant[1] ».

Ces considérations toutes scientifiques, qui ne semblent guère au premier abord liées à la destinée humaine et que Pascal va tout à l'heure y rattacher d'une manière saisissante, lui étaient contestées, avec quelque légèreté, par un de ses amis, le chevalier de Méré, esprit ouvert, mais infatué, qui se croyait savant parce qu'il avait suggéré à Pascal le calcul des probabilités en matière de jeu[2]. La lettre où il entreprend de re-

---

1. *Esprit géom.*, III, p. 169-173.
2. « J'ai appris de M. des Billettes, ami de Pascal, excellent dans les

dresser Pascal, au nom du bon sens vulgaire, sur la divisibilité à l'infini du nombre, du mouvement et de l'étendue, est d'une rare impertinence. « Il vous reste encore une habitude que vous avez prise en cette science, à ne juger de quoi que ce soit que par vos démonstrations, qui le plus souvent sont fausses... Vous demeurerez toujours dans les erreurs ou les fausses démonstrations où la géométrie vous ont jeté; et je ne vous croirai pas tout à fait guéri des mathématiques, tant que vous soutiendrez que ces petits corps, dont nous disputions l'autre jour, se peuvent diviser jusques à l'infini. Ce que vous m'en écrivez me paraît encore plus éloigné du bon sens que tout ce que vous m'en dites dans notre dispute. Et que prétendez-vous conclure de cette ligne que vous coupez en deux également, de cette ligne chimérique dont vous coupez encore une des moitiés et toujours de même jusqu'à l'éternité?... Pouvez-vous comprendre dans un si petit espace la différence des grandeurs, celle des mouvements et des distances?... Il faut se souvenir que le bon sens ne trompe guère et que, à la réserve des choses surnaturelles, tout ce qui le choque est faux[1]. »

Leibniz renvoie dédaigneusement l'auteur de cette lettre à l'école. Il estime que le chevalier de Méré, prenant les scrupules religieux de Pascal sur la vanité des

---

mécaniques, ce que c'est que cette découverte dont ce chevalier se vante ici dans sa lettre : c'est qu'étant grand joueur, il donna les premières ouvertures sur l'estime des partis, ce qui fit naître les belles pensées de MM. Fermat, Pascal et Huyghens. » (*Leibnitii opera omnia*, t. II, p. 92.)

[1]. Méré, *lett.* 19 *à M. Pascal.*

sciences pour des doutes sur les données scientifiques, a cru pouvoir lui faire la leçon. « J'ai presque ri des avis que M. le chevalier de Méré s'est donnés dans sa lettre à M. Pascal... Mais je vois que le chevalier savait que ce grand génie avait des inégalités, qui le rendaient quelquefois trop susceptible aux impressions des spiritualistes outrés, et qui le dégoûtaient même par intervalles des connaissances solides. M. de Méré en profitait, pour parler de haut en bas à M. Pascal. Il semble qu'il se moque un peu, comme font les gens du monde, qui ont beaucoup d'esprit et un savoir médiocre. Ils voudraient nous persuader que ce qu'ils n'entendent pas assez est peu de chose. Il aurait fallu l'envoyer à l'école, chez M. Roberval[1]. »

Bossuet, au contraire, chargé de l'éducation du Dauphin, un an après la première publication des *Pensées* de Pascal, lui emprunte visiblement, et presque dans les mêmes termes, ces considérations sur les deux infinis mathématiques, dans le *Traité du libre arbitre*, composé pour le jeune prince. « Il est clair que tout corps est fini ; nous en voyons et nous en touchons les bornes certaines. Cependant nous n'en trouvons plus, et il faut que nous allions jusqu'à l'infini, quand nous voulons en désigner toutes les parties. Car nous ne trouverons jamais aucun corps qui ne soit étendu, et nous ne trouverons rien d'étendu, où nous ne puissions entendre deux parties : et ces deux parties seront encore étendues, et jamais nous ne finirons, quand nous voudrons les subdiviser

---

[1]. *Leibnitii opera omnia*, t. II, v. 92.

par la pensée... Comme la grandeur peut être conçue s'augmenter jusqu'à l'infini sans détruire la raison du corps, il faut juger de même de la petitesse. Donc un corps ne peut être donné si petit, qu'il ne puisse y en avoir d'autres qu'il ne surpassera de moitié, et cela ira jusqu'à l'infini : de sorte que tout corps, si petit qu'il soit, en aura une infinité au-dessous de lui... Je ne sais pas si quelqu'un peut entendre cette infinité dans un corps fini ; mais pour moi j'avoue que cela me passe[1]. »

Pascal va plus loin. Enveloppant en quelque sorte dans cette difficulté insoluble la raison tout entière, il en tire des conséquences d'une bien autre portée. « Ceux qui verront clairement ces vérités, ajoute-t-il, pourront admirer la grandeur et la puissance de la nature dans cette double infinité qui nous environne de toutes parts, et apprendre par cette considération merveilleuse à se connaître eux-mêmes, en se regardant placés entre une infinité et un néant d'étendue, entre une infinité et un néant de nombre, entre une infinité et un néant de mouvement, entre une infinité et un néant de temps. Sur quoi on peut apprendre à s'estimer à son juste prix, et former des réflexions qui valent mieux que tout le reste de la géométrie même[2]. »

Cette antinomie devient pour Pascal l'abîme qui confond l'orgueilleuse raison. A force de le sonder, il semble lui-même pris de vertige ; on dirait que tout chancelle autour de lui et que toute certitude l'aban-

---

1. Ch. IV, p. 287-288, éd. Charpentier, Paris.
2. *Espr. géom.*, III, p. 174.

donne. « Qu'est-ce qu'un homme dans l'infini? »... « Tout ce monde visible n'est qu'un trait imperceptible dans l'ample sein de la nature. Nulle idée n'en approche. Nous avons beau enfler nos conceptions au delà des espaces imaginables, nous n'enfantons que des atomes au prix de la réalité des choses... Je veux lui faire voir là dedans un abîme nouveau. Je lui veux peindre non seulement l'univers visible, mais l'immensité qu'on peut concevoir de la nature, dans l'enceinte de ce raccourci d'atome... Qu'il se perde dans ces merveilles, aussi étonnantes, dans leur petitesse, que les autres dans leur étendue; car qui n'admirera que notre corps, qui tantôt n'était pas perceptible dans l'univers, imperceptible lui-même dans le sein du tout, soit à présent un colosse, un monde, ou plutôt un tout, à l'égard du néant où l'on ne peut arriver? Qui se considère de la sorte s'effraiera de soi-même, et, se considérant soutenu dans la masse que la nature lui a donnée, entre ces deux abîmes de l'infini et du néant, il tremblera à la vue de ces merveilles... Car enfin, qu'est-ce que l'homme dans la nature? Un néant à l'égard de l'infini, un tout à l'égard du néant, un milieu entre rien et tout.

« Infiniment éloigné de comprendre les extrêmes, la fin des choses et leur principe sont pour lui invinciblement cachés dans un secret impénétrable; également incapable de voir le néant d'où il est tiré, et l'infini où il est englouti. Que fera-t-il donc, sinon d'apercevoir l'apparence du milieu des choses, dans un désespoir éternel de connaître ni leur principe, ni leur fin?... Ce que nous avons d'être, nous dérobe la connaissance des premiers principes, qui naissent du néant, et le peu que nous avons d'être nous cache la connaissance de l'infini. Notre intelligence tient dans l'ordre des choses intelligibles le même rang que notre corps dans l'étendue de la nature. Borné en tout genre, cet état qui tient le milieu entre deux extrêmes se trouve en toutes nos impuissances...

« Nous voguons sur un milieu vaste, toujours incertains et flottants, poussés d'un bout vers l'autre. Quelque terme où nous puissions nous attacher et nous affermir, il branle et nous quitte ; et si nous le suivons, il échappe à nos prises, nous glisse et fuit d'une fuite éternelle... Ne cherchons donc point d'assurance et de fermeté. Notre raison est toujours déçue par l'inconstance des apparences : rien ne peut fixer le fini entre les deux infinis qui l'enferment et le fuient... Dans la vue de ces infinis, tous les finis sont égaux »... « Ce milieu qui nous est échu en partage étant toujours distant des extrêmes, qu'importe que l'homme ait un peu plus d'intelligence des choses[1] ? »

Nous nous heurtons à cette double infinité jusque dans l'ordre moral. « La nature semble avoir fait la même chose pour ses deux infinis, naturels et moraux. Car nous aurons toujours du dessus et du dessous, de plus habiles et de moins habiles, de plus élevés et de plus misérables [2]. » « Quand on veut poursuivre les vertus jusqu'aux extrêmes de part et d'autre, il se

---

1. *Pensées*, I, 1. — 2. *Ibid.*, XXV, 89.

présente des vices qui s'y insinuent insensiblement, dans leurs routes insensibles, du côté du petit infini ; il s'en présente, des vices, en foule du côté du grand infini, de sorte qu'on se perd dans les vices, et on ne voit plus les vertus[1]. »

En traçant ce tableau tragique de la frêle créature humaine, errant incertaine sur ce milieu vaste et mobile, Pascal ne peut se défendre du trouble qu'il veut jeter dans l'âme des indifférents et des incrédules. « En regardant tout l'univers muet, et l'homme sans lumière, abandonné à lui-même, et comme égaré dans ce recoin de l'univers, sans savoir qui l'y a mis, ce qu'il y est venu faire, ce qu'il deviendra en mourant, incapable de toute connaissance, j'entre en effroi comme un homme qu'on aurait porté endormi dans une île déserte et effroyable, et qui s'éveillerait sans connaître où il est, et sans moyen d'en sortir[2]. »

Ces lignes sont empreintes d'une sorte de désespoir qui donne le frisson ; et l'on serait en droit de les considérer comme l'expression définitive de la pensée de Pascal, si nous n'avions à leur opposer l'ensemble puissant des arguments contraires qui ont été cités plus haut. Jamais en effet un si rude assaut n'a été livré à la raison de l'homme. Pascal, qui l'élevait si haut tout à l'heure, ne croit pas maintenant pouvoir trop l'abaisser. « Dira-t-il... qu'il possède la vérité, lui qui, pour peu qu'on le pousse, ne peut en montrer aucun titre[3] ? » « Humiliez-vous, raison impuissante[4] ! »

---

1. *Ibid.*, XXV, 62. — 2. *Ibid.*, XI, 8. — 3. *Ibid.*, VIII, 1. — 4. *Ibid.*, VIII, 1.

Comment Pascal a-t-il trouvé le moyen de concilier des idées aussi hétérogènes, des affirmations si diamétralement opposées sur la capacité de la raison humaine ? C'est lui-même qui l'a dit : « Il faut... chercher (un sens) qui accorde toutes les contrariétés[1]. » « Contradiction est une mauvaise marque de vérité[2]. »

II. — SOLUTION DES ANTINOMIES

Une première solution, très simple, est celle qui consiste à reconnaître des bornes au pouvoir de la raison, à proclamer son autorité dans le domaine des sciences humaines et son impuissance en dehors de ces limites. Les arguments favorables à la raison humaine porteraient sur la raison décidant des choses qui sont de son ressort; les arguments contraires, sur la raison prétendant décider de celles qui lui sont supérieures. On se confierait à ses lumières en géographie, en physique, en géométrie; on s'en défierait dans l'ordre des choses religieuses, parce qu'étant finie, il est des vérités qui la dépassent; parce que, n'agissant pas sur la volonté pour convertir l'homme, elle est inutile au salut; parce qu'engendrant l'orgueil, elle est souvent un obstacle au salut. Pascal n'omet point ces considérations qui lui sont communes avec tous les autres chrétiens; mais elles ne contiennent pas, à ses yeux, comme on le verra plus loin, la véritable solution du problème.

---

1. *Ibid.*, XVI, 10 *bis.* — 2. *Ibid.*, III, 17.

Il montre donc d'abord que la raison est bornée. « La dernière démarche de la raison, est de reconnaître qu'il y a une infinité de choses qui la surpassent. Elle n'est que faible, si elle ne va jusqu'à connaître cela. Que si les choses naturelles la surpassent, que dira-t-on des surnaturelles[1]? »

L'erreur commune est de croire contraire à la raison ce qui est simplement au-dessus d'elle. « La foi dit bien ce que les sens ne disent pas, mais non pas le contraire de ce qu'ils voient; elle est au-dessus, et non pas contre[2]. » « Comme s'il n'y avait que la raison capable de nous instruire[3]. »

Elle a donc dans certains cas pleine autorité, mais il en est d'autres, les plus importants pour la vie, où elle est manifestement impuissante. « Deux excès : exclure la raison, n'admettre que la raison[4]. »

« Il faut savoir douter où il faut, assurer où il faut en se soumettant où il faut. Qui ne fait ainsi n'entend pas la force de la raison. Il y en a qui faillent contre ces trois principes, ou en assurant tout comme démonstratif, manque de se connaître en démonstration; ou en doutant de tout, manque de savoir où il faut se soumettre; ou en se soumettant à tout, manque de savoir où il faut juger[5]. » « Il n'y a rien de si conforme à la raison que ce désaveu de la raison[6]. »

Puis, que peut la raison pour le salut? Quand elle me ferait connaître Dieu, me donnerait-elle l'amour de Dieu? Cela est hors de son pouvoir. « Qu'il y a loin de

---

1. *Ibid.*, XIII, 1. — 2. *Ibid.*, XIII, 8. — 3. *Ibid.*, VIII, 6. — 4. *Ibid.*, XIII, 7. — 5. *Ibid.*, XIII, 2. — 6. *Ibid.*, XIII, 6.

la connaissance de Dieu à l'aimer[1]! » « Est-ce par raison que vous aimez? C'est le cœur qui sent Dieu, et non la raison. Voilà ce que c'est que la foi : Dieu sensible au cœur et non à la raison[2]. » « Quand un homme serait persuadé que les proportions des nombres sont des vérités immatérielles, éternelles, et dépendantes d'une première vérité en qui elles subsistent, et qu'on appelle Dieu, je ne le trouverais pas beaucoup avancé pour son salut[3]. » Ces abstractions ne vont pas jusqu'à l'âme : elles nous éclairent, mais elles ne nous meuvent pas plus que la lumière des étoiles ne meut les flots de la mer.

La raison n'est pas seulement inutile pour le salut; elle lui est souvent contraire, parce que le savant, orgueilleux de ses découvertes, s'exagère le pouvoir de la raison et se fait un dieu de la science. « On se fait une idole de la vérité même; car la vérité hors de la charité n'est pas Dieu, et est son image et une idole, qu'il ne faut point aimer ni adorer[4]. »

Comme le dit Bourdaloue, « la science sans la charité peut être plus nuisible qu'utile à un savant parce qu'elle enfle[5]. *Quod curiositate cognoverint, superbia amiserunt*[6]. Ce qu'ils avaient pu trouver par le désir de savoir, ils l'ont perdu par l'orgueil. » Bossuet cite également ce passage de *saint Augustin* et en tire la même conclusion que Pascal. « Autant qu'ils s'approcheront de Dieu par l'intelligence, autant s'en éloigneront-ils par leur orgueil[7]. »

---

1. *Ibid.*, XXV, 21. — 2. *Ibid.*, XXIV, 5. — 3. *Ibid.*, X, 5. — 4. *Ibid.*, XXIV, 63 *bis*. — 5. *Pensées, simplicité évangélique.* — 6. *Pensées*, X, 5. — 7. *Traité de la concupiscence,* ch. XVIII, p. 383.

C'en est assez pour que Pascal condamne et proscrive la raison. Aussi lui, qui admirait l'œuvre de Descartes, écrit maintenant : « Descartes inutile et incertain[1]. » « Cela est inutile, incertain et pénible. Et, quand cela serait vrai, nous n'estimons pas que toute la philosophie vaille une heure de peine[2]. » Il en arrive à mépriser les sciences mêmes. « Écrire contre ceux qui approfondissent trop les sciences[3]. » Il se reproche de les avoir trop aimées. « Quand j'ai commencé l'étude de l'homme, j'ai vu que ces sciences abstraites ne lui sont pas propres, et que je m'égarais plus de ma condition en y pénétrant que les autres en l'ignorant ; j'ai pardonné aux autres d'y peu savoir. Mais j'ai cru trouver au moins bien des compagnons en l'étude de l'homme, et que c'est la vraie étude qui lui est propre. J'ai été trompé. Il y en a encore moins qui l'étudient que la géométrie. Ce n'est que manque de savoir étudier cela qu'on cherche le reste. Mais n'est-ce pas que ce n'est pas encore là la science que l'homme doit avoir, et qu'il lui est meilleur de s'ignorer pour être heureux[4] ? »

« La science des choses extérieures ne me consolera pas de l'ignorance de la morale au temps d'affliction ; mais la science des mœurs me consolera toujours de l'ignorance des choses extérieures[5]. »

---

1. *Pensées*, XXIV, 100 *ter*.
2. *Ibid.*, XXIV, 100 *bis*. — Bossuet montre le même dédain pour la philosophie, lorsqu'il écrit au sujet de Descartes : « Je voudrais qu'il eût retranché quelques points pour être entièrement irréprochable par rapport à la foi. Car, pour le pur philosophique, j'en fais bon marché » (Lettre à M. Postel, mars 1701).
3. *Ibid.*, XXIV, 100. — 4. *Ibid.*, VI, 23. — 5. *Pensées*, VI, 41.

Il écrit alors à Fermat l'illustre mathématicien : « Pour vous parler franchement de la géométrie, je la trouve le plus haut exercice de l'esprit; mais en même temps je la connais pour si inutile que je fais peu de différence entre un homme qui n'est que géomètre et un habile artisan. Je suis dans des études si éloignées de cet esprit-là, qu'à peine je me souviens qu'il y en ait [1]. »

Cette première solution qui consiste à déclarer la raison impuissante, mais seulement hors de son véritable domaine, ne suffit pas à Pascal. L'antinomie qui le trouble atteignant, à ce qu'il semble, l'essence même de la raison, n'est pas conjurée tout entière par cette réponse; il faut bien qu'il y ait, en elle ou hors d'elle, quelque cause d'échec, puisque, lorsqu'on est forcé d'y recourir pour établir la vérité morale, les preuves les plus convaincantes n'opèrent pas la certitude et sont si souvent sans effet. Cette cause, qui vient paralyser l'œuvre de la pure raison, c'est la volonté.

« La volonté est un des principaux organes de la créance; non qu'elle forme la créance, mais parce que les choses sont vraies ou fausses, selon la face par où on les regarde [2]. » Et là se trouve la racine de nos ignorances, là se trouve aussi le principe de notre délivrance.

Ce n'est point chose douteuse : dans l'état actuel, la raison humaine est affaiblie, désadaptée. « Elle agit

[1]. *Lettre à Fermat*, 1660, III, p. 237.
[2]. *Pensées*, III, 10.

avec lenteur », et ses démarches sont si pénibles qu'à
« toute heure elle s'assoupit [1] ». « Les principes » dont
elle se sert « sont si déliés et en si grand nombre, qu'il
est presque impossible qu'il n'en échappe. Or, l'omission d'un principe mène à l'erreur [2] ». Lorsque, au prix
de tant d'efforts, elle parvient à toucher le but, elle ne
s'y tient pas; « elle y saute seulement, non comme sur
le trône, pour toujours, mais pour un instant seulement [3] ». Ses preuves « sont si éloignées du raisonnement des hommes, si compliquées qu'elles frappent
peu » : elle voit; « puis, une heure après, elle craint de
s'être trompée [4] ».

Mais cette atonie de la raison n'a point sa cause dans
la raison même. Si l'homme était pur, « il jouirait de la
vérité avec assurance [5] ». Cette atonie de la raison vient
de ce que l'homme, depuis sa déchéance, cède de plus
en plus à l'entraînement des passions [6].

Tandis que la vérité purement scientifique est indifférente à la conduite de notre vie, la vérité morale concerne nos intérêts les plus chers. En effet, que la somme
des angles d'un triangle soit, ou non, égale à deux
angles droits, que les corps s'attirent, ou non, en raison
inverse du carré de la distance, cela ne touche pas à
notre destinée présente ou future. Mais qu'il y ait, ou
non, un jugement dernier après la mort, voilà qui
se rapporte directement à la manière dont nous devons vivre; que l'âme soit mortelle ou immortelle,

---

1. *Ibid.*, XXIV, 52. — 2. *Ibid.*, VII, 2 *bis*. — 3. *Ibid.*, VII, 12. —
4. *Ibid.*, X, 5. — 5. *Ibid.*, X, 5.
6. *Ibid.*, I, 8 : « sa connaissance s'est obscurcie par les passions ».

cela doit mettre une différence entière dans la morale[1].

La vérité morale violente nos appétits. Et nous en détournons nos regards, comme d'un juge importun ; nous la contestons, nous la nions, afin de pouvoir la violer sans trouble : ce qui fait qu'à la longue elle ne garde plus aucune prise sur notre âme. L'alanguissement de la raison est un obscurcissement qui vient de la corruption de la volonté[2].

Or si telle est la nature du mal, le remède est trouvé. Changer la volonté, voilà le moyen d'obtenir une lumière fixe et durable, au lieu d'une lumière instable et vacillante ; voilà le moyen de conquérir la certitude. « Changeons la règle que nous avons prise jusqu'ici pour juger de ce qui est bon. Nous en avions pour règle notre volonté, prenons maintenant la volonté de Dieu[3]. » Il faut juger de ce qui est bon ou mauvais par la volonté de Dieu, qui ne peut être ni injuste, ni aveugle ; et non par la nôtre propre, qui est toujours pleine de malice et d'erreur[4]. »

« Dieu, pour se réserver à lui seul le droit de nous instruire, et pour nous rendre la difficulté de notre être inintelligible, nous en a caché le nœud si haut, ou, pour mieux dire, si bas, que nous étions incapables d'y arriver : de sorte que ce n'est pas par les agitations de notre raison, mais par la simple soumission de la raison, que nous pouvons nous connaître[5]. »

On peut donc arriver à la certitude mais par l'action, en redressant la nature, en domptant les passions, en

---

1. *Ibid.*, IX, 1. — 2. *Ibid.*, I, 8 ; *Esprit géom.*, III, p. 175. — 3. *Ibid.*, XXV, 105. — 4. *Ibid.*, XXIV, 13 *bis*. — 5. *Ibid.*, XXIV, 15 *ter*.

rectifiant la volonté. On peut atteindre la vérité, mais à condition de préparer l'âme à recevoir la lumière qu'elle répand. En souillant l'âme, le péché l'enténèbre; or la pure vérité ne peut apparaître qu'à l'âme pure. « Dieu l'a couverte d'un voile, qui la laisse méconnaître à ceux qui n'entendent pas sa voix[1]. »

« Dites-nous des choses agréables et nous vous écoute-
« rons, » disaient les Juifs à Moïse ; comme si l'agrément devait régler la créance ! Et c'est pour punir ce désordre par un ordre qui lui est conforme, que Dieu ne verse ses lumières dans les esprits qu'après avoir dompté la rébellion de la volonté par une douceur toute céleste qui la charme et qui l'entraîne[2]. » « Dieu seul peut les mettre dans l'âme, et par la manière qui lui plaît. Je sais qu'il a voulu qu'elles entrent du cœur dans l'esprit, et non pas de l'esprit dans le cœur, pour humilier cette superbe puissance du raisonnement, qui prétend devoir être juge des choses que la volonté choisit; et pour guérir cette volonté infirme, qui s'est toute corrompue par de sales attachements. Et de là vient qu'au lieu qu'en parlant des choses humaines on dit qu'il faut les connaître avant que de les aimer, ce qui est passé en proverbe[3], les saints au contraire disent en parlant des choses divines qu'il faut les aimer pour les connaître, et qu'on n'entre dans la vérité que par la charité[4]. »

Ce n'est donc point par un effort d'esprit, mais par un effort de volonté que nous rendons à la raison obscurcie la lumière dont elle a besoin. « Apprenez au moins

---

1. *Ibid.*, XXIII, 31. — 2. *Espr. géom.*, III, p. 175. — 3. *Ignoti nulla cupido* (Ovide). — 4. *Esprit géom.*, III, p. 175.

votre impuissance à croire, puisque votre raison vous y porte, et que néanmoins vous ne le pouvez ; travaillez donc, non pas à vous convaincre par l'argumentation des preuves de Dieu, mais par la diminution de vos passions[1]. »

Et pour fixer en vous la certitude, que votre acte de volonté soit persévérant, soutenu, fortifié par l'habitude. « Il faut avoir recours à elle quand une fois l'esprit a vu où est la vérité, afin de nous abreuver et nous teindre de cette créance, qui nous échappe à toute heure[2]. »

C'est que, en effet, l'acquisition des vérités divines, ne ressemble pas à l'acquisition des vérités humaines.

« Il suffit d'avoir appris une fois » les choses du siècle « pour n'avoir plus besoin d'en être instruit »; au lieu que pour « entendre ce langage secret et étranger à ceux qui le sont du ciel, il faut que la même grâce qui peut seule en donner la première intelligence, la continue et la rende toujours présente en la retraçant sans cesse dans le cœur des fidèles pour la faire toujours vivre[3] ». Et cette grâce ne se conserve qu'au prix d'efforts sans cesse renouvelés.

Ce sont vérités d'ordre différent. Devant cette céleste lumière de la charité, qu'est-ce que la science humaine, si supérieure pourtant aux autres grandeurs humaines, qui se croient au-dessus d'elle? Car la charité est autant au-dessus de la science, que la science est au-dessus des dignités et des richesses.

1. *Pensées*, X, 1.
2. *Ibid.*, X, 8.
3. *Lettre à M*^{me} *Perier*, 5 nov. 1648, II, 107-108.

« Tout l'éclat des grandeurs n'a point de lustre pour les gens qui sont dans les recherches de l'esprit. La grandeur des gens d'esprit est invisible aux rois, aux riches, aux capitaines, à tous ces grands de chair. La grandeur de la Sagesse, qui n'est nulle sinon en Dieu, est invisible aux charnels et aux gens d'esprit. Ce sont trois ordres différents en genre. Les grands génies ont leur empire, leur éclat, leur victoire et leur lustre, et n'ont nul besoin des grandeurs charnelles où ils n'ont pas de rapport. Ils sont vus, non des yeux, mais des esprits, c'est assez. Les saints ont leur empire, leur éclat, leur victoire, leur lustre, et n'ont nul besoin des grandeurs charnelles ou spirituelles, où ils n'ont nul rapport, car elles n'y ajoutent ni n'y ôtent. Ils sont vus de Dieu et des anges, et non des corps, ni des esprits curieux : Dieu leur suffit. Archimède, sans éclat, serait en même vénération. Il n'a point donné de batailles pour les yeux, mais il a fourni à tous les esprits ses inventions.

« Mais il y en a qui ne peuvent admirer que les grandeurs charnelles, comme s'il n'y en avait pas de spirituelles ; et d'autres qui n'admirent que les spirituelles, comme s'il n'y en avait pas d'infiniment plus hautes dans la Sagesse. Tous les corps, le firmament, les étoiles, la terre et ses royaumes ne valent pas le moindre des esprits ; car il connaît tout cela, et soi ; et les corps, rien. Tous les corps ensemble, et tous les esprits ensemble, et toutes leurs productions, ne valent pas le moindre mouvement de charité ; cela est d'un ordre infiniment plus élevé. De tous les corps ensemble, on ne saurait faire réussir une petite pensée : cela est impossible, et d'un autre ordre. De tous les corps et esprits, on n'en saurait tirer un mouvement de vraie charité; cela est impossible, et d'un autre ordre, surnaturel[1]. »

C'est dans ce royaume de la charité, de la grâce, que Pascal invite l'homme à aller chercher la lumière, qui ne s'obscurcit pas, la certitude qui ne connaît point de défaillance, en faisant passer avant la pensée qui scrute, l'action qui purifie; en commençant par pratiquer la charité, par se détacher des grandeurs charnelles et même spirituelles. Que sommes-nous, depuis la déchéance? « Des ennemis de Dieu, auxquels il donne, par grâce, assez de lumière pour revenir, s'ils veulent le chercher et le suivre[2]. »

Sans cet effort de l'homme vers Dieu pour écarter toute cause d'erreur, l'évidence même reste pour lui passagère et fragile. « Il n'a point de vérité, ou constante, ou satisfaisante. Je voudrais donc porter l'homme à désirer d'en trouver, à être prêt, et dégagé des passions, pour la suivre où il la trouvera[3]. »

« Rien ne donne le repos que la recherche sincère de la vérité[4]. »

On voit maintenant quelle est la vraie doctrine de Pascal, cherchant une certitude immuable, éternelle comme son auteur; et l'illusion de ceux qui, à l'exemple de M. Cousin, résument la philosophie de Pascal dans ces deux mots : Scepticisme absolu.

M. Cousin suppose et prend pour accordé que la

---

1. *Pensées*, XVII, 1. — 2. *Ibid.*, XXIV, 6. — 3. *Ibid.*, I, 8. — 4. *Ibid.*, XXIV, 21.

philosophie de Pascal n'est que la doctrine janséniste, suivant laquelle l'homme déchu ne peut plus rien par lui-même pour sortir de ces ténèbres naturelles. « Examinez, dit-il,... à la lumière de la théorie janséniste..., les endroits du livre des *Pensées* où le scepticisme se montre sous sa forme, ce semble, la plus hardie, et loin d'y trouver des paradoxes, vous y trouverez les principes avoués et l'esprit de Port-Royal. Pascal dit et répète qu'il n'y a nulle certitude naturelle [1]. »

Or, tandis que les Jansénistes soutiennent que l'effort de l'homme pour connaître la vérité est stérile et que Dieu seul la donne à qui il lui plaît, Pascal déclare que l'homme coopère à cette grâce, sans laquelle il n'a pas de certitude complète et durable. « Il y a assez de lumière pour ceux qui ne désirent que de voir et assez d'obscurité pour ceux qui ont une disposition contraire [2]. »

« J'aurais bientôt quitté les plaisirs, disent-ils, si j'avais la foi. Et moi, je vous dis : vous auriez bientôt la foi, si vous quittiez les plaisirs. Or, c'est à vous à commencer [3]. »

Ainsi, là où M. Cousin reproche à Pascal d'anéantir toute volonté chez l'homme [4], Pascal au contraire lui demande un effort de volonté, et fait tout dériver de là.

---

1. *Des Pensées de Pascal*, 2ᵉ édition, Nouvelle Préface, Ladrange, Paris, 1847.
2. *Pensées*, XX, 1.
3. *Ibid.*, X, 3.
4. « Détruire l'homme naturel, l'abêtir, c'est-à-dire lui ôter cette raison et cette liberté dont il se vante comme d'un privilège, le remettre aveugle et soumis entre les mains de la grâce,... tel est le seul moyen de le conduire à la vérité... Pascal a été, et il devait aller jusque-là. » (Cousin, *Pensées de Pascal*, 2ᵉ éd., Nouv. Préface.)

L'homme est maître d'arriver à la vérité : il dépend de lui de s'emparer de la certitude, de celle qui ne peut être ébranlée, troublée, obscurcie. Mais elle naît et elle vit d'œuvres, non de spéculations abstraites. Cette lumière surnaturelle qui n'est jamais suivie de ténèbres, ne se révèle qu'à ceux qui ont travaillé pour la conquérir : il faut vivre la vérité pour la posséder.

TROISIÈME PARTIE

TRAVAUX SCIENTIFIQUES

CHAPITRE PREMIER

LE PHYSICIEN

I. — Débuts.

Dans une étude que M. Brunetière a consacrée, il y a déjà quinze ans, à quelques travaux sur Pascal[1], il a émis spirituellement le vœu que les biographes de celui-ci cessent désormais de reproduire la fameuse tirade de Chateaubriand[2] et de répéter « une fois de plus et ordinairement pour le dire plus mal, ce qui a été dit, ce qui se trouve partout ». Il est cependant bien difficile, en commençant l'étude de l'œuvre scientifique de Pascal, de ne pas rappeler les débuts de « cet effrayant génie ».

Le père de Pascal était un croyant sincère dont la foi, semble-t-il, n'était pas affranchie entièrement de

---

1. *Revue des Deux-Mondes* du 1ᵉʳ septembre 1885 : *Revue littéraire, De quelques récents travaux sur Pascal.*
2. *Génie du Christianisme*, IIIᵉ partie, livre II, ch. VI.

toute superstition[1]. Mais c'était aussi un esprit cultivé, à la fois délicat écrivain dont il nous est resté une précieuse lettre[2] et savant distingué qui mérita d'être loué par le P. Mersenne[3] et d'être un des arbitres désignés pour juger le différend entre Descartes et Fermat. Dès son arrivée à Paris, il fut reçu dans cette société libre que son fils appelle « Celeberrima Academia Parisiensis » et qui fut l'origine de l'Académie des Sciences, fondée par le roi en 1666 seulement. Elle se réunissait alors chez le P. Mersenne[4] (après la mort de celui-ci, Étienne Pascal et M. de Carcavi devaient être ses hôtes). Là, chaque semaine, Mydorge[5], le P. Mersenne, Gassendi[6], Desargues[7], de Roberval[8], Étienne Pascal, de Carcavi, Le Pailleur et « autres habiles gens de Paris s'assemblaient pour porter leurs ouvrages ou pour examiner ceux des autres[9] ». Ils entretenaient une correspondance suivie avec tous les savants de province et de l'étranger. C'était l'époque où des hommes d'État illustres, des magistrats connus comme profonds jurisconsultes et des hommes d'Église faisaient marcher de pair les obligations de leur charge et les études les plus ardues. Faut-il rappeler le souvenir d'Hévélius[10], sénateur de Danzig, de Jean de Witt[11], grand pensionnaire de Hollande, de

---

1. Voir un fragment des *Mémoires sur la vie de M. Pascal*, par Mlle Marguerite Périer, sa nièce, publié par M. Cousin, dans son livre des *Pensées de Pascal* (1842), p. 390. Le jeune Blaise souffrait d'un mal inconnu. On força une vieille femme, soupçonnée de lui avoir jeté un sort, de transporter celui-ci sur un animal qui mourut, tandis que l'enfant guérit.

2. Voir p. 125 du présent ouvrage. — 3. Voir p. 144 du présent ouvrage. — 4. 1588-1648. — 5. 1585-1647. — 6. 1592-1655. — 7. 1593-1662. — 8. 1602-1675. — 9. *Vie de Blaise Pascal*, par Mme Périer. — 10. 1611-1687. — 11. 1625-1672.

Chanut, ambassadeur de France à Stockholm, de Fermat, conseiller au Parlement de Toulouse[1], de Beaune[2], conseiller au Présidial de Blois, de Frénicle[3], conseiller à la Cour des Monnaies, de Sluze[4], chanoine de la cathédrale de Liège, suivis dans la période suivante de Hudde[5], bourgmestre d'Amsterdam, de Rœmer[6], premier magistrat de Copenhague, et de tant d'autres? « La gravité de leur état », a-t-on dit[7], « ne leur permettait ni les divertissements bruyants de la noblesse militaire, ni la société des femmes. Ils n'étaient point forcés à ces longues distractions qu'entraînent les petits devoirs imposés aux gens qui vivent dans le monde ; ainsi, ceux..... qui avaient trop d'activité..... n'avaient alors d'autre délassement que l'étude, et ils osaient publier le fruit de leurs travaux, sans craindre de paraître avoir des moments de loisir. »

Il était ainsi bien difficile au jeune Pascal de ne pas entendre parler de science dans le milieu où il grandissait. Son père, inquiet de sa précocité et de sa faible santé, n'avait voulu le confier à aucun maître, ne lui laissant étudier tout d'abord que les langues anciennes ; on sait[8] comment, à l'âge de douze ans, l'enfant déjoua ces précautions et acquit le droit de se livrer à sa passion pour les sciences exactes un jour qu'Étienne Pascal le surprit en train de se démontrer à lui-même la

---

1. 1601-1665. — 2. 1601-1652. — 3. 1605-1675. — 4. 1622-1685. — 5. 1633-1704. — 6. 1644-1710.

7. Voir Arago, *Œuvres complètes*, t. III, p. 520 (*Notice biographique sur Fermat*).

8. Voir p. 12 et suivantes du présent ouvrage.

32ᵉ proposition d'Euclide[1]. Montucla[2] a fort justement remarqué que « cette proposition dérive de deux autres des lignes parallèles qu'il n'est pas impossible à un esprit juste et né pour la géométrie, d'apercevoir, quoique peut-être il ne pût se les démontrer rigoureusement ». Mais il ajoute que « tel fut probablement le procédé de Pascal ». Or, dans son récit, Mᵐᵉ Périer, dont rien ne nous porte à suspecter la sincérité, explique au contraire comment son frère était passé par une série de démonstrations logiquement enchaînées et rigoureusement déduites des axiomes et des définitions qu'il avait imaginés.

En étudiant successivement dans Pascal le physicien et le mathématicien, nous allons voir comment, différent en cela de tant d'enfants prodiges, il tint plus tard les promesses de ses jeunes années[3].

II. — Inventions.

En 1641, Étienne Pascal, chargé de la perception des tailles dans l'intendance de Rouen, eut à exécuter de longs calculs dans lesquels il fut aidé par son fils. Ce jeune homme de dix-huit ans conçut alors le projet de

---

1. La somme des angles d'un triangle est égale à deux droits.
2. Montucla, *Histoire des Mathématiques*, t. II, Agasse, Paris, an VII, p. 62.
3. Quand, dans la IIIᵉ partie du présent ouvrage, nous renvoyons à une page des œuvres de Pascal, sans indication spéciale, il s'agit du t. III des *Œuvres complètes de Blaise Pascal*, Hachette, 1865, tome contenant les œuvres scientifiques de Pascal.

« réduire en machine une science qui réside tout entière dans l'esprit[1] ». Mais « il n'étoit pas en mon pouvoir, » dit-il, « avec toute la théorie imaginable, d'exécuter moi seul mon propre dessein, sans l'aide d'un ouvrier qui possédât parfaitement la pratique du tour, de la lime et du marteau, pour réduire les pièces de la machine dans les mesures et proportions que par les règles de la théorie je lui prescrivois[2]. » La mécanique de précision n'était guère avancée à l'époque, la jeunesse de l'inventeur lui donnait sans doute peu d'autorité sur ses ouvriers, et il semble que Pascal ait subi bien des déboires avant d'arriver à un résultat satisfaisant : il fit construire jusqu'à cinquante modèles; et sa sœur, Mme Périer, nous apprend[3] que ce travail excessif ne fut pas étranger à l'altération de sa santé. Enfin, il put, en 1645, présenter sa machine au public en la dédiant au chancelier Séguier[4] qui l'avait encouragé à ne pas désespérer. Le privilège du roi qu'il obtint ensuite n'est que du 22 mai 1649[5]. La machine fut fort admirée des contemporains de Pascal[6]; on possède la lettre qu'il écrivit à la reine Christine de Suède en lui en envoyant un exemplaire[7].

---

1. *Vie de Blaise Pascal*, par Mme Périer, édition Havet des *Pensées de Blaise Pascal*, Delagrave, 1883, p. iv. Voir p. 13 du présent ouvrage.
2. *Avis nécessaire à tous ceux qui auront la curiosité de voir la machine arithmétique et de s'en servir*, p. 190.
3. Voir p. 14 du présent ouvrage.
4. *A Monseigneur le Chancelier* (dédicace non datée), p. 185.
5. *Privilège du roi pour la machine arithmétique*, p. 194.
6. Voir p. 43 du présent ouvrage.
7. *Lettre de Pascal à la reine Christine en lui envoyant la machine arithmétique* (non datée), p. 192. Voir p. 42 du présent ouvrage.

La machine de Pascal permettait d'effectuer les quatre opérations. Dans l'« Avis nécessaire à tous ceux qui auront la curiosité de voir la machine arithmétique et de s'en servir », l'auteur s'excuse de ne pas la décrire : « Cette doctrine, » dit-il, « est du nombre de celles qui ne peuvent être enseignées que de vive voix; et un discours par écrit en cette matière seroit autant et plus inutile et embarrassant, que celui qu'on emploieroit à la description de toutes les parties d'une montre[1]. » La machine est décrite dans l'Encyclopédie de Diderot à l'article « Arithmétique »; un modèle en existe encore au Conservatoire des Arts et Métiers, accompagné d'une sorte de certificat : « Esto probati instrumenti signaculum hoc Blasius Pascal Arvernus, 1652. » Il a été étudié par Binet en 1849 à l'occasion d'un rapport[2] sur une nouvelle machine du même genre que l'Académie des Sciences l'avait chargé d'examiner. Binet conclut que « la question de savoir si l'instrument aide réellement le calculateur..... en donnant avec sûreté les résultats attendus, subsiste tout entière. La lenteur de sa marche est manifeste; et l'imparfaite exécution de ses engrenages à chevilles ne permet guère de compter sur son exactitude ».

Mais l'idée était féconde. Aujourd'hui, les efforts des successeurs de Pascal, depuis Leibniz jusqu'à Thomas, ont fait de la machine arithmétique l'auxiliaire obligé de tout calculateur. Pascal avait le premier tenté « une route nouvelle dans un champ tout hérissé d'épines,

---

1. P. 188.
2. Lu à l'Académie des Sciences, le 12 février 1849.

et sans avoir de guide pour s'y frayer le chemin[1] ».

Nous ne nous étendrons pas sur les autres inventions de Pascal, la brouette et le haquet[2]. Il les aurait imaginées en 1654, mais le fait a été souvent mis en doute. On les lui a le plus souvent attribuées sur la foi de Bossut[3] qui le tenait de M. le Roi, de l'Académie des Sciences, lequel, à son tour, le tenait de M. Julien le Roi, son père.

La machine arithmétique nous montre suffisamment que, chez Pascal, le génie scientifique le plus profond s'alliait à celui de l'invention et au souci des applications mécaniques pratiques. La presse hydraulique, dont il a eu la première idée, nous en fournira bientôt une autre preuve[4].

III. — Expériences.

En 1646, Pascal a connaissance d'une expérience faite en Italie trois ans auparavant. Dans la passion de savoir qui l'anime, il trouve peu satisfaisantes les explications qu'on en donne. Servi par un véritable génie de l'observation, un sens critique pénétrant, il achève de faire justice d'un préjugé admis sans conteste depuis de longs siècles. Entre ses mains, le tube de Torricelli devient le baromètre; il en étudie les applications. Ses travaux le conduisant à rechercher les lois de l'équilibre

1. *A Monseigneur le Chancelier*, p. 186.
2. Voir p. 71-72 du présent ouvrage.
3. *Discours sur la vie et les ouvrages de Pascal*, ajouté au tome second de l'*Essai sur l'Histoire générale des Mathématiques*, Louis, Paris, 1802.
4. Voir p. 71 du présent ouvrage.

des liquides, il imagine, en passant, la presse hydraulique. Enfin, en 1653, au bout de sept ans seulement de recherches physiques souvent interrompues, le « Traité de l'équilibre des liqueurs » et le « Traité de la pesanteur de la masse de l'air » sont terminés, chefs-d'œuvre qui, dans leur concision voulue, peuvent être encore aujourd'hui regardés comme renfermant les éléments fondamentaux de la statique des liquides et des gaz, créée de toutes pièces par l'auteur.

Telle est l'œuvre de Pascal en physique. Après avoir donné sur elle quelques détails, on cherchera à montrer ce qui en fait l'originale beauté.

§ 1. — PREMIERS TRAVAUX DE PASCAL SUR LA QUESTION DU VIDE.

L'antiquité connaissait déjà les clepsydres et les pompes ainsi que les siphons, décrits par Héron, dans ses « Pneumatiques ». Mais la seule explication de leur fonctionnement qu'on donnait encore au début du dix-septième siècle était l'assertion célèbre : « Natura horret viduum ». Personne n'avait eu l'idée, qui nous paraît aujourd'hui si simple, de faire intervenir la pesanteur et la pression de l'air. Aristote avait affirmé que l'air est pesant, mais sans expérience à l'appui. Galilée[1], le premier, enseigna, dans ses « Dialogues », deux manières de démontrer et de mesurer cette pesanteur. Mais il n'alla pas au delà. On connaît l'histoire des fontainiers

---

1. 1564-1642.

de Florence : un jour qu'ils établissaient, pour le grand-duc Cosme de Médicis, une pompe dont le tuyau d'aspiration avait une hauteur inusitée, ils constatèrent que l'eau ne pouvait s'élever dans ce tuyau au-dessus de 32 pieds : « La nature n'a sans doute horreur du vide que jusqu'à 32 pieds ! » se contenta de répondre Galilée quand ils le consultèrent, et, déjà âgé, il laissa à son élève Torricelli[1] le soin d'approfondir la question. Celui-ci, déjà connu comme profond géomètre, soupçonna que le poids de la colonne liquide aspirée doit être constant, quel que soit le liquide. C'était une inspiration de génie. Il en résulta, en 1643, la fameuse expérience, origine du baromètre, trop connue pour avoir besoin d'être décrite ici. Deux ans après, Torricelli trouva la véritable explication de son expérience en attribuant l'ascension du mercure du tube à la pression de l'atmosphère sur la surface du mercure de la cuvette, mais une mort prématurée l'empêcha d'affermir et de répandre sa conviction.

Des détails incomplets sur l'expérience de Torricelli étaient parvenus en 1645 au P. Mersenne qui entretenait alors une correspondance active avec les savants de tous les pays, « faisant à peu près dans la république des lettres la fonction que fait le cœur dans le corps humain[2] ». Il essaya de la réaliser à Paris, mais vainement. Quelque temps après, un voyage à Rome lui permit de prendre des informations exactes. On sait[3] qu'il les communiqua en 1646 à M. Petit, intendant des

---

1. 1608-1647. — 2. Baillet, *Vie de Descartes*. — 3. Voir p. 15 du présent ouvrage.

fortifications à Rouen, grand amateur de physique, et que Pascal, alors à Rouen, aidé de M. Petit, répéta aussitôt l'expérience avec succès, sans connaître d'ailleurs l'explication que Torricelli venait d'en donner. Bien plus, il ignorait, prétend-il, jusqu'au nom de son auteur, puisqu'il assure avoir été obligé d'écrire au cavalier del Posso, à Rome, pour s'en informer[1].

Pascal n'était pas homme à se contenter de vérifier l'ascension du mercure dans le tube de Torricelli sans chercher à en pénétrer le secret : « Depuis, faisant réflexion en moi-même sur les conséquences de cette expérience, elle me confirma dans la pensée où j'avois toujours été, que le vide n'étoit pas une chose impossible dans la nature, et qu'elle ne le fuyoit pas avec tant d'horreur que plusieurs se l'imaginent… Je me résolus donc de faire des expériences si convaincantes, qu'elles fussent à l'abri de toutes les objections qu'on pourroit y faire[2]. » Pascal s'empressa, dès 1647, de publier un opuscule intitulé « Nouvelles expériences touchant le vide », parce que, dit-il, « ayant fait ces expériences avec beaucoup de frais, de peine et de temps, j'ai craint qu'un autre qui n'y auroit employé le temps, l'argent, ni la peine, me prévenant, ne donnât au public des choses qu'il n'auroit pas vues[3] ».

§ 2. — POLÉMIQUE DE PASCAL AVEC LE P. NOEL.

Ici se place un des épisodes les plus curieux de la vie

---

1. *Lettre de Pascal à M. de Ribeyre* du 12 juillet 1651, p. 76.
2. *Nouvelles expériences touchant le vide (au Lecteur)*, p. 1 et 2. —
3. *Ibid.*, p. 3.

scientifique de Pascal, sa polémique avec un certain père Noël, Jésuite, qui fut recteur du collège de Clermont, puis de celui de Paris. La lecture des lettres échangées entre eux [1], de celles de Pascal à M. Le Pailleur et d'Étienne Pascal au P. Noël est aussi attachante pour le lettré que pour le physicien.

Le P. Noël ne pouvait admettre « ce *vide apparent* qui paroît dans le tube après la descente, soit de l'eau, soit du vif-argent[2] ». Pascal, dans son opuscule, s'était contenté de décrire ses propres expériences et d'en tirer les conclusions immédiates. Autant il s'était montré réservé, autant le père jésuite, dans sa première lettre, se répandit en hypothèses gratuites. Pour lui, « l'air que nous respirons, est mélangé de feu, d'eau, de terre et d'air, qui, pour la plus grande quantité, lui donne le nom d'*air*[3] »; le mélange d'air proprement dit et de feu traverse les pores du verre, tandis que celui-ci arrête l'eau et la terre; c'est cet air « subtil et igné » qui remplit la partie supérieure du tube.

Dans la réponse de Pascal, on reconnaît la plume qui écrivit les « Provinciales ». Sûr de lui-même, il exerce son ironie aux dépens de son contradicteur : « Au reste, » conclut-il, « on ne peut vous refuser la gloire d'avoir soutenu la physique péripatéticienne, aussi bien qu'il est possible de le faire; et je trouve que votre lettre n'est pas moins une marque de la foiblesse de l'opinion que vous défendez, que de la vigueur de votre esprit.

---

1. Deux lettres du P. Noël et une de Pascal.
2. *Première lettre du P. Noël, Jésuite, à Pascal*, p. 8.
3. *Première lettre du P. Noël, Jésuite, à Pascal*, p. 9.

Et certainement l'adresse avec laquelle vous avez défendu l'impossibilité du vide dans le peu de force qui lui reste, fait aisément juger qu'avec un pareil effort, vous auriez invinciblement établi le sentiment contraire dans les avantages que les expériences lui donnent [1]. »

Le P. Noël sentit qu'il fallait opposer expériences à expériences; celles qu'il donne, dans sa réplique, pour venir au secours de toute la mauvaise physique du temps, sont aussi amusantes que peu convaincantes. En adressant sa lettre à Pascal, par l'intermédiaire du R. P. Talon, il fit prier son adversaire de ne pas répondre et de ne la montrer à personne, vu qu'ils pourraient tous deux « s'éclaircir de bouche des difficultés qui leur restoient [2] ». Mais, en même temps, il eut le tort irréparable de publier en le dédiant au prince de Conti, un traité ironiquement intitulé « le plein du vide, ou le corps dont le vide apparent des expériences nouvelles est rempli, trouvé par d'autres expériences, confirmé par les mêmes et démontré par raisons physiques ». « La nature est aujourd'hui accusée de vide, » débutait-il, « et j'entreprends de la justifier en présence de Votre Altesse : elle en avoit bien été auparavant soupçonnée; mais personne n'avoit encore eu la hardiesse de mettre des soupçons en fait, et de lui confronter les sens et l'expérience. Je fais voir ici son intégrité, et montre la fausseté des faits dont elle est chargée, et les impostures des témoins qu'on lui oppose. Si elle étoit connue de chacun comme elle est de Votre Altesse,

---

1. *Réponse de Pascal au P. Noël*, p. 18. — 2. *Lettre de Pascal à M. le Pailleur*, p. 49.

à qui elle a découvert tous ses secrets, elle n'auroit été accusée de personne, et on se seroit bien gardé de lui faire un procès sur de fausses dépositions, et sur des expériences mal reconnues et encore plus mal avérées [1]. » La manœuvre était indigne. Le P. Noël aggrava son cas en envoyant le traité à Pascal et l'assurant qu'il avait uniquement voulu viser un capucin de Pologne, le R. P. Valerianus Magnus, auteur d'ouvrages sur le même sujet.

Pascal ne s'y trompa pas. Il cessa toute correspondance avec le Jésuite, car, dit-il, « l'âge, le mérite et la condition du P. Noël m'obligeoient à lui céder l'avantage d'avoir écrit le dernier [2] ». Mais il fit justice des arguments de son adversaire dans une longue lettre à M. Le Pailleur, celui qu'Étienne Pascal appelait « un de mes intimes amis, depuis trente ans et plus, plein d'honneur, de doctrine et de vertus [3] ». Les contradictions du P. Noël y sont admirablement mises en évidence : « Il est assez difficile, » s'écrie Pascal, « de réfuter les pensées de ce père, puisqu'il est le premier plus prompt à les changer, qu'on ne peut être à lui répondre [4]. »

Pour achever la déconfiture du Jésuite, Étienne Pascal intervint dans la lutte et lui écrivit. La lettre du père est digne du fils. La noblesse du style, la fine ironie répandue partout, l'élévation de la pensée, nous donnent une haute opinion de son savoir et de son caractère.

---

1. P. 27. — 2. *Lettre de Pascal à M. Le Pailleur*, p. 50.
3. *Lettre de M. Pascal le père au P. Noël*, p. 62.
4. *Lettre de Pascal à M. Le Pailleur*, p. 61.

§ 3. — EXPÉRIENCE DU PUY DE DÔME.

Sur ces entrefaites, Pascal avait appris l'explication donnée par Torricelli de son expérience; il était fort porté à s'y ranger et avait remarqué que si l'ascension du mercure dans le tube est bien due à la pression de l'atmosphère, la hauteur de la colonne soulevée doit nécessairement diminuer à mesure qu'on s'élève et inversement. Comme il soupçonnait ces variations très faibles, il avait résolu de les mettre en évidence d'une façon indiscutable en répétant l'expérience de Torricelli à des stations d'altitudes très différentes[1]. Il ne pouvait réaliser son désir à Paris même où il venait de s'établir. Mais par bonheur, son beau-frère Périer, conseiller à la Cour des aides de Clermont en Auvergne, était au courant de la question : Pascal avait déjà exécuté diverses expériences du vide en sa présence. Le 15 novembre 1647, Pascal lui écrivit pour le prier de vouloir bien mesurer la hauteur du mercure au pied, puis au sommet du Puy de Dôme qui domine Clermont. L'expérience fut annoncée « à tous nos curieux de Paris, et entre autres au R. P. Mersenne, qui s'est déjà engagé, par les lettres qu'il en a écrites en Italie, en Pologne, en Suède, en Hollande, etc., d'en faire part aux amis qu'il s'y est acquis par son mérite[2] ». Elle était impatiemment attendue, mais Périer était à Moulins quand il

---

1. *Lettre de Pascal à M. Le Pailleur*, p. 57.
2. *Lettre de Pascal à Périer* du 15 novembre 1647, p. 140.

reçut la lettre de son beau-frère. Une mission dans le Bourbonnais, puis des neiges et des brouillards continuels au sommet du Puy de Dôme l'empêchèrent de l'exécuter jusqu'au 19 septembre 1648[1].

Ce jour-là, Périer put faire les observations, non seulement dans le jardin du couvent des Minimes de Clermont et au sommet du Puy de Dôme, mais encore en un lieu intermédiaire nommé Lafon de l'Arbre. Le lendemain, il les répéta au sommet et au pied de la plus haute des tours de l'église Notre-Dame de Clermont. Bien préparées, faites avec beaucoup de soin en présence de nombreux notables de la ville, « toutes personnes très-capables, non-seulement en leurs charges, mais encore dans toutes les belles connoissances[2] », elles furent concluantes : la hauteur du mercure variait de 37 lignes et demie entre les deux stations extrêmes dont les altitudes différaient de 500 toises environ.

Le résultat de la « grande expérience de l'équilibre des liqueurs » eut un retentissement immense. Pascal, désormais assuré de trouver une variation de hauteur de la colonne mercurielle pour des différences d'altitude même faibles, la répéta avec succès à la tour de l'église Saint-Jacques-de-la-Boucherie, puis dans une maison particulière à Paris. Il triomphait : la théorie de l'horreur du vide était définitivement condamnée, car « on ne sauroit dire que la nature abhorre le vide au pied de la montagne plus que sur son sommet[3] ».

---

1. Voir p. 28 du présent ouvrage.
2. *Lettre de Perier à Pascal* du 22 septembre 1648, p. 142.
3. *Lettre de Pascal à Perier* du 15 novembre 1647, p. 140.

§ 4. — EXAMEN DES DROITS DE PRIORITÉ REVENDIQUÉS PAR DESCARTES SUR L'EXPÉRIENCE DU PUY DE DÔME.

Descartes[1] s'est attribué la première idée de l'expérience du Puy de Dôme et la question a suscité d'innombrables polémiques. Ceux-ci, comme Bouillet, biographe de Descartes, accusent Pascal de plagiat. Ceux-là, comme Bossut, biographe de Pascal, le défendent avec chaleur. D'autres enfin, comme Montucla, se gardent de prendre parti.

Le 11 juin 1649, Descartes écrivait à Carcavi : « Je me promets que vous n'aurez pas désagréable que je vous prie de m'apprendre le succès d'une expérience qu'on m'a dit que M. Pascal avait faite ou fait faire sur les montagnes d'Auvergne, pour savoir si le vif-argent monte plus haut dans le tuyau étant au pied de la montagne, et de combien il monte plus haut qu'au-dessus ; j'aurais droit d'attendre cela de lui plutôt que de vous, parce que c'est moi qui l'ai avisé, il y a deux ans, de faire cette expérience et qui l'ai assuré que bien que je ne l'eusse pas faite, je ne doutais point du succès ; mais parce qu'il est l'ami de M. Roberval qui fait profession de n'être pas le mien, j'ai lieu de croire qu'il en suit les passions[2]. » (Roberval et Descartes étaient en froid depuis leurs démêlés de 1637 relatifs à la cycloïde[3].)

---

[1]. 1596-1650. — [2]. *Lettres de Descartes*, édition in-4° par Clersellier fils (1657, 1659, 1667), t. III, lettre 75.

[3]. Voir p. 170 et suivantes du présent ouvrage.

Quelque temps après, Descartes a reçu le renseignement demandé de La Haye. Il écrit à Carcavi le 17 août : « Je vous suis très-obligé de la peine que vous avez prise de m'écrire le succès de l'expérience de M. Pascal, touchant le vif-argent, qui monte moins haut dans un tuyau qui est sur une montagne que dans celui qui est dans un lieu plus bas; j'avais quelque intérêt de le savoir, à cause que c'est moi qui l'avais prié, il y a deux ans, de la vouloir faire, et je l'avais assuré du succès, comme étant entièrement conforme à mes principes; sans quoi il n'eût eu garde d'y penser, à cause qu'il était d'opinion contraire [1]. »

Il existe d'autres documents favorables à Descartes. Ce sont encore trois lettres de lui. Dans la première[2], datée de 1631, il paraît avoir une notion exacte de la pression atmosphérique : c'est à cause d'elle, dit-il, qu'il est difficile de séparer un verre rempli d'air chaud d'une surface plane sur laquelle on l'a renversé. La seconde[3] renferme une vive critique des « Dialogues » de Galilée, qui venaient de paraître : l'auteur y voit encore dans la pression atmosphérique la cause de la résistance à la séparation offerte par deux surfaces bien polies, préalablement pressées l'une contre l'autre; il soupçonne déjà qu'elle produit l'ascension de l'eau dans les pompes. Enfin, dans la troisième lettre[4], au sujet des récipients, percés de deux ouvertures, qu'on main-

---

1. *Lettres de Descartes*, même édition, t. III, lettre 77.
2. *Lettres de Descartes*, t. III, lettre 3, p. 602.
3. *Lettres de Descartes*, t. II, lettre 91.
4. *Lettres de Descartes*, t. II, lettre 94.

tient pleins d'eau en bouchant l'ouverture supérieure, Descartes déclare que « l'eau ne demeure pas dans les vaisseaux par la crainte du vide, mais à cause de la pesanteur de l'air[1] ».

Quant à Pascal, pas un mot de lui ne laisse supposer, dans ses traités ou sa correspondance, que l'expérience du Puy de Dôme lui ait été suggérée par un autre. Bien plus, il la revendique constamment pour lui avec énergie. On en trouve la meilleure preuve dans une correspondance qu'il échangea en 1651 avec un ami de son père, M. de Ribeyre, premier président de la Cour des aides de Clermont[2] : Dans un « prologue » des thèses de philosophie soutenues sous la présidence de celui-ci dans le collège des Jésuites de Montferrand, le 25 juin 1651, un père jésuite avait porté contre Pascal, mais sans le nommer, une accusation formelle de plagiat, en lui reprochant de s'être attribué la fameuse expérience de Torricelli.

Les Jésuites, il faut l'avouer, tracassaient bien maladroitement celui qui devait leur faire bientôt une guerre terrible. Depuis sa querelle avec le P. Noël, Pascal devait être disposé à ne rien leur pardonner. Il écrivit aussitôt à M. de Ribeyre et envoya à Périer copie de sa

---

1. L'abbé Emery (*Pensées de Descartes sur la religion et la morale*) cite une autre lettre de Descartes, datée du 16 décembre 1647, dans laquelle il affirme avoir prié Pascal « d'expérimenter si le vif-argent montait aussi haut lorsqu'on est au-dessus d'une montagne que lorsqu'on est tout au bas », et projette de faire des observations pour voir « si le changement des temps et des lieux n'y fait rien ». Cette lettre, ajoutée aux précédentes, n'infirme en rien notre conclusion.

2. *Lettres de Pascal* des 12 juillet et 8 août, *lettre de M. Ribeyre* du 26 juillet 1651. Voir p. 36 et suivante du présent ouvrage.

lettre, pour la faire imprimer à Clermont même. Celle-ci est un précieux historique des travaux de Pascal. Il n'a aucune peine à réfuter la calomnie, n'ayant jamais tenté de s'approprier une expérience qu'il avait, dès 1647, décrite comme faite en Italie, dans ses « Nouvelles expériences touchant le vide ». Toutefois, remarquons en passant son embarras quand il s'agit d'expliquer pourquoi il n'a point nommé Torricelli dans ce traité : Il est bien invraisemblable que le P. Mersenne ait précisément négligé à Rome, en 1636, de s'informer du nom de l'auteur de l'expérience ou qu'il ne l'ait point ensuite communiqué à M. Petit. On s'explique aisément le vrai motif de Pascal en remarquant qu'en 1647, il devait être encore sous l'impression de la querelle, terminée l'année précédente seulement, entre l'ami de son père Roberval et le physicien italien, querelle dans laquelle il avait sans doute déjà pris le parti de Roberval[1]; peut-être faut-il admettre aussi une jalousie, hélas bien naturelle chez un homme aussi passionné que Pascal, envers celui qui l'avait précédé dans une voie féconde. Mais, en ce qui concerne l'expérience du Puy de Dôme, la lettre de Pascal est empreinte d'un tel accent de sincérité indignée qu'on se sent naturellement porté à le croire sur parole[2]. »

Pascal, d'ailleurs, ne nomme nulle part Descartes dont son ami Carcavi lui avait cependant communiqué sans aucun doute la revendication. Il ne faut pas ou-

---

1. Voir p. 171 du présent ouvrage.
2. *Lettre de Pascal à M. de Ribeyre* du 12 juillet 1651, p. 79. Voir p. 36 du présent ouvrage.

blier que Descartes mourut le 11 février 1650 à Stockholm[1]. Il est par suite probable que Pascal dédaigna d'attaquer un mort pour se justifier, surtout vis-à-vis de Carcavi dont l'opinion devait être faite. Peut-être la phrase citée de sa lettre à M. de Ribeyre est-elle une allusion aux prétentions de Descartes, sans le nommer par respect pour sa mémoire.

Telles sont les pièces du procès. On voit qu'il n'est pas facile à juger, les parties paraissant d'égale bonne foi.

La question est singulièrement éclairée par deux précieuses lettres : l'une[2] de Jacqueline Pascal à sa sœur, Mme Périer, du 25 septembre 1647, l'autre[3] de Descartes à Mersenne, du 6 avril 1648. Elles prouvent qu'en septembre 1647, Pascal et Descartes se virent au moins deux fois, plus souvent peut-être, qu'ils s'entretinrent surtout de la grosse question du vide, et que si Descartes admettait l'influence de la pression atmosphérique, il croyait toujours encore, comme le P. Noël, à une matière subtile répandue dans la chambre barométrique. Or, la lettre de Pascal à Périer, relative à l'expérience du Puy de Dôme, est du 15 novembre 1647; dès septembre, Pascal était certainement hanté par le désir de ruiner définitivement la théorie de ses adversaires par une expérience décisive. Était-il déjà entièrement fixé sur la nature de celle-ci et a-t-il seulement reçu quelques conseils utiles de Descartes dont celui-ci se serait plus tard exagéré l'importance?

---

1. Voir p. 34 du présent ouvrage. — 2. Voir p. 21 et suivantes du présent ouvrage. — 3. Baillet, *Vie de Descartes*.

Ou bien Pascal a-t-il conçu réellement son expérience d'après une idée de Descartes qui aurait été pour lui un trait de lumière ? Il est impossible de répondre.

Il est certain que quelque froid se produisit en 1648 dans leurs relations : sans quoi Descartes aurait-il eu besoin de demander à Carcavi des renseignements sur l'expérience du Puy de Dôme ? Mais il ne paraît pas qu'il y ait jamais eu entre eux animosité réelle, puisque Périer recevait de Stockholm, en 1650, les résultats d'expériences barométriques faites par Descartes.

Quoi qu'il en soit, la question nous paraît devoir être réellement résolue à l'avantage de Pascal. En somme, Descartes a pu concevoir quelque dépit de n'avoir pas reçu communication directe des résultats d'une expérience à laquelle il s'était intéressé auparavant. N'en profite-t-il pas dès lors pour se faire la part un peu trop belle ? D'ailleurs, il ne paraît pas avoir attaché une grande importance à sa réclamation et il ne faudrait pas être plus cartésien que lui. On attribuera toujours à Galilée le véritable mérite de la découverte expérimentale de la pesanteur de l'air et non à Aristote qui s'est contenté de la soupçonner sans preuves. Même dans le cas où Descartes aurait réellement eu la première idée de l'expérience du Puy de Dôme, toute la gloire doit en revenir à Pascal qui l'a étudiée, préparée, réussie (nous ne parlons pas de Périer qui fut seulement un agent d'exécution ayant reçu des instructions précises). Quelque outré qu'on puisse juger le plaidoyer de Bossut pour Pascal, l'auteur nous semble avoir tranché définitivement le différend : « S'il s'agissait de peser, entre deux hommes très inégaux, les prétentions réciproques à une même découverte importante, la probabilité, dans le silence des preuves rigoureuses, ferait pencher la balance pour le plus habile d'ailleurs. Mais contre un homme tel que Pascal, qui a réellement fait exécuter l'expérience du Puy de Dôme, Descartes ne doit pas se contenter de dire froidement un an après : *J'en ai donné l'idée*; il doit le prouver, et le simple témoignage qu'il rend lui-même dans sa propre cause, ne peut être d'aucun poids[1]. »

§ 5. — LE TRAITÉ DE L'ÉQUILIBRE DES LIQUEURS.

Par ses travaux sur le vide, Pascal fut naturellement amené à étudier les lois de l'équilibre des liquides et des gaz. Il se proposa d'abord de publier un ouvrage très étendu sur la statique des fluides. Le temps lui manqua sans doute; et d'ailleurs, comme il « aimoit fort la brièveté[2] », il se contenta d'écrire, en 1653, deux opuscules : le « Traité de l'équibre des liqueurs » et le « Traité de la pesanteur de la masse de l'air ». Ils ne furent édités qu'en 1663, un an après la mort de l'auteur, par Périer. Celui-ci les fit précéder de deux fragments et y ajouta le « Récit de la grande expérience

---

1. *Discours sur la vie et les ouvrages de Pascal*, ajouté au tome second de l'*Essai sur l'Histoire générale des Mathématiques*, Louis, Paris, 1802, p. 328.
2. *Avis de l'éditeur* dans l'édition de 1663 des *Traités de l'équilibre des liqueurs et de la pesanteur de la masse de l'air*.

de l'équilibre des liqueurs », celui des observations barométriques de Périer, Descartes et Chanut, et une note sur les « Nouvelles expériences faites en Angleterre » par Boyle[1] à l'aide de la machine pneumatique, note qui explique ces expériences au moyen des principes posés dans les deux traités.

Avant Pascal, le flamand Stévin[2] avait déjà établi, expérimentalement ou théoriquement, la plupart des lois de l'hydrostatique. On lui doit une ingénieuse démonstration théorique du principe d'Archimède, encore utilisée aujourd'hui. Il savait mesurer les pressions des liquides sur le fond des vases et connaissait l'explication du paradoxe hydrostatique bien connu.

C'est par des considérations sur ces pressions que débute le « Traité de l'équilibre des liqueurs »; mais Pascal, et c'est là que réside son originalité, pose dès le chapitre II le fameux principe désigné sous son nom et en déduit toute sa théorie. Aussi, pour les successeurs de Pascal, ce principe a-t-il pendant longtemps servi de base à toute l'hydrostatique. Pascal l'énonce ainsi : « Si un vaisseau plein d'eau, clos de toutes parts, a deux ouvertures, l'une centuple de l'autre : en mettant à chacune un piston qui lui soit juste, un homme poussant le petit piston égalera la force de cent hommes, qui pousseront celui qui est cent fois plus large, et en surmontera quatre-vingt-dix-neuf. Et quelque proportion qu'aient ces ouvertures, si les forces qu'on mettra sur les pistons sont comme les ouvertures, elles seront en

---

1. 1627-1691. — 2. 1548-1635.

équilibre[1]. » Il le prouve d'abord par la transmission des pressions, puis par une démonstration mécanique qui s'applique seulement au cas où les deux pistons se déplacent parallèlement. Du reste, tel que Pascal l'énonce, le principe n'est parfaitement exact que si le fluide est supposé sans poids ou si les faces des pistons sont dans le même plan horizontal.

Pascal a conçu la presse hydraulique comme application directe de son principe. Il en a parfaitement entrevu l'usage et la puissance : « Un vaisseau plein d'eau est un nouveau principe de mécanique, et une machine nouvelle pour multiplier les forces à tel degré qu'on voudra, puisqu'un homme, par ce moyen, pourra enlever tel fardeau qu'on lui proposera. Et l'on doit admirer qu'il se rencontre en cette machine nouvelle cet ordre constant qui se trouve en toutes les anciennes; savoir, le levier, le tour, la vis sans fin, etc., qui est, que le chemin est augmenté en même proportion que la force[2]. » Pascal ne dit nulle part et on ignore s'il a cherché à réaliser pratiquement sa machine. Elle est restée à l'état de conception théorique, par suite des fuites entre les corps de pompe et les pistons, jusqu'à ce que le mécanicien anglais Bramah[3] ait imaginé l'artifice du cuir embouti.

En partant du principe fondamental, et s'appuyant sans cesse sur des expériences toujours ingénieuses, mais dont quelques-unes sont peu connues aujourd'hui, Pascal expose, dans la suite de son traité, l'équilibre

---

1. *Traité de l'équilibre des liqueurs*, p. 85. — 2. *Ibid.*, p. 85. — 3. 1749-1814.

des liquides dans des vases communiquants, celui des solides invariables ou compressibles plongés dans un liquide, etc. Un des plus curieux chapitres est le dernier : « Des animaux qui sont dans l'eau », destiné à expliquer pourquoi ceux-ci ne sentent pas le poids du liquide.

§ 6. — LE TRAITÉ DE LA PESANTEUR DE LA MASSE DE L'AIR.

Pour Pascal, de même que « les corps qui sont dans l'eau sont pressés de toutes parts par le poids de l'eau qui est au-dessus,... ainsi les corps qui sont dans l'air sont pressés de tous côtés par le poids de la masse de l'air qui est au-dessus[1] ». Aussi le « Traité de la pesanteur de la masse de l'air » renvoie-t-il sans cesse à celui « de l'équilibre des liqueurs ».

Pascal débute en énumérant les différents effets faussement attribués à l'horreur du vide, montrant ensuite que leur véritable cause est la pesanteur de la masse de l'air et que ces effets varient comme cette pesanteur.

Il a déjà une idée de l'élasticité des gaz et en particulier de l'air. Il compare l'atmosphère à un amas de laine qui se comprimerait par son propre poids. Il rapporte l'expérience d'un ballon « à demi plein d'air, flasque et mol », qui, porté 500 toises plus haut, au sommet d'une montagne (sans doute le Puy de Dôme),

---

1. *Traité de la pesanteur de la masse de l'air*, ch. I, 4, p. 99.

devint « tout plein et gonflé comme si on y avoit soufflé de l'air de nouveau [1] ». Certes, aucun indice ne permet de croire qu'il ait soupçonné la loi exacte qui lie entre eux les volumes et les forces élastiques d'une même masse gazeuse. Mais c'est en s'inspirant de Pascal, en répétant ses expériences, en le suivant pas à pas, que l'abbé Mariotte [2] a découvert tout naturellement, en 1676, la loi à laquelle on donne son nom en France [3]. Le livre de Mariotte, « Discours sur la nature de l'air », est réellement la suite du traité de Pascal.

§ 7. — OBSERVATIONS BAROMÉTRIQUES DE PASCAL, PÉRIER, DESCARTES ET CHANUT.

Du jour où avait réussi l'expérience du Puy de Dôme, le baromètre était créé ; mais le mot baromètre, employé pour désigner un tube de Torricelli établi à demeure, ne se trouve encore ni dans les traités de Pascal, ni dans les documents que Périer y a joints. Tous deux emploient l'expression « un tuyau avec son vif-argent mis en expérience continuelle ».

La mémorable expérience du 19 septembre 1648 avait révélé une des principales applications de l'appareil : « connoître si deux lieux sont en même niveau, c'est-à-dire également distans du centre de la terre, ou lequel des deux est le plus élevé, si éloignés qu'ils soient l'un

---

1. *Traité de la pesanteur de la masse de l'air*, ch. I, p. 101.
2. 1620-1684.
3. Boyle l'avait découverte dès 1661 en Angleterre où on l'appelle *loi de Boyle*.

de l'autre, quand même ils seroient antipodes; ce qui seroit comme impossible par tout autre moyen[1] ».

Aussitôt après, Pascal observa que « non seulement la diversité des lieux, mais aussi la diversité des temps en un même lieu, selon qu'il faisoit plus ou moins froid ou chaud, sec ou humide, causoient de différentes élévations ou abaissemens du vif-argent dans les tuyaux[2] ». Faute d'expériences suffisamment prolongées, il donna de ces variations des lois bien différentes de celles établies depuis : « La saison où le mercure est le plus haut pour l'ordinaire est l'hiver. Celle où d'ordinaire il est le plus bas est l'été. Où il est le moins variable est aux solstices, et où il est le plus variable est aux équinoxes. Ce n'est pas que le mercure ne soit quelquefois haut en été, bas en hiver, inconstant aux solstices, constant aux équinoxes... Il arrive aussi, pour l'ordinaire, que le mercure baisse quand il fait beau temps, qu'il hausse quand le temps devient froid ou chargé; mais cela n'est pas infaillible... Ce n'est pas qu'un vent survenant ne puisse frustrer ces conjectures[3]. » On voit que Pascal, comme toujours, ne se laisse entraîner à aucune généralisation hâtive et se contente de rapporter fidèlement ce que l'expérience lui a appris. Aujourd'hui où les causes des variations du baromètre sont loin d'être parfaitement connues, a-t-on le droit de se montrer sévère pour les explications qu'il a tenté d'en donner le pre-

---

1. *Récit de la grande expérience de l'équilibre des liqueurs*, etc., p. 145.
2. *Récit des observations faites par M. Périer*, etc., p. 147.
3. *Premier fragment*, p. 132 et 133.

mier ? Il est du reste remarquable qu'il a très exactement délimité l'importance à attribuer aux indications de la colonne mercurielle pour la prévision du temps : « Cette connoissance peut être très utile aux laboureurs, voyageurs, etc., pour connoître l'état présent du temps, et le temps qui doit suivre immédiatement, mais non pas pour connoître celui qu'il fera dans trois semaines[1]. »

Sur la prière de Pascal, Périer observa également à Clermont les variations du mercure dans un « tuyau en expérience continuelle », du commencement de 1649 à mars 1651. Il formula quelques règles particulières, inexactes d'ailleurs, mais il conclut sagement : « On ne sauroit faire de règle générale[2]. »

Enfin, à la demande de Périer, l'ambassadeur de France en Suède, Chanut, fit des observations analogues du 21 octobre 1649 au 24 septembre 1650. « Je pensai, » écrit-il à Périer, « que jetant les yeux une fois par jour en un coin de mon cabinet, je n'ôterois rien à ce que je dois au service du roi[3]. » Descartes, qui était alors à Stockholm, auprès de la reine Christine, prit part à ces expériences jusqu'à sa mort (11 février 1650). C'est alors qu'il eut, comme Huyghens[4], l'idée d'employer « un tuyau de verre, vers le milieu duquel il y eût une retraite et un gros ventre, environ à la hauteur où monte à peu près le vif-argent, au-dessus duquel vif-argent

---

1. *Premier fragment*, p. 133.
2. *Récit des observations faites par M. Périer*, etc., p. 148.
3. *Lettre de Chanut à Périer* du 28 mars 1650, p. 150.
4. 1629-1695.

mettant de l'eau jusqu'au milieu environ de la hauteur qui reste au-dessus du vif-argent, il auroit vu plus exactement les changemens [1] ». Mais il ne put mettre cette idée en pratique, car, dit Chanut, « nos verriers sont maladroits et ils n'ont pas de lieu propre à faire recuire ces tuyaux avec cette retraite ou gros ventre dans le milieu ».

§ 8. — CONCLUSION.

Il y aurait exagération à considérer Pascal comme le créateur de la physique expérimentale moderne. Avant lui, Bacon[2] et Descartes avaient compris la nécessité de soumettre au contrôle de l'expérience les doctrines reçues et de les rejeter impitoyablement si elles ne sont pas vérifiées. Stévin, Mersenne, Galilée, Torricelli avaient renoncé à chercher, comme leurs prédécesseurs, dans des raisonnements abstraits la vérification d'hypothèses imaginées à plaisir et s'étaient au contraire attachés à observer d'abord les faits pour découvrir ensuite leurs causes.

Mais Pascal, par la manière dont il a traité la question du « vide », force notre admiration. Il a donné le premier exemple d'un esprit supérieur qui trouve contredite par l'expérience une hypothèse admise de toute antiquité, s'attaque à elle avec méthode pour achever de la ruiner et parvient à lui substituer une

1. *Lettre de Chanut à Périer* du 24 septembre 1650, p. 150 et 151.
2. 1561-1626.

conception rationnelle basée sur des expériences indiscutables[1].

L'hypothèse de l'horreur du vide, quelque absurde que nous semble aujourd'hui le mot, n'a certainement rien de plus extraordinaire que beaucoup d'autres, couramment reçues maintenant comme un moyen commode d'expliquer les phénomènes, indépendamment de toute théorie a priori. En quoi cette horreur serait-elle plus incompréhensible que l'attraction mystérieuse universellement admise entre tous les corps? Aussi, ce qui choque Pascal tout d'abord, ce n'est pas l'horreur du vide attribuée à la nature, c'est la contradiction entre elle et l'expérience. Tout le porte à croire qu'aucun corps ne remplit la partie supérieure du tube de Torricelli, mais il est si prudent que cette partie est constamment nommée dans ses premiers écrits « l'espace vide *en apparence* ». En même temps, il multiplie les expériences pour s'entourer de documents. Une nouvelle hypothèse lui est proposée. Constatant qu'elle explique toutes ces dernières d'une façon satisfaisante, il la soutient, mais en assure le triomphe définitif par une expérience nouvelle et décisive. C'est alors seulement qu'il édifie sur elle toute sa statique des liquides et des gaz.

Le « Fragment d'un traité sur le vide », publié pour la première fois par Bossut sous le titre « De l'autorité en matière de philosophie », est le vrai commentaire de la méthode de Pascal, écrit dans une langue admirable, toujours bon à relire et à méditer : « La

---

1. Voir p. 21-24 du présent ouvrage.

vérité doit toujours avoir l'avantage, quoique nouvellement découverte, puisqu'elle est toujours plus ancienne que toutes les opinions qu'on en a eues, et que ce serait ignorer sa nature de s'imaginer qu'elle ait commencé d'être au temps qu'elle a commencé d'être connue [1]. »

[1]. *Fragment d'un traité sur le vide*, édition Havet des *Pensées de Pascal.*

CHAPITRE II

LE MATHÉMATICIEN

I. — LES CONIQUES.

Pascal paraît avoir été, dès 16 ans, en possession du théorème auquel il a laissé son nom. Il réunit à la même époque les éléments d'un traité qu'il se proposait d'intituler « Conicorum opus completum [1] ». Il ne nous en est resté qu'une sorte de résumé, publié en 1640 sous le titre « Essai pour les coniques ». Cet extrait fut communiqué à Descartes qui, ne pouvant le croire l'œuvre d'un jeune homme, l'attribua à Étienne Pascal ou à Desargues. Le P. Mersenne eut connaissance de l'extrait ou du traité complet; nous savons par lui que Pascal basait toute la théorie des coniques sur une seule proposition : « Quid de binis Pascalibus dixero, patre in omnibus mathematicis versato qui mira de triangulis demonstravit; filio qui unica propositione 400 corollariis stipata omnia Apollonii conica comprehendit [2]. »

---

1. Voir p. 11 du présent ouvrage.
2. *Harmonie universelle.*

En 1654, Pascal avait à peu près donné à son œuvre sa forme définitive. Une communication en latin, dédiée par lui « Celeberrimæ Mathescos Academiæ Parisiensi », nous apprend qu'il méditait cette année-là de publier son « Conicorum opus completum », accompagné de nombreux autres traités. On sait quel changement s'opéra précisément à la fin de 1654 dans le genre de vie et les préoccupations de Pascal : c'est sans doute ce qui l'empêcha de donner suite à son projet. Aucun des traités annoncés [1] ne nous est parvenu, sauf peut-être l'un d'entre eux [2] qui ne serait autre que le « De numeris multiplicibus ex sola characterum numericorum additione agnoscendis ».

Après la mort de Pascal, son neveu Étienne Périer, conseiller à la Cour des aides de Clermont, quelque peu versé dans les mathématiques, trouva des documents sur les coniques laissés en désordre par son oncle et les communiqua à Leibniz [3], alors à Paris, pour les examiner et les classer. Leibniz répondit par une lettre du 30 août 1676 qui nous est restée : dans l'énumération des documents qui s'y trouve, on reconnaît quelques-uns des traités précédents. Mais Étienne Périer mourut en 1681 et aucun indice ne fait supposer qu'ils aient jamais été imprimés.

---

1. « De numericarum potestatum ambitibus, de numeris magico magicis, promotus Apollonius Gallus, tactiones sphæricæ, tactiones etiam conicæ, loci solidi, loci plani, perspectivæ methodus, de compositione aleæ in ludis ipsi subjectis, gnomonia, miscellanea. »
2. « Ut ex sola additione characterum numericorum agnoscantur ».
3. 1646-1716.

II. — LES CARACTÈRES DE DIVISIBILITÉ.

En arithmétique, on doit à Pascal le procédé qui permet, en effectuant certaines opérations sur les chiffres d'un nombre donné, de reconnaître s'il est divisible par un autre et, dans le cas où il ne l'est pas, de trouver le reste de la division.

Dans l'appendice au traité « De numericis ordinibus tractatus » intitulé « De numeris multiplicibus ex sola characterum numericorum additione agnoscendis », Pascal expose sa méthode; puis, donnant quelques exemples, il justifie le caractère de divisibilité par 9, connu depuis longtemps, mais non encore démontré; enfin, il fait voir que son procédé s'applique « non seulement à notre système décimal de numération (système dont la base est de pure convention, contrairement à ce que le vulgaire pense sans raison aucune), mais encore à tout système de numération ayant pour base tel nombre qu'on voudra[1] ».

III. — LE TRIANGLE ARITHMÉTIQUE ET SES APPLICATIONS.

Sur des recherches d'analyse, on possède de Pascal le « Traité du triangle arithmétique » et le « De numericis ordinibus tractatus[2] ». Quelques lettres échangées

---

1. *De numeris multiplicibus ex sola characterum numericorum additione agnoscendis*, p. 312.
2. Ces traités étaient terminés vraisemblablement dès 1654, comme le

entre lui et Fermat, au sujet de ce qu'ils appelaient
« les partis des joueurs », nous sont également parvenues[1].

Pascal n'est certes pas le premier mathématicien
dont l'attention ait été attirée par des problèmes de
combinaisons. Déjà le père Bauhus, Jésuite flamand, puis
Wallis[2], avaient recherché de combien de manières on
peut varier, sans en altérer la mesure, le vers fameux :

« Tot tibi sunt dotes, Virgo, quot sidera cælo. »

D'ailleurs, on sait aujourd'hui présenter l'analyse
combinatoire sous une forme parfaite, en établissant a
priori des formules générales, sans être obligé de passer
par la considération du triangle de Pascal. Celui-ci est
simplement cité à titre de curiosité historique, de sujet
d'exercices, tout comme la table de Pythagore dans la
théorie de la multiplication.

---

prouvent les lettres de Pascal à Fermat du 29 juillet 1654 et de Fermat
à Pascal du 29 août 1654; mais ils n'ont été publiés qu'en 1665, après la
mort de l'auteur, réunis en un volume in 4°.

Le « Traité du triangle arithmétique » proprement dit est suivi des « Divers usages du triangle arithmétique dont le générateur est l'unité, pour les ordres numériques, pour les combinaisons, pour déterminer les partis qu'on doit faire entre deux joueurs qui jouent en plusieurs parties, pour trouver les puissances des binômes et apotomes ».

Le « De numericis ordinibus tractatus » est précédé d'une sorte d'introduction française intitulée « Traité des ordres numériques », et suivi de trois appendices : « Combinationes », « Potestatum numericarum summa » et « De numeris multiplicibus ex sola characterum numericorum additione agnoscendis ». Voir les traductions de Ch. Drion dans le tome III des *Œuvres complètes de Blaise Pascal*, Hachette, 1865.

1. Trois lettres de Pascal et trois de Fermat, toutes datées, sauf une de Fermat qui est vraisemblablement de 1654, comme toutes les autres.

2. 1616-1703.

Mais en 1654, le triangle arithmétique était une inspiration de génie. On est émerveillé de l'habileté mathématique déployée par Pascal pour en tirer les plus extrêmes conséquences, lui faire rendre tout ce qu'elle pouvait donner. D'une part, en utilisant sa création ingénieuse et éminemment originale, Pascal a pu pousser très loin la théorie des combinaisons, calculer les coefficients des puissances entières et positives du binôme ainsi que les sommes successives des puissances semblables, entières et positives, des termes d'une progression arithmétique et quarrer par suite les paraboles de tous les degrés; il a acquis ainsi un titre de plus à être compté parmi les précurseurs du « calcul intégral ». D'autre part, il s'est servi du triangle arithmétique pour résoudre certains des premiers problèmes difficiles posés sur les jeux et il partage avec Fermat la gloire d'avoir fondé le « calcul des probabilités ».

Pour se faire une idée du fameux triangle arithmétique, qu'on se représente des cellules carrées, disposées en lignes horizontales et en colonnes verticales, de façon à couvrir la surface d'un triangle rectangle isocèle qui grandit sans cesse à mesure qu'on ajoute de nouvelles rangées de cellules parallèles à la base. Pascal inscrit un nombre arbitraire dans la cellule qui occupe le sommet et en déduit, suivant une certaine loi, les nombres à inscrire dans les autres, en opérant par rangées successives parallèles à la base. Il appelle le nombre arbitraire « nombre générateur », les autres « nombres figurés du premier ordre, du second ordre, etc. »; quand le nombre générateur est l'unité, il donne aux nombres figurés, suivant leur ordre, les noms de « naturels, triangulaires, pyramidaux, triangulo-triangulaires, etc. »; son triangle est donc ce que Bossut [1] a appelé fort justement un « arbre généalogique » des nombres figurés.

De la disposition des nombres dans le triangle et de leur loi de formation, Pascal a déduit, comme en se jouant, une foule d'énoncés remarquables et même, dit-il [2], « j'en laisse bien plus que je n'en donne; c'est une chose étrange combien il (*ce triangle*) est fertile en propriétés! Chacun peut s'y exercer ».

Bernouilli [3] s'étonne qu'une des plus belles applications du triangle de Pascal, la formation des puissances du binôme, ait échappé à l'inventeur. Ce reproche est certes mal fondé, car tout un chapitre du « Traité du triangle arithmétique » est consacré à son usage pour « trouver les puissances des binômes et apotomes [4] ».

Pascal se borne, il est vrai, à indiquer sommairement, et sans démonstration, comment son triangle permet de résoudre la question : « La chose est évidente d'elle-même [5] », dit-il. D'ailleurs, depuis Viète [6], on savait former les puissances du binôme; et de l'aveu même de Pascal dans le chapitre en question, plusieurs de ses contem-

---

[1]. *Essai sur l'Histoire générale des Mathématiques*, Louis, Paris, 1802, t. I, p. 277.

[2]. *Divers usages du triangle arithmétique dont le générateur est l'unité*, p. 251 et 252.

[3]. *Œuvres*, t. IV, *lettre à M. de Montmort*.

[4]. On appelait « apotomes » les expressions de la forme (a-b).

[5]. P. 268.

[6]. 1540-1603.

porains, notamment Hérigone, avaient déjà donné des démonstrations du procédé à employer.

Mais pour Pascal, comme pour Viète et Hérigone, il ne s'agissait que de ce que nous appelons aujourd'hui des puissances entières et positives ; de plus, pour en obtenir une, ils étaient forcés de développer préalablement toutes celles de degré inférieur. Newton [1], en utilisant la notation des exposants, complètement généralisée par Wallis, devait trouver sa célèbre formule, qui s'applique à toutes les puissances du binôme, entières ou fractionnaires, positives ou négatives, et permet de former immédiatement une quelconque d'entre elles.

Pascal, pouvant développer les puissances successives, entières et positives, du binôme, fut naturellement conduit à rechercher les sommes successives des puissances semblables, entières et positives, des termes d'une progression arithmétique. La branche de l'analyse qui a pour objet de sommer certaines suites de nombres était connue depuis Maurolic [2] ; on savait sommer les n premiers nombres, leurs carrés et même leurs cubes, mais par des méthodes inapplicables aux sommes des puissances supérieures à la troisième. Le problème étudié par Pascal avait déjà préoccupé Wallis dans le cas où le premier terme et la raison de la progression sont égaux à l'unité. Un appendice au « De numericis ordinibus tractatus », intitulé « Potestatum numericarum summa », le résout dans toute sa généralité. La méthode employée est différente de celle qu'on enseigne main-

1. 1642-1727.
2. 1494-1575.

tenant. Comme Pascal ne connaît pas l'expression du terme général d'une puissance du binôme, il conserve dans ses démonstrations leurs valeurs numériques aux coefficients et suppose, dans la règle pratique qu'il énonce comme conclusion, que l'on a préalablement développé une puissance déterminée d'un certain binôme et pris note des coefficients. Mais, résultat digne d'admiration, cette règle pratique n'est en somme que la traduction en langage ordinaire de la formule utilisée aujourd'hui !

Nous verrons plus loin, à propos des travaux qui ont conduit Pascal si près du calcul intégral, que les sommations ainsi obtenues lui ont permis de quarrer les paraboles de tous les degrés par la méthode des indivisibles.

IV. — LE CALCUL DES PROBABILITÉS.

Le calcul des probabilités est né de deux problèmes posés à Pascal par un bel esprit de ses amis, sans doute plus acharné joueur que bon analyste, le chevalier de Méré[1]. Certes, depuis longtemps, on avait la notion de l'importance qu'ont dans les jeux, pour le réglage des enjeux et des paris, les rapports des nombres de cas favorables ou non aux joueurs. Mais c'était une audacieuse entreprise qu'essayer de soumettre pour la première fois à l'analyse des événements qui dépendent du hasard

---

1. Galilée avait été, cinquante ans plus tôt, invité par un amateur de jeu à s'occuper d'un problème de même genre. Voir Bertrand, *Les lois du hasard* (*Revue des Deux-Mondes* du 15 avril 1884).

et paraissent devoir, plus que tout autre objet, échapper forcément au calcul. Pascal et Fermat la tentèrent avec succès.

« En combien de coups peut-on espérer faire sonnez [1] avec deux dés? » Tel était le premier problème du chevalier de Méré. Il présente peu de difficultés. Pascal, Fermat et Roberval le résolurent facilement, mais la solution de Pascal ne nous est pas restée. Il est vraisemblable que, par les seules ressources du bon sens, de Méré en trouva une qui devait être exacte, si on en juge par une phrase d'une lettre de Pascal à Fermat[2]. Il s'attaqua alors à d'autres problèmes analogues tels que celui-ci : « En combien de coups peut-on espérer faire une rafle[3] avec deux dés? » et les résolut également.

Mais le suivant l'arrêta : « Dans un jeu de hasard tout à fait égal, deux joueurs jouant une partie en un certain nombre de points, en ont déjà chacun un nombre inégal et veulent rompre la partie sans l'achever. On demande de déterminer les partis des joueurs, c'est-à-dire comment ils doivent partager équitablement l'enjeu. » Les parts doivent être évidemment proportionnelles aux probabilités respectives de gagner la partie; ces probabilités inconnues dépendent des nombres connus des points qui manquent à chaque joueur pour atteindre

---

1. C'est-à-dire amener deux six.
2. « Il me disoit... si on entreprend de faire sonnez avec deux dés, il y a désavantage de l'entreprendre en 24 (coups). » (*Lettre de Pascal à Fermat* du 29 juillet 1654, p. 223.)
3. C'est-à-dire amener le même point avec chaque dé.

le nombre convenu et le problème consiste à déterminer les probabilités en fonction de ces nombres.

De Méré n'était pas de taille à le résoudre : « Il a très bon esprit, » écrivait Pascal, « mais il n'est pas géomètre ; c'est, comme vous savez, un grand défaut ; et même il ne comprend pas qu'une ligne mathématique soit divisible à l'infini, et croit fort bien entendre qu'elle est composée de points en nombre fini, et jamais je n'ai pu l'en tirer ; si vous pouviez le faire, on le rendroit parfait[1]. » Roberval lui-même n'eut pas plus de succès que de Méré. Pascal avait transmis l'énoncé à Fermat et tous deux réussirent presque en même temps. Fermat communiqua le premier sa solution à son rival et celui-ci répondit par l'envoi de la sienne. A partir de ce moment, l'histoire des origines du calcul des probabilités est tout entière dans les six admirables lettres qui nous sont restées de la correspondance échangée par eux dans les derniers mois de 1654. Il faut croire que celle de Pascal avec de Méré fut moins active ; une lettre, tantôt intéressante, tantôt ridicule, de ce dernier est parvenue jusqu'à nous[2].

« L'impatience me prend aussi bien qu'à vous, » écrit

---

[1] *Lettre de Pascal à Fermat* du 29 juillet 1654, p. 223. Voir p. 90 et suivantes du présent ouvrage.

2. Lettre citée par Bossut dans son *Discours sur la vie et les ouvrages de Pascal*, ajouté au tome second de l'*Essai sur l'Histoire générale des Mathématiques*, Louis, Paris, 1802, et par Havet dans son édition des *Pensées de Pascal*, Delagrave, 1883, p. 5 : « Les démonstrations de la géométrie sont le plus souvent fausses,... elles empêchent d'entrer dans des connaissances plus hautes qui ne trompent jamais,... de remarquer à la mine et à l'air des personnes qu'on voit quantité de choses qui peuvent beaucoup servir, etc. » Voir p. 90 et suivantes du présent ouvrage.

Pascal à Fermat le 29 juillet 1654 ; « et quoique je sois encore au lit, je ne puis m'empêcher de vous dire que je reçus hier au soir, de la part de M. de Carcavi, votre lettre sur les partis, que j'admire si fort que je ne puis vous le dire. Je n'ai pas le loisir de m'étendre ; mais en un mot vous avez trouvé les deux partis des dés et des parties dans la parfaite justesse : j'en suis tout satisfait ; car je ne doute plus maintenant que je ne sois dans la vérité, après la rencontre admirable où je me trouve avec vous... Mais parce que la peine des combinaisons est excessive, j'en ai trouvé un abrégé, et proprement une autre méthode bien plus courte et plus nette, que je voudrois pouvoir vous dire ici en peu de mots ; car je voudrois désormais vous ouvrir mon cœur, s'il se pouvoit, tant j'ai de joie de voir notre rencontre. Je vois bien que la vérité est la même à Toulouse et à Paris [1]. »

Pascal se trompait en estimant sa méthode « plus courte et plus nette ». Elle est fort ingénieuse et consiste au fond à rechercher l'« équation aux différences partielles » du problème [2] ; mais telle qu'il la présente, elle conduit quelquefois à d'inextricables raisonnements, et ne s'applique d'ailleurs qu'au cas de deux joueurs. Celle de Fermat, basée sur les combinaisons, est plus directe, plus générale et lui permit de résoudre le problème analogue dans le cas de trois joueurs. Pascal crut d'abord cette généralisation inexacte : « Je ne

---

1. *Lettre de Pascal à Fermat* du 29 juillet 1654, p. 220 et 221.
2. Voir Laplace, *Œuvres complètes*, t. VII, *Théorie analytique des probabilités, introduction*, p. XXV, XXXV, CXLV.

pus vous ouvrir ma pensée entière touchant les partis de plusieurs joueurs, par l'ordinaire passé, » écrit-il à Fermat le 24 août ; « et même j'ai quelque répugnance à le faire, de peur qu'en ceci, cette admirable convenance qui étoit entre nous, et qui m'étoit si chère, ne commence à se démentir ; car je crains que nous ne soyons de différens avis sur ce sujet. Je veux vous ouvrir toutes mes raisons, et vous me ferez la grâce de me redresser, si j'erre, ou de m'affermir, si j'ai bien rencontré. Je vous le demande tout de bon et sincèrement ; car je ne me tiendrai pour certain que quand vous serez de mon côté.[1] » Mais il y avait erreur en un point du raisonnement par lequel Pascal prétendait convaincre Fermat[2]. Celui-ci le lui fit remarquer et il l'avoua de bonne grâce dans la lettre du 27 octobre : « Votre dernière lettre m'a parfaitement satisfait ; j'admire votre méthode pour les partis, d'autant mieux que je l'entends fort bien ; elle est entièrement vôtre, et n'a rien de commun avec la mienne, et arrive au même but facilement. Voilà notre intelligence rétablie[3]. »

Dans l' « Usage du triangle arithmétique pour déterminer les partis qu'on doit faire entre deux joueurs qui jouent en plusieurs parties », Pascal expose d'abord une première solution du problème des partis, celle

---

1. *Lettre de Pascal à Fermat* du 24 août 1654, p. 226.

2. Voir Montucla, *Histoire des Mathématiques*, Agasse, Paris, 1802, t. III, p. 382.

3. *Lettre de Pascal à Fermat* du 27 octobre 1654, p. 235. Sur les relations de Pascal et Fermat, voir encore p. 64 du présent ouvrage.

dont nous venons de parler ; il y joint une seconde ainsi que des solutions de problèmes analogues, toutes basées sur la considération de son triangle arithmétique. Les deux principes[1] fondamentaux qu'il énonce au début du chapitre dérivent du simple bon sens dans le cas de circonstances absolument égales pour les deux joueurs. Bernouilli[2] et D'Alembert[3] ont recherché s'il ne faut pas les modifier quand ceux-ci sont dans des circonstances physiques ou morales différentes, par exemple dans le cas où leurs fortunes sont inégales.

Les recherches de Pascal et Fermat ne furent pas immédiatement publiées, mais firent sans doute quelque bruit parmi les savants de l'époque. Les énoncés, sinon les solutions, des problèmes traités par eux parvinrent à Huyghens qui s'y attaqua à son tour. En 1658, parut son « De ratiociniis in ludo aleæ ». On y trouve résolus les différents cas du problème des partis, par une méthode

---

1. Premier principe : « Si un des joueurs se trouve en telle condition que, quoi qu'il arrive, une certaine somme doit lui appartenir en cas de perte et de gain, sans que le hasard puisse la lui ôter ; il ne doit en faire aucun parti, mais la prendre entière comme assurée, parce que le parti devant être proportionné au hasard, puisqu'il n'y a nul hasard de perdre, il doit tout retirer sans parti. »
Deuxième principe : « Si deux joueurs se trouvent en telle condition que, si l'un gagne, il lui appartiendra une certaine somme, et s'il perd, elle appartiendra à l'autre ; si le jeu est de pur hasard, et qu'il y ait autant de hasards pour l'un que pour l'autre, s'ils veulent se séparer sans jouer, et prendre ce qui leur appartient légitimement, le parti est qu'ils séparent la somme qui est au hasard par la moitié, et que chacun prenne la sienne. »
2. *Anciens mémoires de l'Académie de St-Pétersbourg*, années 1730 et 1731, t. V, p. 175.
3. *Mélanges de Littérature*, t. V, et *Opuscules mathématiques*, t. II et V.

du reste analogue à celle de Pascal, ainsi que les solutions ou seulement les énoncés de quelques autres problèmes du même genre. Huyghens rend d'ailleurs justice à ses illustres contemporains et reconnaît formellement leurs droits de priorité[1]. C'est donc à tort qu'on a voulu quelquefois lui attribuer l'invention du calcul des probabilités; sa gloire est assez belle; il est inutile de la grandir en diminuant celle de Pascal et Fermat. Ceux-ci ne partagent avec personne l'honneur d'avoir ouvert à leurs successeurs une route féconde de l'analyse.

Pascal, apologiste de la religion chrétienne, a voulu préparer l'incrédule à recevoir la foi par un raisonnement basé sur les règles des partis. C'est là le fameux « pari de Pascal » qui a fait l'objet de tant d'études et de controverses[2].

On essaiera plus loin de montrer comment il est la conclusion naturelle de l'« Apologie » et quelle en est la valeur religieuse. On ne doit s'occuper ici que de sa valeur mathématique.

Le passage tout entier de Pascal[3] est à citer : « Examinons donc ce point, et disons : Dieu est, ou il n'est pas. Mais de quel côté pencherons-nous? La raison n'y peut rien déterminer. Il y a un chaos infini qui nous sépare. Il se joue un jeu, à l'extrémité de cette distance infinie, où il arrivera croix ou pile. Que gagerez-vous?

---

1. « Sciendum vero quod jampridem inter præstantissimos tota Gallia geometras calculus hic agitatus fuerit ne quis indebitam mihi primæ inventionis gloriam hac in re tribuat. »

2. Voir notamment Sully Prudhomme : *Le sens et la portée du pari de Pascal* (*Revue des Deux-Mondes* du 15 novembre 1890).

3. *Pensées*, article X, p. 173 à 179 de l'édition Havet, Delagrave, 1883.

Par raison, vous ne pouvez faire ni l'un ni l'autre; par raison, vous ne pouvez défendre nul des deux.

« Ne blâmez donc pas de fausseté ceux qui ont pris un choix; car vous n'en savez rien. — Non : mais je les blâmerai d'avoir fait, non ce choix, mais un choix; car, encore que celui qui prend croix et l'autre soient en pareille faute, ils sont tous deux en faute : le juste est de ne point parier.

« Oui, mais il faut parier : cela n'est pas volontaire, vous êtes embarqué. Lequel prendrez-vous donc? Voyons. Puisqu'il faut choisir, voyons ce qui vous intéresse le moins. Vous avez deux choses à perdre, le vrai et le bien; et deux choses à engager, votre raison et votre volonté, votre connaissance et votre béatitude; et votre nature a deux choses à fuir, l'erreur et la misère. Votre raison n'est pas plus blessée, puisqu'il faut nécessairement choisir, en choisissant l'un que l'autre. Voilà un point vidé; mais votre béatitude? Pesons le gain et la perte, en prenant croix, que Dieu est. Estimons ces deux cas : si vous gagnez, vous gagnez tout; si vous perdez, vous ne perdez rien. Gagez donc qu'il est, sans hésiter. — Cela est admirable : oui, il faut gager; mais je gage peut-être trop. — Voyons. Puisqu'il y a pareil hasard de gain et de perte, si vous n'aviez qu'à gagner deux vies pour une, vous pourriez encore gager. Mais s'il y en avait trois à gagner, il faudrait jouer (puisque vous êtes dans la nécessité de jouer), et vous seriez imprudent, lorsque vous êtes forcé à jouer, de ne pas hasarder votre vie pour en gagner trois à un jeu où il y a pareil hasard de perte et de gain. Mais il y a une éternité de vie et de bonheur. Et cela étant, quand il y aurait une infinité de hasards dont un seul serait pour vous, vous auriez encore raison de gager un pour avoir deux, et vous agiriez de mauvais sens, étant obligé à jouer, de refuser de jouer une vie contre trois à un jeu où d'une infinité de hasards il y en a un pour vous, s'il y avait une infinité de vie infiniment heureuse à gagner. Mais il y a ici une infinité de vie infiniment heureuse à gagner, un hasard de gain contre un nombre fini de hasards de perte, et ce que vous jouez est fini. Cela est tout parti : partout où est l'infini, et où il n'y a pas infinité de hasards de perte contre celui de gain, il n'y a point à balancer, il faut tout donner. Et ainsi, quand on est forcé à jouer, il faut renoncer à la raison, pour garder la vie plutôt que de la hasarder pour le gain infini, aussi prêt à arriver que la perte du néant.

« Car il ne sert de rien de dire qu'il est incertain si on gagnera, et qu'il est certain qu'on hasarde; et que l'infinie distance qui est entre la certitude de ce qu'on s'expose, et l'incertitude de ce qu'on gagnera, égale le bien fini qu'on expose certainement, à l'infini qui est incertain. Cela n'est pas ainsi : tout joueur hasarde avec certitude pour gagner avec incertitude, et néanmoins il hasarde certainement le fini pour gagner incertainement le fini, sans pécher contre la raison. Il n'y a pas infinité de distance entre cette certitude de ce qu'on s'expose et l'incertitude du gain; cela est faux. Il y a, à la vérité, infinité entre la certitude de gagner et la certitude de perdre. Mais l'incertitude de gagner est proportionnée à la certitude de ce qu'on hasarde, selon la proportion des hasards de gain et de perte ; et de là vient que, s'il y a autant de hasards d'un côté que de l'autre, le parti est à jouer égal contre égal ; et alors la certitude de ce qu'on s'expose est égale à l'incertitude du gain : tant s'en faut qu'elle en soit infiniment distante. Et ainsi notre proposition est dans une force infinie, quand il y a le fini à hasarder à un jeu où il y a pareils hasards de gain que de perte, et l'infini à gagner. »

De nombreux mathématiciens ont contesté la rigueur mathématique du pari de Pascal. On ne saurait mieux faire que de rappeler ici comment Laplace[1] a résumé cette argumentation et en a montré le point faible :

« Ici se présente naturellement la discussion d'un argument fameux de Pascal, que Craig[2], mathématicien anglais, a reproduit sous une forme géométrique. Des témoins attestent qu'ils tiennent de la Divinité même qu'en se conformant à telle chose on jouira, non pas d'une ou de deux, mais d'une infinité de vies heureuses. Quelque faible que soit la probabilité des témoignages, pourvu qu'elle ne soit pas infiniment petite, il est clair que l'avantage de ceux qui se conforment à la chose prescrite est infini, puisqu'il est le produit de cette probabilité par un bien infini ; on ne doit donc point balancer à se procurer cet avantage.

---

1. *Œuvres complètes*, t. VII, *théorie analytique des probabilités*, *Introduction*, p. LXXXVII et LXXXVIII.
2. Mathématicien anglais de la fin du XVIIe siècle, auteur d'un livre bizarre « Theologiæ christianæ principia mathematica » (1699).

« Cet argument est fondé sur le nombre infini des vies heureuses promises au nom de la Divinité par les témoins ; il faudrait donc faire ce qu'ils prescrivent, précisément parce qu'ils exagèrent leurs promesses au delà de toutes limites, conséquence qui répugne au bon sens. Aussi le calcul nous fait-il voir que cette exagération même affaiblit la probabilité de leur témoignage, au point de la rendre infiniment petite ou nulle. En effet, ce cas revient à celui d'un témoin qui annoncerait la sortie du numéro le plus élevé, d'une urne remplie d'un grand nombre de numéros dont un seul a été extrait, et qui aurait un grand intérêt à annoncer la sortie de ce numéro. On a vu précédemment[1] combien cet intérêt affaiblit son témoignage. En n'évaluant qu'à 1/2 la probabilité que, si le témoin trompe, il choisira le plus grand numéro, le calcul donne la probabilité de son annonce plus petite qu'une fraction dont le numérateur est l'unité, et dont le dénominateur est l'unité plus la moitié du produit du nombre des numéros, par la probabilité du mensonge, considérée *a priori* ou indépendamment de l'annonce. Pour assimiler ce cas à celui de l'argument de Pascal, il suffit de représenter par les numéros de l'urne tous les nombres possibles de vies heureuses, ce qui rend le nombre de ces numéros infini, et d'observer que, si les témoins trompent, ils ont le plus grand intérêt, pour accréditer leur mensonge, à promettre une éternité de bonheur. L'expression de la probabilité de leur témoignage de-

---

1. Page LXXX.

vient alors infiniment petite. En la multipliant par le nombre infini de vies heureuses promises, l'infini disparaît du produit qui exprime l'avantage résultant de cette promesse, ce qui détruit l'argument de Pascal. »

V. — LA ROULETTE ; PASCAL PRÉCURSEUR DU CALCUL INTÉGRAL.

Nous arrivons enfin aux travaux de Pascal sur la roulette. On sait la place considérable occupée par cette courbe dans les recherches mathématiques du dix-septième siècle. Elle doit sa célébrité autant à ses nombreuses et remarquables propriétés qu'aux querelles fameuses qu'elle a suscitées, méritant d'être appelée par Montucla l' « Hélène » ou la « pomme de discorde » des géomètres. Tout a été dit sur elle, depuis Groningius[1] et Carlo Dati[2] jusqu'à Bertrand[3] ; nous n'avons donc nullement la prétention d'analyser les innombrables écrits qu'elle a fait naître, même en n'en retenant que ce qui concerne spécialement Pascal. La question de la roulette est d'ailleurs étroitement liée à celle, plus générale, des origines du calcul intégral. Au temps de Pascal, tout comme aujourd'hui, des procédés sommatoires étaient indispensables pour la rectification des lignes courbes, la quadrature des surfaces planes ou courbes et la cubature des volumes, problèmes suggérés par la considération de la roulette ou d'autres

---

1. *Historia cycloidis.* — 2. *Lettera a Philalethi.* — 3. Article dans le *Journal des Savants*, numéro de mai 1890.

courbes. On peut dire que chaque géomètre imagina alors les siens pour les appliquer aux cas particuliers qu'il avait en vue. Aussi, le Pascal précurseur du calcul intégral ne peut-il être séparé du Pascal qui, sous le nom de Dettonville, défiait tous les géomètres de l'Europe de trouver les solutions de certains problèmes sur la roulette. Nous les étudierons ensemble, après avoir donné un rapide aperçu des travaux antérieurs.

Cette étude ne peut être poussée bien loin si on s'interdit, ce qui est notre cas, toute formule, toute figure et tout développement exclusivement mathématique. Il faut se borner à l'historique des faits et à quelques généralités mathématiques indispensables. Le lecteur insuffisamment versé dans les sciences devra passer celles-ci, mais il pourra quand même s'intéresser à celui-là et se faire une idée du génie mathématique de Pascal et de quelques-uns de ses rivaux. En ce qui concerne le lecteur déjà assez au courant des questions de géométrie et d'analyse, notre but serait atteint si nous pouvions lui inspirer le désir d'approfondir, parmi les œuvres mêmes de Pascal, les opuscules qui accompagnent la « Lettre de Dettonville à Carcavi ». Il pourra se rendre compte des procédés sommatoires de Pascal et voir combien, si primitifs qu'ils nous paraissent aujourd'hui, ils étaient remarquables pour l'époque, puisqu'ils lui ont permis d'énoncer des théorèmes qui sont la traduction même de formules de notre calcul intégral dont certaines sont déjà très compliquées[1].

---

1. Jusqu'à des formules contenant des intégrales doubles et triples. Ce fait a été très bien mis en évidence par Marie. A ceux que les traités

a) *La méthode des indivisibles.*

On est tenté de s'imaginer aujourd'hui que notre analyse infinitésimale, telle que nous la connaissons et l'appliquons, dans ses deux grandes divisions du calcul différentiel et du calcul intégral, permet seule de résoudre les problèmes qui sont de son ressort. La méthode d'exhaustion, celle des indivisibles, celle des indéterminées de Descartes, celle des limites et des fluxions de Newton, sont peu connues malgré les services que chacune a rendus dans son temps.

La méthode d'exhaustion est la plus ancienne. Pour arriver à la connaissance d'une courbe par exemple, les géomètres de l'antiquité imaginaient un polygone inscrit à la courbe et un polygone circonscrit; ils les étudiaient en supposant que le nombre de leurs côtés augmente, tandis que les longueurs de ces côtés diminuent; ils avaient ainsi une idée de plus en plus approchée de la courbe, toujours comprise entre les deux polygones, et arrivaient, en raisonnant par continuité, à découvrir exactement ses propriétés. Pour les

---

géométriques de Pascal rebuteraient à première lecture par suite de l'archaïsme de la forme, on ne saurait trop conseiller de les étudier d'abord dans Marie (*Histoire des Sciences mathématiques et physiques*, t. IV, p. 187 et suivantes). Marie, quelque inégal et incomplet sur certains points qu'on puisse le juger, a un mérite rare : Il a complètement lu les principales des œuvres dont il parle (de préférence les œuvres mathématiques). Dans son histoire, il donne de chacune une analyse qui la suit pas à pas. Quand l'œuvre n'est pas écrite en français ou est d'un style vieilli, cette analyse, véritable traduction résumée et commentée, facilite singulièrement l'étude de l'original.

surfaces et les volumes, ils usaient de méthodes analogues.

Au début du dix-septième siècle apparaît la méthode des indivisibles. Le milanais Cavalieri[1] l'applique dès 1629 et l'expose en 1635 dans sa « Geometria indivisibilibus continuorum nova quidam ratione promota ». A la même époque, en France, Roberval est en possession d'une méthode analogue; mais, suivant son habitude, il ne publie rien, car il aimait faire mystère de ses découvertes et détestait écrire, ayant quelque peine à s'exprimer nettement. Il se contente de réclamer par une lettre de 1644 à Torricelli[2] des droits de priorité discutables. Le « Traité des indivisibles », publié seulement après sa mort[3], montre bien qu'il avait puisé sa méthode dans son propre fonds; mais en voulant, comme il dit, s'en réjouir « juveniliter » et la garder « in petto », il avait laissé à Cavalieri l'honneur de la découverte.

La méthode des indivisibles ne correspond qu'à notre calcul intégral limité à l'intégration des fonctions différentielles. On comprend aisément pourquoi ce dernier est né, somme toute, avant le calcul différentiel : rectifier des lignes courbes, quarrer des surfaces planes ou courbes, cuber des volumes sont des problèmes qui se sont forcément posés de tout temps tandis que ceux du calcul différentiel viennent moins naturellement à l'esprit.

1. 1598-1647.
2. *Anciens Mémoires de l'Académie*, t. 6.
3. Premier volume de *Mémoires* publié par l'Académie des Sciences.

Le calcul intégral n'est au fond que l'inverse du calcul différentiel, puisqu'il revient toujours à chercher si les fonctions placées sous le signe *somme* ne sont pas des différentielles de fonctions connues. Au contraire, dans la méthode des indivisibles, les sommations se faisaient directement.

Dans sa « Geometria » de 1635, Cavalieri imagine les lignes, les surfaces et les volumes comme décomposés en un nombre infini d'éléments qu'il appelle des indivisibles, c'est-à-dire qu'il considère comme représentant le dernier terme de la décomposition. Pour les lignes, ces indivisibles sont des points placés côte à côte ; pour les surfaces, ce sont des droites parallèles juxtaposées ; pour les volumes, des plans parallèles empilés. Ainsi présentées, les hypothèses sur lesquelles repose la méthode paraissent évidemment absurdes et Cavalieri est forcé d'avouer qu'il ne peut donner de démonstration rigoureuse de celle-ci. Attaqué par Guldin[1], il la compléta et la justifia en 1640 dans ses « Exercitationes geometricæ sex », faisant voir qu'elle est au fond une transformation heureuse de la méthode d'exhaustion. Le seul défaut de Cavalieri était de s'exprimer « d'une manière un peu dure pour des oreilles accoutumées à l'expression géométrique[2] ». Ses indivisibles sont ce que nous appelons aujourd'hui des lignes, des surfaces ou des volumes élémentaires qui décroissent indéfiniment à mesure que leur nombre augmente

---

1. 1577-1643.
2. Montucla, *Histoire des Mathématiques*, t. II, Agasse, Paris, an VI, p. 38.

indéfiniment. (C'est ainsi que Roberval l'entend dans sa lettre de 1644 à Torricelli.) Il ne faut voir dans les hypothèses de Cavalieri qu'un moyen commode d'abréger le discours. Il faisait, en somme, abstraction d'une dimension des indivisibles qu'il suffit de rétablir dans ses raisonnements pour leur rendre la rigueur qui paraît leur manquer.

Les grands géomètres de son temps ne s'y sont pas trompés et ont pratiqué la méthode en se faisant une idée très exacte de son esprit. Mais, comme Cavalieri, ils sous-entendaient constamment dans leurs démonstrations les différentielles des variables, ce que nous appellerions aujourd'hui dx, dy, dz, ds,..... et les supposaient implicitement égales entre elles. Pascal est formel à cet égard : « Tout ce qui est démontré par les véritables règles des indivisibles, se démontrera aussi à la rigueur et à la manière des anciens; et ainsi l'une de ces méthodes ne diffère de l'autre qu'en la manière de parler : ce qui ne peut blesser les personnes raisonnables quand on les a une fois averties de ce qu'on entend par là. Et c'est pourquoi je ne ferai aucune difficulté, dans la suite, d'user de ce langage des indivisibles, *la somme des lignes*, ou *la somme des plans*;..... je ne ferai aucune difficulté d'user de cette expression, *la somme des ordonnées*,... puisqu'on n'entend autre chose par là sinon la somme d'un nombre indéfini de rectangles faits de chaque ordonnée avec chacune des petites portions égales du diamètre, dont la somme est certainement un plan..... De sorte que quand on parle de *la somme d'une multitude indéfinie de lignes,* on a toujours égard à une certaine droite, par les portions égales et indéfinies de laquelle elles soient multipliées[1]. » Pascal et Roberval négligent sans cesse les quantités infiniment petites vis-à-vis des quantités finies : « *Une grandeur continue d'un certain ordre n'augmente pas,* » dit Pascal, « *si on lui ajoute des quantités d'un ordre inférieur en tel nombre qu'on voudra,* » et il ajoute en s'exprimant comme Cavalieri : « Ainsi par exemple une somme de lignes n'augmente pas plus par l'addition d'une somme de points, qu'une somme de surfaces n'augmente par l'addition d'une somme de lignes ou une somme de solides par l'addition d'une somme de surfaces [2]. » Roberval emploie sans cesse les expressions « infini » et « infiniment petit » absolument dans le sens que nous leur attribuons aujourd'hui. La notion de l'infini mathématique était donc familière aux géomètres de l'époque[3].

Ne pouvant faire que des démonstrations géométriques, ils ont déployé une habileté véritablement éton-

---

[1]. *Lettre de Dettonville à Carcavi*, p. 372.
[2]. *Potestatum numericarum summa*, p. 311.
[3]. Au sujet de l'idée de l'infini dans Pascal, voir *Pensées* (édition Havet, Delagrave, 1883, article I, 1 ; article XXV, 3), ainsi que *De l'esprit géométrique* (même édition, p. 536 et suivantes, cité en partie, p. 90 et suivantes du présent ouvrage). Voir enfin p. 92 et suivantes du présent ouvrage. Dans tout le passage de l'opuscule *De l'esprit géométrique* indiqué ci-dessus, Pascal prend le mot « indivisible » au sens bien précis qu'il avait depuis Cavalieri pour les géomètres de son temps. Deux indivisibles ne sont donc ni « deux portions de pur espace », ni « plutôt deux atomes réels, deux petits corps » ; et Pascal n'entend pas (p. 541) prouver que le « point géométrique, et en général les figures géométriques pures sont des idées sans réalité », mais seulement faire voir l'absurdité qu'il y aurait à prendre les hypothèses de Cavalieri au pied de la lettre.

nante dans l'application de la méthode des indivisibles. En général, Cavalieri opérait comme il suit : Étant donnés par exemple deux solides, l'un de volume inconnu, il admettait que le rapport de leurs volumes est égal à la valeur limite de celui des sommes de leurs indivisibles, en nombre infini, et obtenait le volume du second en cherchant cette limite par des considérations purement géométriques. En opérant d'une façon analogue pour les surfaces, il arriva à quarrer les paraboles jusqu'à celles du quatrième degré et établit par analogie la règle pour celles de degré quelconque. Wallis, par une méthode qui est au fond celle des indivisibles, entrevit clairement que le problème de la quadrature de la parabole de degré m revient à trouver la limite pour $n = \infty$ du rapport de la somme des $m^{ièmes}$ puissances des nombres entiers de 1 à n à n fois la $(m+1)^{ième}$ puissance du dernier, mais ne parvint, lui aussi, à la formule générale qu'en opérant de proche en proche. En obtenant, comme on l'a vu plus haut[1], les sommes successives des puissances semblables, entières et positives, des termes d'une progression arithmétique, Pascal résolut du même coup la question dans toute sa généralité. Fermat et Descartes y parvenaient en même temps par d'autres voies.

Les détails précédents sur les progrès de la géométrie infinitésimale entre les mains des contemporains de Pascal permettront de comprendre exactement ce qui fait l'originalité de celui-ci dans les profondes re-

---

1. Voir p. 150 du présent ouvrage.

cherches que lui inspira la roulette. Il n'a rien modifié au principe de la méthode des indivisibles et l'a sans cesse appliquée en se rendant, comme on l'a vu, parfaitement compte de sa portée; Cavalieri avait déjà considéré ce que Pascal appelle des « onglets », Tacquet[1] et Huyghens s'en servaient à la même époque. Mais là où Pascal se révèle supérieur, c'est dans les procédés géométriques qu'il était, comme eux, forcé d'employer pour obtenir les limites de sommes d'éléments infiniment petits en nombre infini. Son génie a pu se donner libre carrière et résoudre les problèmes les plus difficiles que la géométrie se soit posés jusqu'à lui.

b) *Travaux sur la roulette antérieurs à Pascal.*

La roulette avait déjà été l'objet de nombreuses recherches quand Pascal commença à s'en occuper. Connue d'après Wallis dès 1451 par le cardinal de Cusa, étudiée par Galilée qui essaya de la quarrer en la comparant par des pesées à son cercle générateur, elle avait été mise à la mode en France par le P. Mersenne. En 1628, il propose à Roberval le problème de la quadrature de l'aire totale de la roulette; celui-ci le résout en 1634 et appelle la courbe « trochoïde », tandis qu'en même temps Beaugrand lui donne le nom de « cycloïde » qui lui est resté; en 1638, apprenant du P. Mersenne le succès obtenu par Roberval, Descartes lui répond par l'envoi

---

1. Jésuite belge, 1612-1660.

d'une solution à lui, d'où querelle entre Descartes et Roberval, que ce dernier envenime aussitôt.

Descartes trouve immédiatement après la tangente à la roulette au moyen d'une méthode géométrique élégante, devenue plus tard la base de la théorie des centres instantanés de rotation ; il fait proposer par Mersenne le problème à son adversaire et à Fermat : Roberval, après de nombreux efforts infructueux, le résout par sa méthode originale des « mouvements composés », si mal expliquée d'abord par lui qu'elle fut longtemps discutée ; en même temps Fermat en donne une solution par la méthode « de maximis et minimis » qui lui a valu d'être regardé par d'Alembert, Laplace et Lagrange comme le véritable inventeur du calcul différentiel : autre querelle, bientôt apaisée, entre Descartes et lui.

Enfin, en 1644, Roberval découvre la cubature des volumes engendrés par la courbe entière tournant autour de son axe ou de sa base.

La même année, Torricelli, dans un appendice à ses « Opuscula geometrica », publie à son tour une solution du problème de la quadrature de la courbe ; Roberval réclame ses droits de priorité, Torricelli répond et la querelle ne prend fin qu'en 1646 ; si les droits de priorité résident dans l'antériorité de la découverte, ceux de Roberval étaient incontestables puisque dès 1637, Mersenne, à la fin de son « Harmonie universelle », cite la découverte de Roberval[1].

---

1. Il est curieux de constater les variations de Pascal suivant les besoins de sa cause. Dans l'« Histoire de la roulette », il prend violemment parti pour Roberval contre Torricelli (voir p. 172 du présent ouvrage).

c) *Premières interventions de Pascal dans les polémiques suscitées par la roulette.*

Certainement Pascal, avant d'entrer lui-même en scène, s'intéressa aux débats provoqués par la roulette. Il est difficile de croire, comme il l'affirme dans son « Histoire de la roulette [1] », qu'il ait ignoré jusqu'en 1658 le rôle important de Roberval, plus âgé que lui de vingt-un ans, mais ami de son père et le sien, avec qui il entretenait des relations suivies [2]. L' « Histoire de la roulette », publiée en 1658, est visiblement inspirée par Roberval.

L'amitié de Pascal le porte d'abord à attribuer à la solution de Roberval pour la tangente à la roulette une supériorité exagérée sur celles de Fermat et de « feu M. Descartes ».

Il accuse ensuite formellement Torricelli de plagiat envers Roberval. Torricelli aurait trouvé la solution de celui-ci dans les papiers de Galilée auquel « feu M. de Beaugrand » l'aurait communiquée en 1638. Tout comme à Descartes, il était difficile à Beaugrand de protester ! Montucla et même Bossut, si enclin d'ordinaire à l'indulgence pour son héros, n'ont point admis l'accusation. Mais Montucla a parlé de la « fulminante et pédantesque » lettre de Roberval, Marie a affirmé que « Roberval passa bientôt d'une discussion modérée aux plus violentes

---

Dans la « Suite de l'histoire de la roulette, etc. » (p. 178), pour défendre Roberval contre le P. Lallouère, il soutient avec beaucoup de force que les droits de priorité résident dans l'antériorité de la publication.

1. P. 333.
2. Voir p. 114 du présent ouvrage.

injures » et Bossut va jusqu'à dire que « Torricelli conçut un tel chagrin de cette accusation de plagiat qu'il en mourut à la fleur de son âge ». Bertrand a montré au contraire que la discussion entre Torricelli et Roberval n'a pas dépassé les bornes de la courtoisie. Leurs lettres ont été publiées. Elles « ne prouvent rien de contraire à la bonne foi de Torricelli. Roberval, écrivant à Torricelli, n'a pas l'impertinence de l'accuser de plagiat, et Torricelli répondant à des réclamations exprimées en termes courtois, accepte avec politesse les assertions de Roberval, sans avoir à défendre sa loyauté[1] ». « Il serait cruel, » a dit Condorcet, « d'être obligé de suspecter Pascal de mauvaise foi. » On y est cependant bien forcé en cette circonstance, surtout quand on remarque ses variations d'opinion sur Torricelli : En 1651[2], Torricelli est pour lui « un génie si illustre, et dont nous avions déjà reçu des productions en géométrie, qui surpassent toutes celles de l'antiquité ». En 1658[3], il le met bien au-dessous de Roberval et le traite par l'ironie en rapportant ses tentatives malheureuses pour résoudre certains problèmes sur la roulette. Ici encore, les raisons de sa conduite doivent être recherchées dans son amitié pour Roberval et une secrète jalousie envers Torricelli que l'on a vue déjà être fort vraisemblable[4].

1. Article dans le *Journal des Savants*, n° de mai 1890.
2. *Lettre à M. de Ribeyre* du 12 juillet 1651, p. 77.
3. *Histoire de la roulette*, p. 339.
4. Voir p. 131.

d) *Défi adressé aux géomètres contemporains par Pascal, ses polémiques et ses travaux sur la roulette.*

La roulette était quelque peu délaissée des géomètres depuis douze ans, quand Pascal ramena avec éclat l'attention sur elle en 1658. Tout comme sa nièce Marguerite Périer[1], sa sœur Gilberte Pascal (Mme Périer) nous apprend, dans sa « Vie de Blaise Pascal », comment il chercha dans l'étude de cette courbe une diversion à ses souffrances, et comment son ami, le duc de Roannez, homme pieux et d'ailleurs versé dans les mathématiques, l'engagea à publier le résultat de ses méditations, pour prouver qu'on peut être à la fois géomètre de génie et chrétien ardent : « Ce renouvellement de ses maux commença par un mal de dents qui lui ôta absolument le sommeil. Dans ses grandes veilles il lui vint une nuit dans l'esprit, sans dessein, quelques pensées sur la proposition de la roulette. Cette pensée étant suivie d'une autre, et celle-ci d'une autre, enfin une multitude de pensées qui se succédèrent les unes aux autres, lui découvrirent comme malgré lui la démonstration de toutes ces choses, dont il fut lui-même surpris. Mais comme il y avait longtemps qu'il avait renoncé à toutes ces connaissances, il ne s'avisa pas seulement de les écrire : néanmoins en ayant parlé par occasion à une personne à qui il devait toute sorte de déférence, et par respect et par reconnaissance de l'affection dont il l'honorait, cette personne, qui est aussi considérable par sa piété que par les éminentes qualités

---

1. Voir p. 62 du présent ouvrage.

de son esprit et par la grandeur de sa naissance, ayant formé sur cela un dessein qui ne regardait que la gloire de Dieu, trouva à propos qu'il en usât comme il fit, et qu'ensuite il le fît imprimer[1]. »

Sous le nom d'A. Dettonville[2], Pascal adressa en latin, en juin 1658, une circulaire à tous les géomètres en renom, bientôt suivie d'une seconde, destinée à préciser certains points[3]. Il leur demandait de trouver l'aire d'un demi-segment de la roulette « ordinaire[4] » et son centre de gravité, les volumes des solides qu'il engendre en tournant autour de l'axe, puis autour de la base, leurs centres de gravité, enfin les centres de gravité des quatre solides partiels obtenus en coupant les précédents par un plan mené par l'axe. Les solutions devaient être reçues avant le 1er octobre. M. de Carcavi, conseiller du roi, assisté d'un jury de personnes compétentes, devait les juger et Pascal déclarait avoir déposé entre ses mains deux prix de 40 et 20 pistoles destinés aux auteurs des solutions jugées les meilleures et les premières en date. Il suffisait de traiter complètement deux cas particuliers indiqués par Pascal et de prouver dans les autres cas que « les données suffisent pour déterminer

---

1. *Vie de Blaise Pascal*, par Mme Périer, édition Havet des *Pensées de Pascal*, Delagrave, 1883, p. x.

2. Amos Dettonville, anagramme de Louis de Montalte, pseudonyme sous lequel Pascal avait publié les « Provinciales », en 1656.

3. Les deux circulaires (textes latin et français de Pascal) sont réunies dans les œuvres de Pascal sous les titres « Problemata de cycloide proposita mense junii 1658 » et « Problèmes sur la cycloïde, proposés en juin 1658 ». Voir p. 62 du présent ouvrage.

4. Ainsi nommée pour la distinguer de la cycloïde « allongée » et de la cycloïde « accourcie ».

toutes les choses demandées; en sorte qu'il soit facile...
de déduire l'une quelconque de ces choses de celles qui
sont renfermées dans l'énoncé[1] », c'est-à-dire, en somme,
d'énoncer la solution (ce que nous exprimerions aujourd'hui en disant : donner la formule), quitte à en fournir
plus tard la démonstration détaillée, lorsqu'on serait
moins pressé par le temps.

Les problèmes de Pascal étaient d'une difficulté bien
supérieure à ceux résolus avant lui sur la roulette. Il
demandait des quadratures et des cubatures dont ses
prédécesseurs n'avaient pu traiter que des cas particuliers à l'aide de méthodes ingénieuses mais non générales.

Au 1er octobre, Carcavi est absent de Paris : le jury
ne peut se réunir. Pascal l'annonce le 7 dans ses « Réflexions sur les conditions des prix attachés à la solution
des problèmes concernant la cycloïde » ou « Annotata
in quasdam solutiones problematum de cycloide ». Cet
écrit vise, sans les nommer, l'illustre Wallis d'Oxford et
le P. de Lallouère[2], Jésuite de Toulouse. Le premier, dès
le mois d'août, avait réclamé contre le faible délai accordé aux concurrents : il pouvait se faire, remarquait-il,
« que leurs lettres, quoique écrites le 1er octobre, soient
très-longtemps en chemin, soit par les incommodités de
la saison, soit par celles de la guerre, soit enfin par les
tempêtes de mer qui peuvent arrêter, ou même faire périr
les vaisseaux qui les portent[3] ». Pascal lui répond d'un
ton assez haut : les prix « venant de ma pure libéralité,

---

1. P. 323. — 2. 1600-1664. — 3. P. 328.

j'ai pu disposer des conditions avec une entière liberté¹ ». Lallouère avait annoncé à Carcavi, vers la fin de septembre, qu'il avait résolu toutes les questions proposées et lui avait envoyé, à titre d'exemple, un calcul relatif à l'une d'entre elles. S'il faut en croire Pascal, le calcul est faux et n'est accompagné d'aucune explication qui puisse au moins faire supposer juste la méthode suivie ; bien plus, l'auteur l'a produit sciemment, pour gagner du temps et pouvoir ensuite tromper le jury sur la date où ses efforts auraient été couronnés de succès. Pascal le déclare exclu du concours : « Nous allons examiner, » conclut-il, « les calculs et les solutions des autres qui ont été reçus dans le temps². »

Trois jours après, paraît l'« Histoire de la roulette³ ». Pascal rend compte d'abord des envois de certains géomètres qui ont communiqué des résultats intéressants sans prétendre au prix. De Sluze avait déterminé l'aire totale de la roulette par une méthode nouvelle. Huyghens avait quarré le segment limité par une parallèle à la base, menée au quart de l'axe à partir du sommet. Le chevalier Wren, à la fois géomètre et grand architecte, à qui nous devons l'église Saint-Paul de Londres, avait quarré le même segment et de plus rectifié un arc quelconque de la courbe limité au sommet (Pascal affirme d'ailleurs⁴ que Roberval en avait déjà trouvé aupara-

---

1. P. 329. — 2. P. 333.

3. *Histoire de la roulette, appelée autrement trochoïde ou cycloïde, où l'on rapporte par quels degrés on est arrivé à la connoissance de cette ligne* ou *Historia trochoidis, sive cycloidis, gallice « la roulette » : in qua narratur quibus gradibus ad intimam illius lineæ naturam cognoscendam perventum sit.* — 4. P. 341.

vant la longueur par une méthode dérivée de celle des mouvements composés et Roberval lui-même, décidément coutumier de ce genre de réclamations, a revendiqué cette découverte[1]). Lallouère est aussi cité : Il aurait envoyé des solutions visiblement empruntées à Roberval. Quant aux concurrents pour les prix, on ne pourra les juger encore de quelque temps, Carcavi n'étant pas revenu. Pascal termine en proposant de nouveaux problèmes qui ne feront plus l'objet d'aucun prix : trouver la longueur et le centre de gravité d'un arc quelconque de la roulette limité au sommet (le premier de ces deux déjà résolu par Wren), les surfaces qu'il engendre en tournant autour de la base ou de l'axe d'une fraction de tour quelconque et leurs centres de gravité. Pascal annonce avoir résolu ces problèmes et avoir aussi rectifié les arcs de la roulette allongée ou accourcie.

Le 24 novembre, le jury se réunit enfin. Il existe un véritable procès-verbal de sa délibération[2]. Lallouère n'a rien envoyé de nouveau depuis septembre, il a même déclaré ne plus concourir ; par acquit de conscience, on examine son calcul et on y trouve des fautes grossières : « dans un solide aigu par une extrémité, et qui va toujours en s'élargissant vers l'autre, il assigne le centre de gravité vers l'extrémité aiguë[3] ». Reste seul

1. *Anciens Mémoires de l'Académie*, t. VI, *De trochoide*.
2 *Récit de l'examen et du jugement des écrits envoyés pour les prix proposés publiquement sur le sujet de la roulette, où l'on voit que ces prix n'ont point été gagnés, parce que personne n'a donné la véritable solution des problèmes.*
3. P. 350.

Wallis pour prétendre aux prix; son mémoire n'a pas plus de succès : non seulement l'auteur a commis des erreurs de calcul, mais sa méthode est fausse : « il raisonne de certaines surfaces indéfinies en nombre, et qui ne sont pas également distantes entre elles, de même que si elles l'étoient...... », il prend mal « les centres de gravité de certains solides élevés perpendiculairement sur des trapèzes[1] ». Bref, « les prix n'ont point été gagnés, parce que personne n'a donné la véritable solution des problèmes[2] ».

Tel est le récit des faits pris dans les œuvres de Pascal. La plupart des auteurs ont accepté aveuglément ses dires. D'autres[3] se sont montrés plus sévères envers lui.

Groningius, dans son « Historia cycloidis », a soutenu les prétentions de Wallis et celui-ci, dans son traité « De cycloide », a protesté lui-même contre la décision du jury. Mais le procès-verbal du 25 novembre est trop précis sur les erreurs de Wallis pour qu'on puisse les mettre en doute; il les a d'ailleurs lui-même reconnues, et quelque excuse qu'il en donne, il est bien difficile dès lors de lui donner raison.

Les erreurs de Lallouère sont tout aussi indéniables. Du reste, en lisant Pascal, on sent continuellement combien il est sûr de leur réalité et la joie qu'il en éprouve. Le Jésuite était sans aucun doute inférieur aux difficultés des problèmes proposés. Sa « Geometria promota in septem de cycloide libris », parue en 1660, est surtout

---

1. P. 351 et 352. — 2. P. 349.
3. Bertrand (article cité); Raoul Rosières (*La découverte de la cycloïde, Revue générale des Sciences*, 30 juillet 1890).

une vaste compilation, dénotant une faible originalité ; il y annonce (c'était son habitude) la publication à bref délai de la quadrature du cercle, et « que penser », comme disait Fontenelle, « d'un homme qui avait eu le malheur de faire une pareille découverte » ?

De plus, on ne peut accuser Pascal d'avoir voulu se dérober à l'obligation de payer les prix promis : c'était l'époque où, près de la mort, il vivait dans la pauvreté et dépensait son bien en aumônes.

Mais que de contradictions, d'obscurités apparaissent dans ses récits, quand on tente de les approfondir !

Le 7 octobre, il sent le besoin d'exposer longuement pourquoi Lallouère doit être exclu du concours[1] ; le 10, il le range parmi ceux qui ne prétendent pas aux prix[2] ; faut-il croire que le Jésuite s'est précisément désisté dans l'intervalle ? Comment ces trois jours ont-ils suffi à Pascal pour étudier à fond les envois de Sluze, Huyghens, Wren et de Lallouère ? (C'est le 10 qu'il en rend compte[3] alors que le 7 il était seulement sur le point de les examiner[4].) En juin, il promet de publier ses propres solutions le 1er octobre, mais en ajoutant cette condition qui prête à bien des équivoques : « si personne n'a résolu nos problèmes[5] ». Or le 1er octobre, le jury ne se réunit pas ; Pascal en profite pour se contenter de communiquer ses solutions à Carcavi, Roberval et au notaire Galois[6] ; il attend encore trois mois pour les rendre publiques en y joignant celles de ses nouveaux problèmes ! Dans l'intervalle, il lance le

---

1. Pages 176 et suivantes. — 2. P. 340. — 3. P. 340, 341. — 4. P. 333. — 5. P. 325. — 6. P. 333, 342.

12 décembre contre le P. de Lallouère, mais sans le nommer, un violent réquisitoire[1] qui se réduit à ceci : « de Lallouère n'a répondu à aucune demande d'explications complémentaires sur ses solutions parce qu'il n'a rien trouvé et veut s'approprier les miennes ». Comme si le Jésuite ne pouvait pas dire à son tour avec autant de vraisemblance : « Si Pascal ne publie rien, c'est qu'il attend mon envoi pour donner mes solutions comme siennes ! »

Tout cela cause un certain étonnement. Il redouble à la lecture de deux lettres de Pascal à Lallouère, d'authenticité indiscutable, publiées en 1659 et signalées par Bertrand. Dans la première, Pascal loue le père d'avoir trouvé une méthode plus générale, dit-il, que celle de Roberval, en lui faisant remarquer qu'il soupçonne seulement quelques erreurs dans les calculs. Dans la seconde, il convient qu'un examen plus approfondi lui a montré la rigoureuse exactitude de ceux-ci.

Affirmer que Pascal a réellement joué un double jeu avec son adversaire, soupçonné de plagiat, pour l'amener à se découvrir et mieux le frapper ensuite, est une grave accusation qu'il est difficile de porter tant que de nouveaux documents n'auront pas éclairé à fond la question, mais il faut bien avouer qu'il donne, jusqu'ici, prise à tous les soupçons.

D'ailleurs, comme il a habilement disposé des con-

---

1. *Suite de l'histoire de la roulette, où l'on voit le procédé d'une personne qui avoit voulu s'attribuer l'invention des problèmes proposés sur ce sujet* ou *historiæ trochoidis sive cycloidis continuatio, in qua videre est cujusdam viri machinamenta qui se auctorem problematum super hac re propositorum erat professus.*

ditions de la lutte pour rester maître du champ de bataille! Il accorde à ses rivaux pour résoudre des problèmes qu'il a eu et a encore le loisir de méditer à l'aise, un délai bien insuffisant, étant données les lenteurs des communications à l'époque; de parti pris, il passe outre aux protestations de Wallis. Les juges sont ses amis sans aucun doute : c'est lui qui prend les décisions[1]; en l'absence de Carcavi, il a communication d'une partie au moins des mémoires envoyés[2]; il fait surveiller Lallouère[3]; le procès-verbal du 25 novembre est sûrement écrit de sa main. Il sent tous ses avantages et afin d'affirmer à tous sa supériorité, il retarde la publication de ses solutions pour en ajouter de nouvelles.

Le premier concurrent, le seul redoutable, Wallis, pressé par le temps, envoie heureusement des résultats incomplets et entachés d'erreurs.

Le second, Lallouère, est négligeable : Pascal le sait et se joue de lui. Il a en plus le malheur d'être Jésuite : Pascal l'accable sans pitié.

Le grave reproche bien établi qu'on peut adresser à Pascal nous semble donc celui d'avoir été trop habile dans une affaire où il était à la fois juge et partie.

Après le jugement du 24 novembre, Pascal reçut les solutions de quelques-uns des problèmes proposés en octobre. Wren et Fermat avaient trouvé le centre de gravité d'un arc quelconque de la roulette limité au

---

1. « Leurs calculs sont donc justement réputés nuls. » P. 332.
2. P. 333, 340 et 341.
3. « Je témoignai donc mon soupçon et je priai qu'on observât ses démarches. » P. 354.

sommet ainsi que les surfaces qu'il engendre en tournant autour de la base ou autour de l'axe d'une fraction de tour quelconque, mais personne n'avait trouvé les centres de gravité de celles-ci.

Au début de 1659, Pascal se décida enfin à publier ses découvertes impatiemment attendues. Il commence par donner, dans la « Lettre de Dettonville à Carcavi », une méthode pour la recherche des centres de gravité, fondée sur le théorème, déjà connu, des moments dans le cas de forces parallèles, et la considération de certaines sommes dites « triangulaires ». Pascal définit ensuite ce qu'il appelle un « triligne rectangle ». C'est l'aire comprise entre deux axes rectangulaires et une courbe quelconque limitée à ces axes. Le « Traité des trilignes rectangles et de leurs onglets » a pour but de déterminer les éléments du triligne nécessaires pour obtenir certaines surfaces et certains volumes engendrés par sa rotation autour des deux axes ainsi que leurs centres de gravité. Le « Traité des sinus du quart de cercle », le « Traité des arcs de cercle », le « Petit traité des solides circulaires », développent le cas particulier où le triligne est circulaire. Enfin, dans le « Traité général de la roulette », Pascal montre que les précédents donnent tous les éléments nécessaires pour résoudre les fameux problèmes proposés et qu'il suffit d'en faire l'application à la roulette [1].

---

[1]. Huyghens, Leibniz et Jean Bernouilli devaient enrichir plus tard la liste des propriétés de la cycloïde en montrant que sa développée est une cycloïde égale, que la cycloïde est à la fois « tautochrone » et « brachytsochrone ».

En communiquant ses opuscules à Huyghens[1], Pascal y ajoute la « Dimension des lignes courbes de toutes les roulettes », généralisation du problème déjà traité par Wren dans le cas de la roulette ordinaire seulement. Pour de Sluze[2], il y joint un traité « De l'escalier, des triangles cylindriques, et de la spirale autour d'un cône[3] ». Les réponses de Huyghens et de Sluze nous sont restées[4].

L'analyse de cette partie de l'œuvre de Pascal nous est interdite à cause des développements mathématiques étendus qu'elle exigerait. Mais, en se reportant à ce que nous avons dit plus haut de sa méthode et de ses procédés, on voit que, tout en ayant surtout cherché à résoudre des problèmes concernant une courbe particulière, et sans aborder dans toute leur généralité ceux des rectifications, des quadratures, des cubatures et des centres de gravité, Pascal doit être placé en tête des grands géomètres qui, avant Leibniz et Newton, ont, en somme, pratiqué le calcul intégral, mais sans le soumettre à un mode uniforme par un algorithme. Il a pressenti les « merveilles de la nouvelle analyse[5] ». N'y fait-il pas allusion quand il s'écrie : « Il y a des propriétés communes à toutes ces choses, dont la connoissance ouvre l'esprit aux plus grandes merveilles de

---

1 *Lettre de Dettonville à Huyghens de Zulichem*, non datée.

2. *Lettre de Dettonville à Sluze, chanoine de la cathédrale de Liège*, non datée.

3. Voir p. 63 du présent ouvrage.

4. *Lettre de Huyghens de Zuylichem à Dettonville*, du 5 février 1659, et *lettre de Sluze à Pascal*, du 29 avril 1659.

5. *Lettre de Dettonville à Sluze, chanoine de la cathédrale de Liège*, p. 445.

la nature. La principale comprend les deux infinités qui se rencontrent dans toutes : l'une de grandeur, l'autre de petitesse [1]. »

VI. — CONCLUSION.

L'aperçu précédent montre combien l'histoire des travaux et des découvertes de Pascal est inséparable de celle de sa vie même. Sa vie scientifique ne fut qu'une lutte continuelle dans laquelle il mit toute sa passion au service de ses idées, lutte marquée par une série de combats toujours terminés par des succès. Depuis l'époque où il avait à triompher de la routine des ouvriers pour réaliser la machine arithmétique jusqu'à celle où il défiait victorieusement les géomètres de l'Europe, ses rivaux, que d'adversaires eurent à supporter ses rudes coups, que d'émules furent contraints de l'admirer! Tour à tour il accable le P. Noël ou les Jésuites de Clermont, étonne Fermat ou Descartes lui-même. Tout en lui révèle le véritable génie, celui qui n'est tributaire de personne et laisse partout où il passe une empreinte ineffaçable.

Malgré la forte éducation qu'il avait reçue de son père, peut-être même à cause du caractère si profondément original et personnel de cette éducation, malgré le milieu savant dans lequel il vécut et où les pédants ne devaient certes pas faire défaut, Pascal manquait de lecture et d'érudition. C'est Nicole qui nous l'apprend [2] :

---

1. *De l'esprit géométrique*, p. 169.
2. *Éloge de Pascal*.

« Non enim eruditione multiplici laborisque diligentia censendum est (*ingenium Paschalii*) : sit doctorum vulgaris illa laus non ejus sane qui ad inveniendas potius quam ad discendas scientias natus erat. »

Pascal ne fut d'ailleurs point de ceux dont la vie est un labeur continu et acharné, qui méritent le nom de savants parce que leur génie puise sans cesse dans le travail une force nouvelle. Il y a dans sa vie deux périodes principales d'activité scientifique. La première, correspondant aux recherches sur le vide, comprend les années 1646, 1647 et 1648. Pendant la seconde (1653-1654), il achève les traités « de l'équilibre des liqueurs, de la pesanteur de la masse de l'air, du triangle arithmétique, de numericis ordinibus », annonce à la « Celeberrima Academia Pariensis » la publication de nombreux autres ouvrages et correspond activement avec Fermat : cette période est terminée par l'accident du pont de Neuilly et ce qu'on a appelé la seconde conversion de Pascal. Il faut de plus ajouter deux périodes de moindre étendue : l'une est celle des débuts, pendant laquelle Pascal imagine la machine arithmétique ; l'autre comprend les derniers mois de 1658 : Pascal éprouve alors ce que Montucla appelle spirituellement une « foiblesse », « car les mathématiques sont pour ceux qui les ont une fois goûtées une maîtresse chérie, que de puissans motifs peuvent faire négliger, mais avec laquelle on est toujours prêt à se rengager[1] » ; c'est à cette faiblesse que nous devons les

---

1. Montucla, *Histoire générale des Mathématiques*, Agasse, Paris, an VII, t. II, p. 63.

solutions des problèmes sur la roulette; elle donne un éclatant démenti à Voltaire qui disait à Condorcet : « Mon ami, ne vous lassez point de répéter que depuis l'accident du pont de Neuilly, le cerveau de Pascal était dérangé. »

Ainsi la somme totale des instants consacrés par Pascal à la science atteint à peine 7 années. Si on met en regard des résultats féconds de ces années, les préoccupations philosophiques et religieuses qui ne l'abandonnèrent jamais, même au plus fort de ses recherches physiques et géométriques, les douloureuses tortures physiques qui s'ajoutaient à ses tortures morales, on reste confondu d'admiration devant la prodigieuse facilité de celui qu'on pourrait appeler sans lui faire injure un amateur de génie.

Comme Roberval et Fermat, Pascal a peu écrit, peut-être parce que ses contemporains regardaient la science, et plus particulièrement la géométrie, seulement comme d'agréables délassements de l'esprit; mais surtout parce que la santé lui a manqué et qu' « il exerçait sur sa pensée une rigueur de critique qui le rendait trop malaisé à contenter, et par laquelle l'exécution d'un grand ouvrage devenait un travail au-dessus des forces humaines[1] ». Ses œuvres scientifiques tiennent dans un petit in-12 de 500 pages. En revanche, elles sont d'une forme achevée et méritent, au point de vue particulier du langage scientifique, un éloge bien souvent adressé d'une façon générale aux « Provinciales », celui d'a-

---

1. Havet, *Extrait d'une étude sur les Pensées de Pascal*, publié en tête de l'édition des *Pensées de Pascal*, Delagrave, 1883, p. VII.

voir fixé la langue française. A peine y trouve-t-on quelques tournures et quelques termes aujourd'hui démodés.

Mais la précision et l'énergie de l'expression qui va droit au but ne sont que des qualités de style. Ce qui frappe tout autant dans les opuscules de Pascal, c'est l'admirable ordonnance du plan, la manière rigoureuse dont les différentes parties s'enchaînent entre elles et procèdent des définitions et des préliminaires posés. Comme on est loin du désordre et de la confusion où semblent se complaire même les premiers hommes de science du moyen âge et dont bien des savants du dix-septième siècle n'avaient pas encore su s'affranchir, ce père Noël entre autres dont Pascal raille si agréablement le style et la physique!

La clarté, voilà la qualité maîtresse de Pascal. C'est par elle qu'il est un génie vraiment français. Après 250 ans écoulés, si on rééditait les traités « de l'équilibre des liqueurs » et « du triangle arithmétique », en leur faisant subir quelques rares corrections, ils feraient l'impression d'admirables ouvrages didactiques écrits par un maître éminent et soucieux d'offrir des œuvres irréprochables à ses élèves.

C'est là, il nous semble, le plus bel éloge qu'on puisse faire des opuscules de Pascal : du premier coup, celui-ci a trouvé, pour présenter ses découvertes, une forme d'une perfection toujours absolue pour son temps et qui excite l'étonnement, même quand l'état de notre science permet aujourd'hui de présenter certains résultats sous une forme plus simple[1].

---

1. Par exemple ceux relatifs à la roulette.

Chose étrange, en Pascal, le disciple de Jansénius devait méconnaître la véritable grandeur de cette science dont, dès l'enfance, le physicien et le géomètre avaient savouré les joies enivrantes. Jansénius avait condamné « la recherche des secrets de la nature qui ne nous regardent point »[1]. Pascal range le désir de savoir parmi les trois concupiscences, « fleuves de feu », qui « embrasent plutôt qu'ils n'arrosent » la « terre de malédiction » : « Libido sentiendi, libido sciendi, libido dominandi »[2]. A cet égard, certains passages de « Pensées » et la lettre à Fermat du 10 août 1660[3] sont caractéristiques.

Loin de se prêter un mutuel appui, la science et la philosophie s'excluent en Pascal. Il semble qu'il ait admis une division primordiale des connaissances humaines en deux parts : les unes sont scientifiques, de médiocre portée. Pascal, volontiers, les déclare vaines ; si on cherche à accroître leur nombre, il faut que ce soit « pour faire l'essai, mais non pas l'emploi de notre force[4] » et « pour apprendre la véritable méthode de conduire la raison[5] ». Les autres, philosophiques et religieuses, sont seules dignes d'être pour l'homme autre chose qu'un exercice de l'esprit. Chercher un lien entre les premières et les secondes est impossible et d'ailleurs inutile pour Pascal. Cette nature, une des plus

---

1. *Discours sur la réformation de l'homme intérieur.*
2. *Pensées de Pascal*, édition Havet, Delagrave, 1883, p. 150, 379.
3. Voir p. 64 et suivantes du présent ouvrage.
4. *Lettre de Pascal à Fermat* du 10 août 1660, p. 237.
5. *De l'esprit géométrique*, opuscule imprimé à la suite des *Pensées de Pascal*, édition Havet, Delagrave, 1883, p. 362.

merveilleusement douées qui aient jamais paru parmi les hommes, n'a point tenté de résoudre l'universel problème.

Il semble même que, parmi les sciences, beaucoup lui restèrent étrangères. Pascal n'embrassa pas dans ses recherches, comme Descartes, mathématiques, mécanique, physique, astronomie, histoire naturelle, médecine : il fut uniquement physicien, analyste et géomètre. Son œuvre scientifique est tout entière dans quelques admirables inventions et expériences, dans des problèmes élégamment résolus et généralisés. En se désintéressant d'une façon trop absolue de tout système, il a méconnu la nécessité et le rôle fécond des hypothèses. Pascal n'a point voulu connaître tous les grands problèmes agités à l'époque où Copernic et Képler venaient, l'un, de proposer le véritable système du monde, l'autre, d'en découvrir les lois; où Descartes, dans la synthèse la plus hardie dont l'esprit humain ait jusqu'à lui donné l'exemple, assimilait tous les phénomènes à de simples corollaires des lois de la mécanique; où Newton enfin allait couronner le magnifique édifice élevé par ses prédécesseurs. « Je trouve bon, » dit Pascal, « qu'on n'approfondisse pas l'opinion de Copernic[1]. » Et il semble, pour s'éviter d'approfondir, admettre encore que le soleil tourne autour de la terre immobile[2]. Cependant, elle est de lui la magnifique

---

1. *Pensées de Pascal*, XXIV, 17, p. 302.
2. « Que l'homme contemple donc la nature entière dans sa haute et pleine majesté; qu'il éloigne sa vue des objets bas qui l'environnent; qu'il regarde cette éclatante lumière mise comme une lampe éternelle pour

image du genre humain considéré « comme un même homme qui subsiste toujours et qui apprend continuellement ² » !

Quelle contradiction, révélant bien un douloureux état d'âme ! Associé, dans un corps malade, à un esprit chrétien inquiet et mystique, ce génie mathématique des plus profonds devait nécessairement ne point donner à la science tout ce qu'elle était en droit d'attendre de lui. Sans aucun doute aussi prodigieusement doué que les Descartes et les Newton, né pour les égaler, Pascal ne peut leur être comparé ni pour l'éclat, ni pour la portée de son œuvre. La postérité le classe premier parmi les seconds.

éclairer l'univers ; que la terre lui paraisse comme un point, au prix du vaste tour que cet astre décrit : et qu'il s'étonne de ce que ce vaste tour lui-même n'est qu'une pointe très-délicate à l'égard de celui que les astres qui roulent dans le firmament embrassent. » *Pensées de Pascal*, I, 1, p. 1 et 2.

L'importance de l'opinion de Copernic « n'a pas frappé l'esprit de Pascal », dit en note M. Havet, p. 304. « Son peu de goût pour Descartes et pour ses systèmes l'a entraîné à mépriser une idée à laquelle Descartes et les siens s'étaient attachés. Il est fâcheux cependant qu'un des maîtres de la science sacrifie ainsi la science ; que celui qui a tant élevé Archimède tienne si peu de compte de Copernic ; que celui enfin qui a *trouvé bon d'approfondir* la pesanteur de l'air, qui a eu l'honneur de la démontrer, qui a écrit la Préface du Traité du Vide, n'ait pas osé ou n'ait pas daigné prendre parti sur une découverte plus haute encore. »

2. *Fragment d'un traité du vide*, p. 101. Voir p. 80 et suivantes du présent ouvrage.

QUATRIÈME PARTIE

CONTROVERSE

CHAPITRE PREMIER

LE JANSÉNISME

Les *Lettres à un Provincial,* où Pascal défend la cause des jansénistes, ont été condamnées par l'Église; le livre des *Pensées* n'a été l'objet d'aucune censure ecclésiastique. Comment l'apologiste de la religion chrétienne, considéré comme orthodoxe, est-il devenu le défenseur des jansénistes déclarés hérétiques? Comment, malgré les condamnations répétées qu'ils ont subies, n'a-t-il cessé de les croire exempts de l'erreur qu'on leur imputait?

On ne peut mettre en doute la sincérité de Pascal : « Je puis dire devant Dieu qu'il n'y a rien que je déteste davantage que de blesser tant soit peu la vérité [1]. » Or il croit sans hésitation qu'il est resté fidèle à l'Église en prenant parti pour les jansénistes. « Quand ai-je fait

---

1. 11ᵉ *Provinciale*, I, p. 113.

quelque action d'union avec les hérétiques, ou de schisme avec l'Église[1] ? »

Avant de faire connaître le rôle de Pascal dans ce débat, quelques explications sont nécessaires.

La réversibilité du bien et du mal est une des idées fondamentales du christianisme. De même que la faute d'Adam a rejailli sur tous ses descendants, le sacrifice de Jésus-Christ a racheté l'humanité déchue. Le péché originel ayant affaibli la capacité de la raison pour le vrai et la puissance de la volonté pour le bien, l'homme a besoin de la grâce, du secours divin pour opérer son salut. Cette grâce, il ne l'obtient que par les mérites du Sauveur, mais elle ne le dispense pas d'un effort personnel : l'Église enseigne qu'il doit apporter son concours à l'aide qu'il reçoit de Dieu.

En face de ce dogme se sont élevées deux doctrines extrêmes : celle de Pélage, moine breton, condamnée en 418 par le concile de Carthage, suivant laquelle l'homme, étant libre, peut par sa seule volonté faire son salut; celle des prédestinations, condamnée en 471 et 475 par les conciles d'Arles et de Lyon, suivant laquelle le péché originel n'a pas seulement affaibli, mais détruit chez l'homme le pouvoir de travailler à son salut. Le premier nie la grâce, les seconds détruisent le libre arbitre. L'Église, au contraire, affirme ces deux choses à la fois : elle enseigne que tous reçoivent une grâce *suffisante* pour faire leur salut; mais

---

1. 17e *Provinciale*, I, p. 182.

que l'effort de l'homme doit y correspondre pour la rendre *efficace*.

Cette grâce efficace n'est-elle, comme le veulent les molinistes[1], que la grâce suffisante, rendue efficace par le concours de la volonté; ou bien est-elle, comme le prétendent les nouveaux thomistes[2], une grâce nouvelle, d'une nature différente, qui vient s'ajouter à la première? L'Église ne le décide pas : elle se borne à établir que la grâce ne détruit point le libre arbitre et que le libre arbitre ne peut se passer de la grâce, sans déterminer de quelle manière s'opère la conciliation. Si donc Dieu, par des desseins impénétrables pour nous, donne à certaines créatures d'élection des grâces particulières, il n'en est point qui ne reçoive une grâce suffisante pour se sauver. Dès lors, il n'y a personne qui soit prédestiné à la damnation; et nul n'a le droit de se plaindre, selon la belle parabole du Maître de la vigne, que Bossuet rappelle en ces termes d'après saint Augustin : « Ceux à qui Dieu ne donne pas ces grâces singulières, qui mènent infailliblement à la foi ou même au salut et à la persévérance finale, n'ont point à se plaindre; la raison en est, dit saint Augustin, que le père de famille, qui ne les doit à personne, serait en droit, selon l'Évangile, de répondre à ceux qui se plaindraient : Mon ami, je ne vous fais point de tort;... je vous fais d'autant moins de tort que je ne vous ai pas refusé les grâces absolument né-

---

1. Partisans de la doctrine exposée en 1588 par le Jésuite espagnol Molina, dans le traité *De liberi arbitrii cum gratiæ dono concordia*.
2. Sectateurs de la doctrine de saint Thomas.

cessaires pour conserver la justice que je vous avais donnée ; ainsi vous n'avez qu'à vous imputer votre perte[1]. »

Saint Augustin admettait donc, avec l'Église, que tous les hommes reçoivent des grâces suffisantes[2] ; et c'est ce que niait Jansen, dit Jansénius, évêque d'Ypres, auteur d'un grand ouvrage sur la Grâce, qu'il avait intitulé *Augustinus,* prétendant que sa doctrine était celle de saint Augustin. Il mourut le 6 mai 1638 sans avoir publié son œuvre. Comme s'il eût prévu que ce livre donnerait prise à la censure, il disait dans son testament : « Je crois qu'on pourrait difficilement y changer quelque chose ; si cependant le Saint-Siège y voulait quelque changement, je lui suis un fils obéissant et soumis, ainsi qu'à cette Église au sein de laquelle j'ai toujours vécu jusqu'à ce lit de mort. » La publication du livre de Jansénius, qui parut en 1640 à Louvain, souleva une polémique ardente. Les solitaires de Port-Royal en avaient adopté la doctrine ; les jésuites l'attaquèrent avec violence, comme reproduisant sous une forme à peine mitigée la prédestination des calvinistes. Malgré les protestations d'Arnauld et de ses amis, le pape Urbain VIII interdit aux fidèles la lecture de l'*Augustinus,* par la bulle *In eminenti*; et le

---

1. *Défense de la tradition des saints Pères*, ch. XVII.
2. « Il en est que Dieu abandonne et sur lesquels sa justice s'exerce ; ceux-là se perdent. Non pas que, s'ils voulaient se sauver, ils ne le pussent ; mais parce qu'ils trouvent leur joie et leur félicité dans le mal. » (Saint Augustin, *De la corruption*, XIII.)

syndic Cornet en tira sept propositions qui, réduites à cinq, furent de nouveau condamnées par la faculté de Théologie en 1649 et par la bulle *Cum occasione* du pape Innocent X en 1653.

A ces condamnations les partisans de Jansénius répondent, en premier lieu, que les propositions condamnées ne se trouvent pas dans l'*Augustinus*, c'est *la question de fait;* en second lieu, que l'opinion de Jansénius sur la grâce est celle de tous les Docteurs de l'Église, c'est *question de doctrine*. Pascal est chargé par les jansénistes, ses amis, de porter leur cause devant l'opinion : il écrit les *Lettres à un Provincial*.

Suivant le plan qu'on lui a tracé, Pascal traite d'abord la question de fait. Il affirme donc hardiment que les propositions ne sont pas dans l'*Augustinus*, qu'on ne les y a jamais vues. Or, chose curieuse, il n'a pas lu l'ouvrage ; bien plus, il n'a pas même l'air de soupçonner que l'*Augustinus* est un in-folio latin de plus de mille pages, à deux colonnes, en petit caractère. « Si la curiosité, dit-il, me prenait de savoir si ces propositions sont dans Jansénius, son livre n'est ni si rare, ni si gros, que je ne le puisse lire tout entier pour m'en éclaircir[1]. »

Mais à quoi bon? Il a pour lui le témoignage de M. Arnauld : celui-ci n'a-t-il pas déclaré « qu'il a lu exactement le livre de Jansénius, et qu'il n'y a point trouvé les propositions condamnées par le feu pape ». Quelques-uns, passant plus avant, n'ont-ils pas affirmé « que

---

1. 1ʳᵉ *Provinciale*, I, p. 24.

même ils y en ont trouvé de toutes contraires [1] ». Et cette assertion lui suffit. L'idée ne lui vient même pas de la vérifier, de mettre en doute la parole de ses maîtres, tant il a d'admiration et de respect pour leur science et leur vertu : « Je sais, mes Pères, le mérite de ces pieux solitaires... et combien l'Église est redevable à leurs ouvrages si édifiants et si solides. Je sais combien ils ont de piété et de lumières[2]. »

Fort de cette assurance, il n'épargne pas l'ironie à leurs adversaires et leur porte un défi. « Ce n'est pas qu'il n'y eût bien de l'apparence que vous disiez vrai : car de dire que des paroles sont *mot à mot* dans un auteur, c'est à quoi l'on ne peut se méprendre. Aussi je ne m'étonne pas que tant de personnes, et en France et à Rome, aient cru sur une seule expression si peu suspecte que Jansénius les avait enseignées en effet. Et c'est pourquoi je ne fus pas peu surpris d'apprendre que ce même point de fait, que vous aviez proposé comme si certain et si important, était faux, et qu'on vous défia de citer les pages de Jansénius où vous aviez trouvé ces propositions *mot à mot*, sans que jamais vous l'ayez pu faire[3]. »

Mot à mot : Pascal le répète à deux reprises. Tout est là en effet : c'est pour ainsi dire la restriction mentale derrière laquelle vont jusqu'au bout se retrancher les jansénistes. Et jusqu'au bout, leur gardant une inaltérable confiance, Pascal ne cessera de répéter : « Il n'y

1. *Ibid.*, I, p. 23.
2. 16º *Provinciale*, I, p. 168.
3. 17º *Provinciale*, I, p. 186.

a qu'à lire Jansénius pour savoir si ces propositions sont dans son livre », et continuera de s'en rapporter, sans le lire, à ceux qui l'ont lu. « Ils ont plus examiné Jansénius que vous; ils ne sont pas moins intelligents que vous; ils ne sont donc pas moins croyables que vous[1]. » Lisons donc Jansénius pour trancher cette question de fait.

Voici la première proposition condamnée : « Certains commandements sont impossibles aux justes, même le voulant et faisant effort de toutes les forces dont ils disposent; il leur manque en effet la grâce par laquelle ces commandements seraient possibles[2]. » Voici le passage correspondant de l'*Augustinus* : « Certains commandements sont impossibles, non seulement aux hommes infidèles, aveuglés, endurcis, mais encore aux fidèles, aux justes, même le voulant et faisant effort de toutes les forces dont ils disposent; il leur manque en effet la grâce par laquelle ces commandements seraient possibles; ce qui est prouvé chaque jour par l'exemple de saint Pierre et de beaucoup d'autres, qui sont tentés au delà de ce qu'ils pourraient supporter [3]. »

Citons encore la cinquième proposition condamnée :

---

1. *Ibid.*, I, p. 195.
2. « Aliqua Dei præcepta hominibus justis, volentibus et conantibus secundum præsentes quas habent vires, sunt impossibilia; deest illis quoque gratia, qua possibilia fiant. »
3. « Esse precepta quædam quæ hominibus non tantum infidelibus, excæcatis, obduratis, sed fidelibus quoque et justis, volentibus, conantibus secundum præsentes quas habeant vires, sunt impossibilia: deesse quoque gratiam, qua fiant possibilia. Hoc enim S. Petri exemplo aliisque multis quotidie manifestum esse, qui tentantur ultra quam possint sustinere. » (*Augustinus*, t. III. *De gratia Christi Salvatoris*, l. III, ch. XIII, p. 138[b], Rothomagi, 1652.)

« C'est être semi-pélagien de dire que Jésus-Christ est mort et a répandu son sang pour tous les hommes sans exception[1]. » Voici le texte de l'*Augustinus* : « Il n'a jamais souffert que ce passage de l'Évangile : *Dieu veut que tous les hommes soient sauvés*, s'étendît à tous les hommes ; il a toujours prétendu que cette volonté n'a d'effet que pour les seuls prédestinés[2]. »

On peut voir par le texte latin que non seulement le sens, mais presque les termes de l'*Augustinus* sont reproduits dans les propositions condamnées. « Je crois..., observe Bossuet, que les propositions sont dans Jansénius et qu'elles sont l'âme de son livre. Tout ce qu'on a dit au contraire me paraît une pure chicane et une chose inventée pour éluder les jugements de l'Église[3]. » Ces paroles sont l'expression fidèle de la vérité.

Pascal aborde ensuite la question de doctrine, sur laquelle il a été renseigné par Arnauld.

Que reproche-t-on à ce grand docteur? d'avoir dit que « la grâce, sans laquelle on ne peut rien, a manqué à saint Pierre dans sa chute ». Comment a-t-on pu censurer, contester seulement une proposition aussi innocente? C'est que tout dépend de la signification qu'on lui donne. Pascal ne veut pas voir que cette proposition peut

---

[1]. « Semipelagianum est dicere Christum pro omnibus omnino hominibus mortuum fuisse aut sanguinem fudisse. »

[2]. « Nunquam locum illum apostolicum, *Deus vult omnes homines salvos fieri*, ad omnes omnino homines extendi passus fuerit, sed semper ita intelligendum esse contenderit, ut in solis prædestinatis effectum suum voluntas illa sortiretur. » (*Ibid.*, l. III, ch. xxi, p. 166 b.)

[3]. *Lettre au maréchal de Bellefond.*

s'interpréter en deux sens contraires. Pour les jansénistes, saint Pierre n'a pas reçu de Dieu la grâce dont il avait besoin pour ne pas faillir; c'est la grâce qui lui a manqué. Pour les jésuites, saint Pierre n'ayant pas correspondu à la grâce, elle s'est détournée de lui; c'est lui qui a manqué à la grâce : il l'a repoussée, comme dit Corneille :

> Après certains moments que perdent nos langueurs,
> Elle quitte ces traits qui pénètrent les cœurs ;
> Le nôtre s'endurcit, la repousse, l'égare [1].

Au gré des jansénistes, le péché vient d'une insuffisance de la grâce : le don de Dieu a été refusé à l'homme. Selon les jésuites, le péché est une résistance à la grâce : l'homme a rejeté le don de Dieu. « Cette parole, dit à Pascal un moliniste, serait catholique dans une autre bouche : ce n'est que dans M. Arnauld que la Sorbonne l'a condamnée. » Là-dessus Pascal se récrie : « Admirez les machines du molinisme, qui font dans l'Église de si prodigieux renversements, que ce qui est catholique dans les Pères devient hérétique dans M. Arnauld [2]. »

Le moliniste a dit vrai et Pascal s'indigne à tort. La divergence entre les partisans de Jansénius et les molinistes ne lui a pourtant pas échappé : « Leur différend, touchant la grâce suffisante, est en ce que les jésuites prétendent qu'il y a une grâce donnée généralement à tous les hommes, soumise de telle sorte au libre arbitre, qu'il la rend efficace ou inefficace à son choix, sans

---

1. *Polyeucte*, I, 1.
2. 3ᵉ *Provinciale*, I, p. 41

aucun nouveau secours de Dieu, et sans qu'il manque rien de sa part pour agir effectivement : ce qui fait qu'ils l'appellent suffisante, parce qu'elle seule suffit pour agir : et que les jansénistes, au contraire, veulent qu'il n'y ait aucune grâce actuellement suffisante, qui ne soit aussi efficace, c'est-à-dire que toutes celles qui ne déterminent point la volonté à agir effectivement, sont insuffisantes pour agir, parce qu'ils disent qu'on n'agit jamais sans grâce efficace. Voilà leur différend[1]. »

On comprend aisément la gravité du débat : ce n'est rien de moins que la responsabilité de l'homme qui est en jeu, puisqu'elle disparaît si la grâce agit seule en lui. Mais on a persuadé à Pascal que le point en litige a peu d'importance, que ce sont là des distinctions secondaires et si subtiles qu'il n'y a pas lieu de s'y arrêter. « Voulons-nous être plus savants que nos maîtres? N'entreprenons pas plus qu'eux. Nous nous égarerions dans cette recherche. Il ne faudrait rien pour rendre cette censure hérétique. La vérité est si délicate, que, pour peu qu'on s'en retire, on tombe dans l'erreur : mais cette erreur est si déliée, que, pour peu qu'on s'en éloigne, on se trouve dans la vérité. Il n'y a qu'un point imperceptible entre cette proposition et la foi[2]. »

« Ce sont des disputes de théologiens et non de théologie. »

Pascal voit donc surtout dans ce débat des querelles de mots. Aussi s'égaie-t-il fort d'un terme scolastique qui a été introduit dans la discussion, le *pouvoir pro-*

---

1. 2º *Provinciale*, I, p. 29.
2. 3º *Provinciale*, I, p. 30.

chain[1]. Il demande à un docteur l'explication de ce terme. « Je le suppliai de me dire ce que c'était qu'avoir le *pouvoir prochain de faire quelque chose*. Cela est aisé, me dit-il ; c'est avoir tout ce qui est nécessaire pour le faire, de telle sorte qu'il ne manque rien pour agir. — Et ainsi, lui dis-je, avoir le *pouvoir prochain* de passer une rivière, c'est avoir un bateau, des bateliers, des rames, et le reste, en sorte que rien ne manque. — Fort bien, me dit-il[2]. » Alors, dit Pascal, il n'y a point de désaccord entre les jansénistes et les molinistes, car les jansénistes ne contestent pas que les justes aient le pouvoir prochain d'accomplir les commandements de Dieu.

Ainsi, c'est toujours la même équivoque. Pour les jansénistes, le pouvoir prochain est un don complet, où l'on reçoit du même coup le bateau, les rames et *le reste*, c'est-à-dire le pouvoir et la volonté d'en faire usage, sans quoi ce n'est qu'un *pouvoir éloigné*. Pour les molinistes, le pouvoir prochain est d'avoir le bateau, les rames et la force de s'en servir ; mais ces dons deviennent inutiles si l'on ne veut pas prendre la peine de ramer. Pascal cependant assure que ce terme n'a été inventé

---

[1]. Sainte-Beuve (*Port-Royal*, III, 7) cite un entretien de Charles Perrault avec son frère, docteur en Sorbonne, qui n'attache pas plus d'importance au débat. « Mon frère nous fit entendre que toutes les questions de la grâce qui faisaient tant de bruit roulaient sur un pouvoir prochain ou sur un pouvoir éloigné que la grâce donnait pour faire de bonnes actions. Les uns disaient qu'ainsi M. Arnauld avait eu tort, parce que saint Pierre avait eu en lui la grâce qui donne le pouvoir éloigné de bien faire ; mais les autres soutenaient que M. Arnauld n'avait point mal parlé, puisque à parler raisonnablement le pouvoir qui ne produit jamais son effet n'est pas un vrai pouvoir. Nous vîmes par là que la question méritait peu le bruit qu'elle faisait. »

[2]. 1re *Provinciale*, I, p. 26.

que pour brouiller, et il se tire d'affaire par un jeu de mots : « Je vous laisse cependant la liberté de tenir pour le mot *prochain*, ou non ; car je vous aime trop pour vous persécuter sous ce prétexte[1]. »

Pascal joue sur le mot *suffisant*, comme il a joué sur le mot *prochain*, avec une ironie charmante. Que parle-t-on de grâce suffisante ? Elle ne suffit pas, s'il faut que l'homme y ajoute quelque chose. « C'est-à-dire que tous ont assez de grâce, et que tous n'en ont pas assez ; c'est-à-dire que cette grâce suffit, quoiqu'elle ne suffise pas ; c'est-à-dire qu'elle est suffisante de nom, et insuffisante en effet[2]. »

La raillerie de Pascal ne porte pas : la doctrine moliniste ne présente aucune contradiction. Quelqu'un va se noyer ; on lui tend une perche : le secours est suffisant pour le sauver, mais à condition qu'il prenne la perche. S'il n'étend pas la main pour la saisir, il se noie par sa faute, et non par l'insuffisance du secours. Pascal retombe dans le même sophisme, lorsqu'il invoque, pour égayer les lecteurs, l'exemple d'un religieux auquel son prieur ne donnerait que deux onces de pain et un verre d'eau par jour, en disant que c'est bien suffisant pour le nourrir, sous prétexte qu'avec autre chose, qu'il ne lui donnerait pas, cela suffirait en effet. La comparaison est aussi ingénieuse qu'inexacte. Pour qu'elle fût juste, il faudrait dire : Le prieur a fait servir au religieux, dans le réfectoire, un repas suffisant. Si celui-ci reste dans sa cellule et refuse de descendre au réfectoire, le

---

1. 1re *Provinciale*, I, p. 29
2. 2e *Provinciale*, I, p. 31.

repas, bien que suffisant pour le nourrir, ne le nourrira pas effectivement.

Est-il rien de plus ambigu que cette distinction, que Pascal reproduit dans sa *Lettre sur les Commandements de Dieu?* « Encore qu'il soit vrai *en un sens* que Dieu ne laisse jamais un juste, si ce juste ne le laisse le premier, c'est-à-dire que Dieu ne refuse jamais sa grâce à ceux qui le prient comme il faut : ... il est pourtant vrai *en un autre sens* que Dieu laisse quelquefois les justes avant qu'ils l'aient laissé, c'est-à-dire que Dieu ne donne pas toujours aux justes le *pouvoir prochain* de persévérer dans la prière. » C'est que, pour les jansénistes, ceux-là seuls parmi les justes prient Dieu comme il faut, qui ont reçu la grâce de prier ainsi : ce qui n'est qu'un cercle vicieux.

De même, Jansénius admet qu'en principe l'homme peut résister à la grâce, mais qu'en fait il est inadmissible qu'il y résiste : « L'homme reçoit l'inspiration et l'impulsion de Dieu sans qu'elle supprime dans sa volonté le pouvoir d'y résister ; mais en fait la résistance est incompatible avec ce qu'il est supposé avoir reçu [1]. »

Sans cette restriction, c'était le calvinisme pur. Il n'en faut pas plus à Pascal, pour proclamer les jansénistes « aussi fermes à soutenir contre Calvin [2] le pouvoir que

---

1. *Augustinus, De gratia*, l. VIII, ch. IV : « Ita hominem recipere Dei inspirationem et motionem ut nihil auferat ab ejus voluntate potestatem dissentiendi, quamquam actualis dissensus cum illis præsuppositis componi nequeat. »

2. Pascal est dans l'illusion. Vincent de Paul avait été voir un jour l'abbé de Saint-Cyran. « Étant tombés en discourant ensemble sur quel-

la volonté a de résister même à la grâce efficace et victorieuse, qu'à défendre contre Molina le pouvoir de cette grâce sur la volonté, aussi jaloux de l'une de ces vérités que de l'autre, encore que, de leur aveu, cette résistance soit incompatible en fait avec l'action divine [1] ». Cela suffit à ses yeux pour sauvegarder le libre arbitre. Il ne songe pas que, lors même que, chez ceux à qui Dieu donne la grâce efficace, le libre arbitre subsisterait avec le pouvoir d'y résister, il serait supprimé chez ceux à qui Dieu n'accorde pas cette grâce, qui seraient, quoi qu'ils fissent, voués à la réprobation.

« Tous ceux, dit Bossuet, qui avancent de telles propositions errent contre la doctrine de la grâce en ce qu'ils ne veulent pas expliquer que tous les justes qui tombent lui résistent, pèchent contre elle, lui manquent, lui sont infidèles et se perdent par leur faute. Ils abusent de cette expression *efficace par elle-même*, d'où l'on veut induire l'exclusion de la coopération du libre arbitre, sans laquelle la grâce n'opérerait pas [2]. »

Pascal est de si bonne foi dans sa prévention pour les jansénistes que, en exposant leur doctrine, il la modifie à son insu dans le sens de l'orthodoxie : Que disent-ils? Que celui qui reçoit la grâce efficace

---

ques points de la doctrine de Calvin, il fut fort étonné de voir cet abbé prendre le parti et soutenir l'erreur de cet hérésiarque. Sur quoi, lui ayant représenté que cette doctrine de Calvin était condamnée de l'Église, l'abbé « lui répondit que « Calvin n'avait pas du tout mauvaise cause, mais qu'il « l'avait mal défendue »; et il ajouta ces paroles latines : « Bene sensit, male locutus est. » (Abelly, *Vie de saint Vincent de Paul*, II, 38.)

1. 18e *Provinciale*, I, p. 202.
2. *Lettre à l'évêque de Luçon.*

pourrait lui résister, mais qu'il ne le veut jamais; Pascal leur fait dire qu'il *ne le veut pas toujours*. « C'est ainsi que Dieu dispose de la volonté de l'homme sans lui imposer de nécessité; et que le libre arbitre, qui peut toujours résister à la grâce, *mais qui ne le veut pas toujours*, se porte aussi librement qu'infailliblement à Dieu, lorsqu'il veut l'attirer par la douceur de ses inspirations efficaces [1]. » Si bien que, comme Bossuet, il conclut qu'il faut admettre le libre arbitre et la grâce, sans prétendre à les concilier. « Il n'importe, dit Bossuet, que la liaison de deux vérités si fondamentales soit impénétrable à la raison humaine, qui doit entrer dans une raison plus haute et croire que Dieu voit dans sa sagesse infinie les moyens de concilier ce qui nous paraît inalliable et incompatible [2]. » « L'unique moyen, dit Pascal, d'accorder ces contrariétés apparentes qui attribuent nos bonnes actions, tantôt à Dieu, tantôt à nous, est de reconnaître que, comme dit saint Augustin [3], « nos actions sont nôtres, à cause du libre arbitre qui les « produit; et qu'elles sont aussi de Dieu, à cause de sa « grâce qui fait que notre libre arbitre les produit [4]. »

Il accorde à ses adversaires que l'auteur de l'*Augustinus* a pu tomber dans quelque exagération. « Peut-être interprètent-ils Jansénius trop favorablement; mais peut-

---

1. 18e *Provinciale*, I, p. 202.
2. *Avertissement sur le livre des Réflexions morales*, § 6.
3. « Dieu aurait-il imposé à l'homme ses commandements, s'il n'avait le libre arbitre pour les observer?... Il n'agit pas en nous comme dans les pierres, comme dans les êtres dépourvus de raison et de liberté; il coopère avec nous à notre salut. » (*De la grâce et du libre arbitre*, IV.)
4. 18e *Provinciale*, I, p. 203.

être ne l'interprétez-vous pas assez favorablement¹. »

D'ailleurs, il ne doute pas que la doctrine irréprochable de saint Augustin, sur laquelle il vient de s'appuyer, ne soit celle de ses maîtres ; c'est pourquoi il se porte fort de leur orthodoxie. « N'est-il pas vrai que, si l'on vous demande en quoi consiste l'hérésie de ceux que vous appelez jansénistes, on répondra incontinent que c'est en ce que ces gens-là disent que les commandements de Dieu sont impossibles ; qu'on ne peut résister à la grâce et qu'on n'a pas la liberté de faire le bien ou le mal ; que Jésus-Christ n'est pas mort pour tous les hommes, mais seulement pour les prédestinés ; et enfin, qu'ils soutiennent les cinq propositions condamnées par le pape?... Or ils déclarent que « ce sont des propositions « hérétiques et luthériennes, fabriquées et forgées à « plaisir, qui ne se trouvent ni dans Jansénius, ni dans « ses défenseurs ². » « M. Arnauld n'a-t-il pas écrit, dans sa seconde lettre, qu'il condamne les cinq propositions dans Jansénius, si elles y sont ³. »

Il en coûte de suspecter la sincérité de personnes d'une vertu éminente, tels qu'Arnauld et les solitaires de Port-Royal. Bien qu'il soit difficile, après avoir lu les textes que nous avons tirés de l'*Augustinus*, de leur donner un sens différent de celui des propositions condamnées, on voudrait se persuader que ces hommes si austères, si scrupuleux, ont cru de bonne foi qu'on avait altéré Jansénius en le citant, qu'ils se

---

1. 17ᵉ *Provinciale*, I, p. 194.
2. 17ᵉ *Provinciale*, I, p. 184.
3. 1ʳᵉ *Provinciale*, I, p. 23.

sont abusés sur l'interprétation de son livre [1]. En tout cas, pour Pascal, ce doute dont nous avons peine à nous défendre, n'existe nullement. « Je vous déclare que, pour moi, je les tiendrai toujours pour catholiques, soit qu'ils condamnent Jansénius, s'ils y trouvent des erreurs, soit qu'ils ne le condamnent point quand ils n'y trouvent que ce que vous-mêmes déclarez être catholique [2]. »

Ce dilemme nous ramène à la question de fait, dont Pascal va de nouveau tirer parti, en déclarant que le désaveu des propositions condamnées supprime la question de doctrine, et que, si l'autorité de l'Église est incontestable sur la doctrine, elle ne saurait l'être sur le point de fait. « Je sais, mon père, le respect que les chrétiens doivent au Saint-Siège, et vos adversaires témoignent assez d'être très-résolus à ne s'en départir jamais. Mais ne vous imaginez pas que ce fût en manquer que de représenter au pape, avec toute la soumission que des enfants doivent à leur père, et les membres à leur chef, qu'on peut l'avoir surpris en ce point de fait [3]. »

Dès lors, ni les jansénistes, ni l'auteur des *Provinciales* ne peuvent être accusés d'hérésie. « Il n'y a point

---

1. Arnauld se croyait orthodoxe, puisque le 20 juillet 1693 il écrivait à Bossuet pour soumettre à son approbation certaines propositions sur la grâce, qu'il attribuait à saint Thomas et qui sentaient le janséniste : « Je crus que c'était à sa *Somme* qu'il fallait uniquement s'arrêter. J'en ramassai tous les passages, où il me parut évidemment : premièrement, que l'amour béatifique n'était point libre, selon ce saint; deuxièmement, que le désir d'être heureux ne l'était point non plus... Tout cela pour conclure que l'on ne résiste pas à la grâce qui fait naître en nous ce désir. »

2. 18ᵉ *Provinciale*, I, p. 206.

3. 18ᵉ *Provinciale*, I, p. 207.

en effet d'hérésie dans l'Église, puisqu'il ne s'agit en cela que d'un point de fait qui n'en peut former ; car l'Église décide les points de foi avec une autorité divine et elle retranche de son corps tous ceux qui refusent de les recevoir. Mais elle n'en use pas de même pour les choses de fait [1]. »

L'Église n'a pas admis cette distinction : elle l'a condamnée le 16 octobre 1665 par la bulle d'Alexandre VII, *Ad sanctam*. Bossuet, de son côté, dans une lettre aux religieuses de Port-Royal, juge sévèrement l'échappatoire inventée par les jansénistes. « Vous voyez bien, dit-il, à quelle séduction l'Église serait exposée, si elle accordait aujourd'hui cette maxime que les jugements qu'elle rend sur les personnes et les ouvrages hérétiques n'ont point de force, jusqu'à ce que les faits soient avérés par le consentement des parties. Et s'ils ne veulent jamais en convenir, et s'ils soutiennent toujours qu'on n'a pas bien entendu le sens de leurs discours et de leurs écrits, l'Église sera-t-elle à bout par cette ruse ou par cette opiniâtreté ? ».

Mais la Constitution d'Alexandre VII n'ayant paru que trois ans après la mort de Pascal, celui-ci a toujours été convaincu qu'en défendant Arnauld et les jansénistes il n'approuvait nullement les cinq propositions. Et l'on comprend dès lors cette déclaration solennelle, qui montre à la fois sa confiance absolue en ses maîtres et la pureté de ses intentions : « Il est donc sûr que je n'ai rien dit pour soutenir ces propositions impies, que

---

1. 17ᵉ *Provinciale*, I, p. 188.

je déteste de tout mon cœur. Et quand le Port-Royal les tiendrait, je vous déclare que vous n'en pouvez rien conclure contre moi, parce que, grâces à Dieu, je n'ai d'attache sur la terre qu'à la seule Église catholique, apostolique et romaine, dans laquelle je veux vivre et mourir, et dans la communion avec le pape son souverain chef, hors de laquelle je suis très-persuadé qu'il n'y a pas de salut [1]. »

Reste à expliquer un point auquel Pascal revient plusieurs fois dans les *Provinciales*. Il assure qu'il n'y a pas de différence entre la doctrine des jansénistes et celle des nouveaux thomistes, et considère comme une machination perfide l'alliance des nouveaux thomistes avec les jésuites contre Port-Royal. « Ils sont d'accord avec les jésuites d'admettre une *grâce suffisante* donnée à tous les hommes; mais ils veulent néanmoins que les hommes n'agissent jamais avec cette seule grâce, et qu'il faille, pour les faire agir, que Dieu leur donne une *grâce efficace* qui détermine réellement leur volonté à l'action, et laquelle Dieu ne donne pas à tous [2]. »

« Ils s'unissent aux jésuites; ils font par cette union le plus grand nombre; ils se séparent de ceux qui nient ces *grâces suffisantes;* ils déclarent que tous les hommes en ont... et puis ils ajoutent que néanmoins ces *grâces, suffisantes* sont inutiles sans les *efficaces,* qui ne sont pas données à tous [3]. »

1. 17e *Provinciale*, I, p. 183.
2. 2e *Provinciale*, I, p. 29.
3. *Ibid.*, I, p. 33.

Renseigné par Arnauld, Pascal rappelle, comme une preuve de son assertion, les fameuses conférences sur la grâce (*de auxiliis*) qui eurent lieu à Rome entre les nouveaux thomistes (dominicains) et les jésuites sous le pontificat de Clément VIII, et qui laissèrent subsister entre les deux ordres un dissentiment qui dure encore aujourd'hui. « Si vous aviez la connaissance des choses qui se sont passées sous les papes Clément VIII et Paul V, et combien la Société (de Jésus) fut traversée dans l'établissement de la *grâce suffisante*, par les dominicains, vous ne vous étonneriez pas de voir qu'elle ne se brouille pas avec eux, et qu'elle consent qu'ils gardent leur opinion, pourvu que la sienne soit libre, et principalement quand les dominicains la favorisent par le nom de *grâce suffisante*, dont ils ont consenti de se servir publiquement[1]. »

En effet, Clément VIII avait institué, le 2 janvier 1598, les conférences dont parle Pascal. Et, pendant toute la durée des conférences, il y eut désaccord entre les jésuites et les dominicains sur la définition de la grâce efficace.

Selon les jésuites, la grâce efficace n'était que la grâce suffisante, que Dieu rendait efficace en prévision du concours de l'homme, la proportionnant au bon vouloir de sa créature qu'il connaissait d'avance par la science moyenne[2]. Elle n'était donc pas donnée à

---

1. *Ibid.*, I, p. 30.
2. Science des *futurs conditionnels*, ainsi nommée parce qu'elle tient le milieu entre la science de ce qui est nécessaire et la science de ce qui n'est que possible.

tous, en ce sens que tous ne devaient pas s'en rendre dignes.

Selon les dominicains, la grâce efficace n'était point conséquente à la prévision des œuvres méritoires, mais aux desseins de Dieu sur ses créatures. Et s'ils s'en étaient tenus là, Pascal aurait eu quelque raison de dire de ses amis de Port-Royal : « S'ils refusent de dire qu'ils condamnent le sens de Jansénius, c'est parce qu'ils croient que c'est celui de saint Thomas [1]. » Mais, comme les dominicains admettaient en même temps et d'après saint Thomas que la grâce suffisante était donnée à tous et qu'il dépendait toujours de l'homme de faire son salut, la ressemblance dont prétendaient s'autoriser les jansénistes n'était qu'apparente. « Ces docteurs (les thomistes), comme les autres catholiques, dit Bossuet, sont d'accord à ne point mettre dans le choix de l'homme une inévitable nécessité, mais une liberté entière de faire ou de ne faire pas [2]. »

D'un autre côté, les jésuites, tout en attribuant au libre arbitre une part plus grande, n'allaient point, comme le leur imputaient les jansénistes, jusqu'à faire dépendre uniquement de la volonté de l'homme les dons de la grâce. « Ce qui ne renferme rien moins, dit encore Bossuet, que le renversement entier de la doctrine de la grâce [3]. »

Les conférences, interrompues par la mort de Clément VIII, furent reprises sous Paul V, sans aboutir

---

1. 18e *Provinciale*, I, p. 206.
2. 2e *Avertissement sur les lettres de Jurieu.*
3. *Lettre du 23 mai* 1701.

à une conciliation entre les deux ordres. Et voyant l'impossibilité de les accorder, le pape prononça, le 28 août 1607, la dissolution de ce parlement théologique, en déclarant que, du moment que les deux partis admettaient le concours de la grâce et du libre arbitre et différaient seulement dans la manière de l'expliquer, chacun d'eux restait libre de garder son opinion sous la condition de respecter celle des autres.

Ce n'est donc point, comme l'insinue Pascal, la société de Jésus qui, par politique, « consent que les dominicains gardent leur opinion pourvu que la sienne soit libre »; c'est le souverain Pontife assisté du Sacré Collège. Et quand les jansénistes s'élèvent contre cette tolérance du Saint-Siège, prêtant aux jésuites la doctrine de Pélage qui nie la grâce, Bossuet leur répond : « C'est faire injure à l'Église romaine de la faire approbatrice de cette doctrine, et d'étendre jusque-là la défense de se condamner les uns les autres[1]. »

Aussi les dominicains reconnaissent-ils formellement l'orthodoxie de ceux mêmes des jésuites qui accordent le plus au libre arbitre, à savoir des partisans de Molina. « L'opinion moliniste, dit le père Monsabré, peut avoir ses inconvénients, mais ses partisans se sont tou-

---

[1]. *Lettre du 23 mai* 1701. — Bossuet est plus explicite encore : « Pour ce qui regarde les molinistes, s'il avait seulement ouvert leurs livres, il aurait appris qu'ils reconnaissent pour tous les élus une préférence gratuite de la divine miséricorde, une grâce toujours prévenante, toujours nécessaire pour toutes les œuvres de piété. Si c'est là être pélagien,... saint Augustin est aussi du nombre des pélagiens, puisqu'il répète si souvent (*De l'esprit et de la lettre*, ch. xxxiii) que la grâce vient de Dieu, mais qu'il appartient à la volonté d'y consentir ou de n'y consentir pas. » (2º *Avertissement sur les Lettres de Jurieu*.)

jours fait un devoir de ne pas sortir des lignes d'une sévère orthodoxie[1]. » Et il répudie énergiquement toute parenté avec les jansénistes : « Il y a de la doctrine janséniste à la doctrine thomiste la distance de la nuit au jour... Jansénius prétend que la volonté, sous l'empire de la grâce efficace, n'a plus aucun pouvoir vrai et propre de faire autre chose que ce qu'elle fait; les thomistes affirment le contraire. Il suit de la doctrine de Jansénius que Dieu prive du nécessaire ceux à qui il refuse l'impulsion victorieuse de sa grâce; les thomistes, avec leur maître le docteur angélique, enseignent que, dans l'œuvre du salut, la divine Providence ne laisse personne manquer du nécessaire. »

1. *Conférence sur la grâce*, prêchée à Notre-Dame, par le P. Monsabré.

CHAPITRE II

LA CASUISTIQUE

Si Pascal est dupe d'une illusion dans les *Lettres provinciales* lorsqu'il croit défendre la vraie doctrine de l'Église et combat en réalité pour les adversaires du libre arbitre, il soutient la cause de la morale en flétrissant les excès de certains casuistes.

Ce qu'il condamne est justement condamné. On a pu relever, parmi les citations fournies à Pascal, quelques passages cités inexactement, ou faussement interprétés : par exemple, dans la quatrième lettre, où il assimile au péché d'ignorance, qui n'est pas un péché, le péché d'habitude, qui est un péché aggravé; dans la treizième, où il présente comme une apologie de l'assassinat l'excuse du meurtre par lequel on venge un outrage. Mais, d'une manière générale, les passages qu'il cite sont rapportés fidèlement et condamnés avec raison. Aussi les jésuites ayant essayé de défendre les casuistes attaqués par Pascal, la Sorbonne censure en 1658 dix propositions extraites de l'*Apologie des casuistes* sur les occasions prochaines, la simonie, l'homicide, l'usure, la calomnie, etc. Elle déclare cet ouvrage dangereux comme étant composé de telle sorte qu'il induit aisément ceux qui le lisent à chercher trop de prétextes de s'excuser, dans les péchés qu'ils commettent par une ignorance criminelle; à demeurer, et non sans péché, dans plusieurs occasions prochaines de mal faire; à prendre part aux fautes d'autrui;... à retenir par fraude ou par injustice le bien du prochain, etc.

Mais ce n'est pas à dire que l'appréciation de Pascal ne présente aucune exagération. D'abord, il dépasse la juste mesure, en englobant dans une proscription commune l'ordre entier des jésuites; et Bourdaloue a le droit de son côté, lorsqu'il fait entendre cette protestation : « On confond le général avec le particulier; ce qu'un a mal dit, on le fait dire à tous; et ce que plusieurs ont bien dit, on ne le fait dire à personne[1]. »

De plus, Pascal laisse croire que la casuistique est l'œuvre propre de la société de Jésus; et c'est là un autre tort. « On attribuait adroitement à toute la société, observe Voltaire, des opinions extravagantes de plusieurs jésuites espagnols et flamands; on les aurait déterrées aussi bien chez des casuistes dominicains ou franciscains, mais c'était aux seuls jésuites qu'on en voulait[2]. » Cette manière de voir est plus conforme aux faits que celle des *Provinciales*[3].

Enfin, Pascal accuse les jésuites d'accommoder leur direction spirituelle aux intérêts temporels de leur ordre, de la faire tantôt sévère et tantôt relâchée selon les besoins de leur politique. « Sachez donc, dit-il,

---

1. *Sermon sur la Médisance*, 1re p.
2. *Siècle de Louis XIV*, ch. xxxvii.
3. Voir aussi un jugement analogue dans Balzac, *Le Prince*, ch. viii.

que leur objet n'est pas de corrompre les mœurs : ce n'est pas leur dessein. Mais ils n'ont pas aussi pour unique but de les réformer : ce serait une mauvaise politique. Voici quelle est leur pensée. Ils ont assez bonne opinion d'eux-mêmes pour croire qu'il est utile et comme nécessaire au bien de la religion que leur crédit s'élève partout, et qu'ils gouvernent toutes les consciences. Et parce que les maximes évangéliques et sévères sont propres pour gouverner quelques sortes de personnes, ils s'en servent dans ces occasions où elles leur sont favorables. Mais comme ces même maximes ne s'accordent pas au dessein de la plupart des gens, ils les laissent à l'égard de ceux-là, afin d'avoir de quoi satisfaire tout le monde. C'est pour cette raison qu'ayant à faire à des personnes de toutes sortes de conditions et de nations différentes, il est nécessaire qu'ils aient des casuistes assortis à toute cette diversité[1]. » Or ici, comme sur les deux points précédents, la prévention de Pascal contre les adversaires de ses maîtres le rend injuste. Que l'ordre des jésuites ait dû paraître, plus que tout autre, suspect de faire de la casuistique moins un modèle de direction chrétienne qu'un instrument de domination; il demeure vrai qu'il ne l'a point créée, comme le dit Pascal, pour ses besoins lors même que quelques-uns de ses membres l'auraient fait servir à cet usage.

Il faut chercher ailleurs la véritable cause des décisions étranges qui nous scandalisent chez certains casuistes.

---

1. 5° *Provinciale*, I, p. 51.

Et comme ils furent pour la plupart des religieux irréprochables, des prêtres d'une haute vertu ; que Sanchez, Suarès, Escobar lui-même, eurent une réputation méritée de sainteté, il est juste d'accuser moins encore les casuistes que la casuistique.

Le cardinal Henry, pour expliquer la morale relâchée de certains casuistes, fait remarquer que la plupart de ces docteurs appartenaient à l'Espagne, où régnait l'Inquisition ; où chacun courait le risque « d'être dénoncé, excommunié et, au bout de l'an, déclaré suspect d'hérésie et comme tel poursuivi en justice ». Et il attribue à un sentiment de charité l'indulgence excessive que les casuistes espagnols permettaient aux directeurs à l'égard de pécheurs vraiment indignes du sacrement[1].

Ce n'est là qu'un petit côté de la question. Le vice de la casuistique est inhérent à sa nature même, quelle qu'en puisse être l'utilité.

La casuistique, ou science des cas de conscience, n'est pas nouvelle.

Les anciens l'ont connue : Socrate et Sénèque l'ont pratiquée comme moralistes ; Cicéron lui consacre une partie du traité *des Devoirs*. Elle s'est particulièrement développée dans l'Église, parce qu'elle répond à un besoin essentiel de la direction des âmes. Elle est en effet un complément nécessaire de la théologie morale. Les principes de conduite que celle-ci enseigne restent dans le domaine abstrait de la théorie ; il en va tout autrement de la pratique, où ces mêmes principes se rencon-

---

1. *Hist. ecclésiastique*, 8ᵉ discours.

trent, se mêlent et parfois se combattent. Il est donc indispensable que le directeur, qui doit se prononcer non sur une thèse de théologie, mais sur des actes, s'accoutume à discerner ce qui est permis ou défendu, dans cette complexité de motifs et de circonstances que présente la vie. La casuistique religieuse est née de la nécessité d'éclairer les jeunes prêtres destinés à la confession, de guider leur inexpérience, de les exercer à tenir compte de la variété des cas, des conflits qui peuvent naître entre différents devoirs et surtout des caractères et des états de conscience. Ce dernier point demande une attention particulière; car on ne saurait appliquer la même mesure à ceux qui sont avancés dans la voie du bien et à ceux qui y font en quelque sorte leurs premiers pas : on risquerait de décourager les âmes dont les bonnes dispositions sont encore chancelantes, en leur appliquant la même sévérité qu'à celles qui sont affermies dans la piété. Les futurs directeurs de conscience doivent apprendre des personnes qui ont acquis la connaissance du cœur humain cette juste mesure qui demande tant de tact et de ménagements. Quoi de plus difficile, en effet, que de tenir le milieu entre l'excès de la sévérité et l'excès de l'indulgence? On navigue entre deux écueils. « Deux maladies dangereuses, dit Bossuet, ont affligé de nos jours le corps de l'Église. Il a pris à quelques docteurs une malheureuse et inhumaine complaisance, une pitié meurtrière qui leur a fait porter des coussins sous les coudes des pécheurs, chercher des couvertures à leurs passions... Quelques autres, non moins extrêmes, ont tenu les consciences captives sous des rigueurs très injustes; ils ne peuvent supporter aucune faiblesse[1]. »

Entre ces deux contraires, le casuiste s'avance sur une pente glissante : il imagine des cas compliqués, il suppose des circonstances extraordinaires, au lieu de se borner aux cas ordinaires qu'il est aisé de démêler; il multiplie les hypothèses embarrassantes, les questions douteuses, et se complaît à y déployer la sagacité de son intelligence et les ressources de sa dialectique. De là les subtiles distinctions de certains casuistes. Vous héritez d'un parent riche, et vous vous en réjouissez; est-ce un péché? Oui, si vous vous êtes réjoui de sa mort; non, si vous vous êtes réjoui seulement du bien qu'il vous laisse. Vous allez vous promener dans

---

1. *Oraison funèbre de M. Cornet.* Bourdaloue dit de même : « Je ne dis pas que nous devions flatter les pécheurs par de lâches complaisances, vous n'ignorez pas combien j'ai ce sentiment en horreur; je ne dis pas que nous ne devions point obliger les pécheurs à tout ce que l'Évangile a de plus austère. Mais je dis qu'à cette sévérité qui pourrait, seule, éloigner les pécheurs, il faut joindre cette douceur qui les ramène. Je dis qu'il faut proportionner cette sévérité aux dispositions des sujets, comme la grâce elle-même s'y accommode, et non pas l'appliquer sans discernement et sans prudence, aux uns trop, aux autres trop peu, à ceux-ci hors de leur état, à ceux-là par-dessus leurs forces. » (*Sermon sur la grâce*, 1re p.) — « Il y a toujours eu deux courants opposés dans l'Église : aux docteurs sévères, qui veulent qu'on se sépare tout à fait du monde, s'opposent les moralistes plus indulgents, qui cherchent une manière honnête de s'accommoder avec lui; les jansénistes et les jésuites sont de tous les temps. Au milieu du troisième siècle, pendant la persécution de Dèce, le poète Commodien, qui était de l'école de Tertullien, se plaint amèrement de ces ecclésiastiques faciles qui, par bonté d'âme, par intérêt ou par peur, dissimulent aux fidèles la vérité, cherchent à leur rendre tout aisé, tout uni, et ne leur disent jamais que ce qu'il leur fera plaisir d'entendre. » (Boissier, *Études d'histoire religieuse*, Revue des Deux-Mondes, 1er juillet 1887.)

un lieu où vous devez rencontrer un adversaire qui vous provoquera ; s'il vous attaque et que vous vous défendiez, est-ce un duel ?... De tels raffinements présentent un vrai danger, particulièrement redoutable en ce qui touche aux mœurs.

Les pécheurs eux-mêmes tendent à pousser les casuistes dans cette voie, en cherchant à ruser avec la morale, en imaginant des prétextes pour ne pas quitter leur péché. Leurs artifices sont un nouvel écueil que signale Bossuet : « On fatigue les casuistes par des consultations infinies. Et à quoi est-ce, dit saint Augustin, qu'on travaille par tant d'enquêtes sinon à ne trouver pas ce qu'on cherche ? C'est pourquoi nous éprouvons tous les jours qu'on embarrasse la règle des mœurs par tant de questions et tant de chicanes qu'il n'y en a pas davantage dans les procès les plus embrouillés. La chair qui est condamnée cherche des détours et des embarras [1]. »

« Je ne veux pas dire qu'il ne se rencontre quelque part des obstacles même dans les voies de la justice. La variété des faits, les changements de la discipline, le mélange des lois positives font naître assez souvent des difficultés qui obligent de consulter ceux à qui Dieu a confié le dépôt de la science. Mais il ne cesse pas d'être véritable, et nous le voyons tous les jours par expérience, que les consultations empressées nous cachent quelque tromperie. Et je ne crains pas de vous assurer que, pour régler notre conscience sur la plupart des devoirs

---

1. *Sermon sur le respect dû à la vérité*, 2ᵉ p.

de la vie chrétienne, la bonne foi est un grand docteur, qui laisse peu d'embarras et de questions indécises [1]. »

Les dangers de la casuistique viennent de sa nature, de la préoccupation de proportionner les principes généraux à la diversité des circonstances et à l'inégalité des individus.

Et c'est là, sans nul doute, ce qui explique la sévérité de Pascal, sans la légitimer entièrement : sa droiture naturelle s'indigne à la vue des artifices auxquels on a recours pour énerver la loi morale.

1. *Sermon sur le respect dû à la vérité*, 2° p.

CINQUIÈME PARTIE

APOLOGIE DE LA RELIGION

CHAPITRE PREMIER

PLAN DE L'APOLOGIE

On sait que les *Pensées* de Pascal sont des morceaux plus ou moins achevés d'un grand ouvrage, l'apologie de la religion chrétienne, qu'il ne put qu'ébaucher. Trois documents nous donnent le plan de cette apologie.

Le premier est d'Étienne Périer : dans la préface de la première édition des *Pensées,* il expose le dessein de Pascal, tel que son oncle l'avait développé à Port-Royal des Champs.

Le discours de Pascal ayant eu pour auditeurs les solitaires de Port-Royal qui publièrent la première édition des *Pensées,* l'auteur de la préface n'en peut avoir donné qu'un résumé fidèle, composé d'après leurs indications et conforme à leurs souvenirs.

Le second document est de Filleau de la Chaise ; plus

étendu que celui d'Étienne Périer, il est intitulé : *Discours sur les Pensées de M. Pascal, où l'on essaie de faire voir quel était son dessein.* Il ne parut qu'en 1672 ; mais il est antérieur à celui d'Étienne Périer, car il devait primitivement servir de préface à l'édition de 1669, comme nous l'apprend l'Avertissement de l'auteur. « Ce discours avait été fait pour servir de préface au recueil des *Pensées* de M. Pascal ; mais, parce qu'il fut trouvé trop étendu pour lui donner ce nom, on ne voulut point s'en servir... Depuis, comme on a jugé que ce discours pourrait n'être pas tout à fait inutile pour faire voir à peu près quel était le dessein de M. Pascal, on a voulu le rendre public. » L'exposé de Filleau de la Chaise concorde entièrement avec celui d'Étienne Périer ; il y rappelle à son tour la séance où Pascal développe son plan « devant tant d'habiles gens », et il ajoute : « Tout ce que dit alors M. Pascal leur est encore présent, et c'est d'un d'eux que, plus de huit ans après, on a appris ce qu'on en va dire. »

Nous trouvons les véritables motifs pour lesquels la famille de Pascal ne crut pas devoir se servir de cette préface, dans une lettre confidentielle de Mme Périer à M. Vallant, médecin de la marquise de Sablé (1er avril 1670). « Mme la marquise témoigne le désir de savoir qui a fait la préface de notre livre. Vous savez, Monsieur, que je ne dois rien avoir de secret pour elle ; c'est pourquoi je vous supplie de lui dire que c'est mon fils qui l'a faite, mais je la supplie très humblement de n'en rien témoigner à personne ; je n'excepte rien et je vous demande la même grâce. Et afin que vous en sachiez la raison, je vous dirai toute l'histoire. Vous savez que M. de la Chaise en avait fait une, *qui était assurément fort belle*. Mais comme il ne nous en avait rien communiqué, nous fûmes bien surpris, lorsque nous la vîmes, de ce qu'elle ne contenait rien de toutes les choses que nous voulions dire et qu'elle en contenait plusieurs que nous ne voulions pas dire. Cela obligea M. Périer de lui écrire pour le prier de trouver bon qu'on y changeât ou qu'on en fît une autre; et M. Périer se résolut en effet d'en faire une. Mais comme il n'a jamais un moment de loisir, après avoir bien attendu, il manda ses intentions à son fils et lui ordonna de la faire. Cependant, comme mon fils voyait que ce procédé faisait de la peine à M. de R. (de Roannez), à M. de la Chaise et aux autres, il ne se vanta point de cela et fit comme si cette préface était venue d'ici (de Clermont) toute faite. »

En lisant attentivement le discours de Filleau de la Chaise et en le comparant à la préface d'Étienne Périer, on constate aisément ce que ce dernier a ajouté et ce qu'il a retranché. Il donne sur la vie et sur les derniers moments de Pascal des détails que Filleau de la Chaise avait omis, et il supprime cette conclusion décourageante par laquelle celui-ci terminait son discours : « Quoiqu'il n'ait rien paru jusqu'ici de plus propre à tirer les gens de cet assoupissement que les écrits de M. Pascal, il est cependant comme assuré qu'il n'y en aura que très peu qui en profitent, et qu'à en juger par l'événement, ce ne sera que pour les vrais chrétiens qu'il aura travaillé en s'efforçant de prouver la vérité de leur religion... »

Mais les restrictions de Mme Périer ne portent en aucune manière sur l'exposition que Filleau de la Chaise a donnée du plan de Pascal. Loin de là, elle déclare expressément que l'on n'y saurait rien ajouter : « On a recueilli quelques-unes de ses pensées, mais c'est peu, et je me croirais obligée de m'étendre davantage, pour y donner plus de jour, si un de ses amis ne nous en avait donné une dissertation sur les œuvres de Moïse, où tout cela est admirablement bien démêlé et d'une manière qui ne serait pas indigne de mon frère[1]. »

Nous voici donc en possession de deux documents authentiques. Le troisième, plus bref que les précédents, est de Nicole, qui le publia sous le pseudonyme du sieur de Chanteresse, dans son *Traité de l'éducation d'un prince,* au moment même où venait de paraître la préface d'Étienne Périer, car le privilège est daté du 23 avril 1670. « Il vient de paraître, dit Nicole, un livre en public, dont ce discours n'est que l'abrégé... C'est le recueil des *Pensées* de M. Pascal. »

Ce qui fait l'importance de ce troisième document, outre sa conformité avec les deux autres, c'est ce fait qu'il émane d'un de ceux qui avaient entendu Pascal à Port-Royal.

On peut donc, d'après ces témoignages incontestables, que viennent confirmer certains passages des *Pensées* intitulés *Ordre,* indiquer dans ses grandes lignes le

---

1. Cette approbation sans réserve donnée par Mme Périer, dans sa *Vie de Pascal,* au résumé de Filleau de la Chaise et par suite à celui de son fils Étienne Périer, ne permet pas de supposer que, 15 ans après leur publication, elle ait eu l'idée de proposer un plan différent. Cette *Vie de Pascal* parut en 1684 dans l'édition des *Pensées* d'Amsterdam.

dessein de l'apologie de Pascal, extraire des *Pensées* les morceaux qui s'y ajustent, et les ranger d'après les divisions principales du plan qui nous a été transmis. On n'a point la prétention chimérique de reconstituer l'œuvre d'un Pascal; mais l'ambition plus modeste de servir la cause qu'il avait tant à cœur, en diminuant pour les lecteurs la confusion et l'obscurité des fragments qui nous ont été conservés, en substituant aux *Pensées* de Pascal la pensée de Pascal.

Le plan de l'apologie est très simple; il se compose de trois parties :

1° Préparer l'incrédule à recevoir les preuves de la religion, en dissipant les préventions qui obscurcissent sa raison, par le sentiment de sa misère, la nécessité d'en chercher le remède et l'impuissance de le trouver ailleurs que dans la religion;

2° Convaincre la raison, ainsi préparée, en exposant les preuves de la religion;

3° Les preuves étant insuffisantes si le cœur est fermé à Dieu par les passions, faire tomber l'obstacle et purifier le cœur pour le mettre en état de recevoir la foi.

Si Pascal avait arrêté l'ordre et la suite de ses idées, il n'avait point déterminé la forme qu'il leur donnerait. Tantôt il semble vouloir les exposer dans le discours ordinaire : « J'aurais bien pris ce discours d'ordre comme celui-ci[1] :... »

Tantôt il songe à procéder par dialogue : « Ordre

---

1. *Pensées*, XXV, 108.

par dialogues. — Que dois-je faire? Je ne vois partout qu'obscurités [1]. »

Tantôt il associe le dialogue avec le discours : « Il faut en tout dialogue et discours qu'on puisse dire, etc. [2]. » Tantôt enfin, se souvenant du succès des *Provinciales,* il pense à traiter son sujet par lettres. Cette dernière forme est celle qui revient le plus souvent dans les courts fragments intitulés Ordre : « Une lettre, de la folie de la science humaine et de la philosophie. Cette lettre avant le divertissement [3]. »

« Dans la lettre, de l'injustice, peut venir, etc. [4]. » « Après la lettre qu'*on doit chercher Dieu,* faire la lettre d'*ôter les obstacles* [5]. »

Mais la forme seule restait indécise ; le fond, qu'il avait profondément médité, était fixé dans son esprit. « Il avait toujours accoutumé de songer beaucoup aux choses, et de les disposer dans son esprit avant que de les produire au dehors, pour bien considérer et examiner avec soin celles qu'il fallait mettre les premières ou les dernières, et l'ordre qu'il leur devait donner à toutes, afin qu'elles pussent faire l'effet qu'il désirait [6].

---

1. *Pensées*, XXV, 109. — 2. *Ibid.*, XXV, 108. — 3. *Ibid.*, XXV, 109 *bis*. — 4. *Ibid.*, XXV, 110. — 5. *Ibid.*, X, 10. — 6. *Préface de Port-Royal*, P. XLVIII, éd. Havet.

CHAPITRE II

PRÉPARATION DE L'ESPRIT A RECEVOIR LES PREUVES.

Certains esprits sont fermés à la vérité; comment la faire pénétrer en eux? « Il y a deux entrées par où les opinions sont reçues dans l'âme, qui sont ses deux principales puissances, l'entendement et la volonté. La plus naturelle est celle de l'entendement, car on ne devrait jamais consentir qu'aux vérités démontrées; mais la plus ordinaire, quoique contre nature, est celle de la volonté, car tout ce qu'il y a d'hommes sont presque toujours emportés à croire non pas par la preuve, mais par l'agrément;... de sorte que l'art de persuader consiste autant en celui d'agréer qu'en celui de convaincre . »

« Nous ne croyons presque que ce qui nous plaît. Et de là vient l'éloignement où nous sommes de consentir aux vérités de la religion chrétienne, tout opposée à nos plaisirs[2]. »

L'apologiste chrétien doit donc, avant de prouver que

---

1. *Esprit géométrique*, 2° p., p. 174. — 2. *Ibid.*

la religion est vraie, faire désirer qu'elle soit vraie [1].
« Car aussitôt qu'on fait apercevoir à l'âme qu'une chose peut la conduire à ce qu'elle aime souverainement, il est inévitable qu'elle ne s'y porte avec joie [2].

« Les hommes ont mépris pour la religion, ils en ont haine, et peur qu'elle soit vraie. Pour guérir cela, il faut commencer par montrer que la religion n'est point contraire à la raison; ensuite, qu'elle est vénérable, en donner le respect; la rendre ensuite aimable, faire souhaiter aux bons qu'elle fût vraie; et puis, montrer qu'elle est vraie [3]. »

Comment faire souhaiter que la religion soit vraie? En prouvant que seule elle répond aux besoins de notre nature. La peinture de ces besoins tient donc la première place dans l'apologie : elle en est le fondement.

I

Ce qui doit frapper l'homme, pour peu qu'il s'étudie et rentre en lui-même, c'est que, seul dans la création, tandis que les autres êtres n'ont qu'à suivre l'instinct de leur nature une et simple, il est double pour ainsi dire et trouve en lui deux natures ennemies qui se combattent : c'est un composé bizarre, incompréhen-

---

1. FILLEAU DE LA CHAISE.
« Il commença par exposer ce qu'il pensait des preuves dont on se sert d'ordinaire. »

ÉTIENNE PÉRIER.
« Après qu'il leur eut fait voir quelles sont les preuves qui font le plus d'impression sur l'esprit des hommes, et qui sont les plus propres à les persuader, etc. »

2. *Ibid.*, 2º p., p. 176.
3. *Pensées*, XXIV, 26, Ordre.

sible de bassesse et de grandeur. Son intelligence qui aspire à la vérité absolue est esclave de l'erreur et de l'ignorance; sa volonté qui aspire à la parfaite justice est esclave de l'intérêt et de la coutume; sa sensibilité qui aspire au bonheur suprême est esclave des vains plaisirs et des faux biens[1].

L'intelligence de l'homme est sans cesse troublée

---

[1]. FILLEAU DE LA CHAISE.

« Il commença par une peinture de l'homme qui, pour n'être qu'un raccourci, ne laissait pas de contenir tout ce qu'on a jamais dit de plus excellent sur ce sujet. Jamais ceux qui ont le plus méprisé l'homme n'ont prouvé si bien son imbécillité, sa corruption, ses ténèbres; et jamais sa grandeur et ses avantages n'ont été portés si haut par ceux qui l'ont le plus relevé... Il n'est pas possible qu'il ne vienne enfin à s'effrayer de ce qu'il découvre en lui et à se regarder comme un assemblage monstrueux de parties incompatibles... Quoiqu'un homme en cet état soit encore bien loin de connaître Dieu, il est au moins certain que rien n'est plus propre à lui persuader qu'il y peut avoir autre chose que ce qu'il connaît, et que cette chose inconnue lui peut être d'assez grande conséquence pour chercher s'il n'y a rien qui l'en puisse instruire. »

ÉTIENNE PÉRIER.

« Il commença d'abord par une peinture de l'homme, où il n'oublia rien de ce qui pouvait le faire connaître et au dedans et au dehors de lui-même... Il ne saurait remarquer sans étonnement et sans admiration tout ce que M. Pascal lui fait sentir de sa grandeur et de sa bassesse, de ses avantages et de ses faiblesses, du peu de lumière qui lui reste, et des ténèbres qui l'environnent presque de toutes parts, et enfin de toutes les contrariétés étonnantes qui se trouvent dans sa nature. Il ne peut plus, après cela, demeurer dans l'indifférence, s'il a tant soit peu de raison; et quelque insensible qu'il ait été jusqu'alors, il doit souhaiter, après avoir ainsi connu ce qu'il est, de connaître aussi d'où il vient, et ce qu'il doit devenir. »

NICOLE.

« Il faut leur faire remarquer en toutes choses, dans eux-mêmes et dans les autres, l'effroyable corruption du cœur de l'homme, son injustice, sa vanité, sa stupidité, sa brutalité, et leur faire comprendre par là la nécessité de la réformation de la nature. »

Il est intéressant d'observer que le janséniste Nicole en résumant Pascal ne mentionne que la bassesse de l'homme et se tait sur sa grandeur.

par ce que Pascal appelle les puissances trompeuses[1].

« Les passions de l'âme troublent les sens, et leur font des impressions fausses[2]. » Par là même, elles pénètrent jusqu'à la raison et changent en un instant toutes ses vues[3].

Notre propre intérêt est « un merveilleux instrument pour nous crever les yeux agréablement[4] ». « La volonté qui se plaît à l'une (chose) plus qu'à l'autre, détourne l'esprit de comprendre les qualités de celles qu'elle n'aime pas à voir : et ainsi l'esprit, marchant d'une pièce avec la volonté, s'arrête à regarder la face qu'elle aime[5]. »

« L'imagination grossit les petits objets jusqu'à en remplir notre âme, par une estimation fantastique; et, par une insolence téméraire, elle amoindrit les grands jusques à sa mesure[6]. » « Elle est maîtresse d'erreur et de fausseté, et d'autant plus fourbe qu'elle ne l'est pas toujours; car elle serait règle infaillible de vérité, si elle l'était infaillible du mensonge[7]. » « L'imagination dispose de tout; elle fait la beauté, la justice, et le bonheur, qui est le tout du monde...

« Nous avons un autre principe d'erreur, les maladies. Elles nous gâtent le jugement et le sens[8]. » Et il n'est pas même besoin d'une atteinte aussi grave pour produire un tel effet. « L'esprit de ce souverain juge du monde n'est pas si indépendant qu'il ne soit sujet

---

1. « Il faut commencer par là le chapitre des puissances trompeuses. » (*Pensées*, III, 17.)
2. *Pensées*, III, 19. — 3. *Ibid.*, XXIV, 57. — 4. *Ibid.*, III, 3. — 5. *Ibid.*, III, 10. — 6. *Ibid.*, III, 11. — 7. *Ibid.*, III, 3. — 8. *Ibid.*

à être troublé par le premier tintamarre qui se fait autour de lui... Ne vous étonnez pas s'il ne raisonne pas bien à présent; une mouche bourdonne à ses oreilles : c'en est assez pour le rendre incapable de bons conseils. Si vous voulez qu'il puisse trouver la vérité, chassez cet animal qui tient sa raison en échec et trouble cette puissante intelligence qui gouverne les villes et les royaumes[1]. »

Cette intelligence trouve d'ailleurs en elle-même une cause naturelle d'atonie.

Les principes de la raison sont si complexes, si subtils et si éloignés des voies communes, que, si grand que soit son effort, elle en oublie toujours quelques-uns : et la voilà dans l'erreur[2]. Lorsque par hasard elle touche à la vérité, elle ne sait point s'y tenir. La vue qu'elle en a est trop faible pour qu'elle soit frappée tout de bon : un quart d'heure après, le doute reprend le dessus[3]. Aussi n'est-il rien d'aussi étrange que le spectacle de la pensée humaine : il n'y a pas de question, si importante soit-elle, sur laquelle on ait réussi à se mettre d'accord. « Pour les philosophes, 288 souverains biens[4]. » Faite pour servir de règle à tout le reste, la raison n'a pas sa règle en elle-même : « elle est ployable dans tous les sens[5] ».

Mais Pascal, après avoir ainsi rabaissé l'intelligence de l'homme, nous montre, avec une égale fermeté, son incomparable grandeur.

La pensée est l'essence même de l'homme; la pensée

---

1. *Pensées*, III, 9. — 2. *Ibid.*, XXIV, 52; VII, 2 *bis*. — 3. *Ibid.*, VII, 12; X, 5. — 4. *Ibid.*, XXV, 33. — 5. *Ibid.*, VII, 4.

fait toute son excellence naturelle ; elle est de plus, pour lui, le principe d'un progrès illimité et d'un empire sur les forces ambiantes qui va toujours croissant.

« Je ne puis concevoir l'homme sans pensée : ce serait une pierre ou une brute [1]. »

« Un arbre ne se connaît pas misérable. C'est donc être misérable que de se connaître misérable, mais c'est être grand de connaître qu'on est misérable [2]. » « L'homme n'est qu'un roseau..., mais c'est un roseau pensant. Il ne faut pas que l'univers entier s'arme pour l'écraser. Une vapeur, une goutte d'eau, suffit pour le tuer. Mais quand l'univers l'écraserait, l'homme serait encore plus noble que ce qui le tue, parce qu'il sait qu'il meurt, et l'avantage que l'univers a sur lui. L'univers n'en sait rien [3]. »

Les sciences qui sont soumises à l'expérience et au raisonnement sont proportionnées à la portée de notre esprit; « il trouve une liberté tout entière de s'y étendre : sa fécondité inépuisable produit continuellement, et ses inventions peuvent être tout ensemble sans fin et sans interruption [4] ».

La volonté nous offre des contradictions analogues et aussi profondes.

La justice est asservie à la force et à la coutume dans les États, altérée par l'amour de soi dans les individus.

« Ne pouvant faire qu'il soit force d'obéir à la justice, on a fait qu'il soit juste d'obéir à la force; ne pouvant

---

1. *Pensées*, I, 2. — 2. *Ibid.*, I, 3. — 3. *Ibid.*, I, 6. — 4. *Fragment d'un traité du vide*, III, l. 159.

fortifier la justice, on a justifié la force, afin que le juste et le fort fussent ensemble, et que la paix fût, qui est le souverain bien[1]. » « Si l'on avait pu, l'on aurait mis la force entre les mains de la justice : mais comme la force ne se laisse pas manier comme on veut, parce que c'est une qualité palpable, au lieu que la justice est une qualité spirituelle dont on dispose comme on veut, on l'a mise entre les mains de la force; et ainsi on appelle juste ce qu'il est force d'observer[2]. »

Toute autorité a commencé par la force. « Ce chien est à moi, disaient ces pauvres enfants; c'est là ma place au soleil. Voilà le commencement et l'image de l'usurpation de toute la terre[3]. » Et c'est aussi par force que toute autorité se maintient et s'affermit. Les duchés et royautés et magistratures ont en elle leur origine; et, s'ils venaient à n'y plus recourir, tout retomberait dans le chaos, « à cause de ce que la force règle tout[4] ».

Cette contrefaçon de la justice s'impose à l'homme dans la société. « La justice est ce qui est établi[5]. »

« S'il la connaissait, il n'aurait pas établi cette maxime, la plus générale de toutes celles qui sont parmi les hommes, que chacun suive les mœurs de son pays; l'éclat de la véritable équité aurait assujetti tous les peuples, et les législateurs n'auraient pas pris pour modèle, au lieu de cette justice constante, les fantaisies

---

1. *Pensées*, VI, 7. — 2. *Ibid.*, VI, 7 *bis ;* VI, 8. — 3. *Ibid.*, VI, 50.
4. *Ibid.*, VI, 62 *bis.* « Figurons-nous donc que nous les voyons commencer à se former. Il est sans doute qu'ils se battront jusqu'à ce que la plus forte partie oppresse la plus faible, et qu'enfin il y ait un parti dominant. » (VI, 62.) — 5. *Ibid.*, VI, 6.

et les caprices des Perses et Allemands et des Indiens. On la verrait plantée par tous les États du monde et dans tous les temps, au lieu qu'on ne voit rien de juste ou d'injuste qui ne change de qualité en changeant de climat. Trois degrés d'élévation du pôle renversent toute la jurisprudence... Plaisante justice qu'une rivière borne! Vérité au deçà des Pyrénées, erreur au delà[1]. » « En peu d'années de possession, les lois fondamentales changent; le droit a ses époques[2]. » « De cette confusion arrive que l'un dit que la justice est l'autorité du législateur; l'autre, la commodité du souverain; l'autre, la coutume présente, et c'est le plus sûr : rien, suivant la seule raison, n'est juste de soi; tout branle avec le temps. La coutume fait toute l'équité, par cette seule raison qu'elle est reçue : c'est le fondement mystique de son autorité[3]. »

La justice n'est pas mieux observée par les particuliers.

« Quand notre passion nous porte à faire quelque chose, nous oublions notre devoir[4]. » « L'affection ou la haine changent la justice de face; et combien un avocat bien payé d'avance trouve-t-il plus juste la cause qu'il plaide[5]! » Ainsi le veut le mauvais fond de notre nature. « Le moi a deux qualités : il est injuste en soi, en ce qu'il se fait le centre de tout; il est incommode aux autres, en ce qu'il veut les asservir : car chaque

---

1. *Pensées*, III, 8. « Pourquoi me tuez-vous ? Eh quoi ! ne demeurez-vous pas de l'autre côté de l'eau ? Mon ami, si vous demeuriez de ce côté, je serais un assassin;... mais, puisque vous demeurez de l'autre côté, je suis un brave, et cela est juste. » (*Pensées*, VI 3).
2. *Ibid.*, III, 8. — 3. *Ibid.*, III, 8. — 4. *Ibid.*, XXV, 1. — 5. *Ibid.*, III, 3.

moi est l'ennemi et voudrait être le tyran des autres[1]. »
On n'aime que soi[2] ; et cela vient de race : « Nous naissons injustes[3]. »

Et pourtant l'homme porte en lui le divin modèle de la justice. Ceux qui obéissent à la coutume admettent, reconnaissent une loi supérieure et universelle. « Ils confessent que la justice n'est pas dans ces coutumes, mais qu'elle réside dans les lois naturelles, connues en tout pays[4]. »

Le peuple par qui la coutume est aveuglément respectée, l'observe uniquement parce qu'il voit en elle l'image de la justice véritable. « Sinon il ne la suivrait plus, quoiqu'elle fût coutume ; car on ne veut être assujetti qu'à la raison[5]. »

« En outre, les personnes qui s'écartent de la règle cherchent à se persuader qu'elle est de leur côté. « Ceux qui sont dans le déréglement disent à ceux qui sont dans l'ordre, que ce sont eux qui s'éloignent de la nature, et ils la croient suivre : comme ceux qui sont dans un vaisseau, croient que ceux qui sont au bord, fuient[6]. »

Les voleurs eux-mêmes se font une justice qu'ils se piquent de respecter entre eux : « C'est une plaisante chose à considérer, de ce qu'il y a des gens dans le monde qui, ayant renoncé à toutes les lois de Dieu et de la nature, s'en sont fait eux-mêmes auxquelles ils obéissent exactement[7]. »

Enfin, si les lois et les règlements qui opposent des

1. *Pensées*, VI, 20. — 2. *Ibid.*, II, 8. — 3. *Ibid.*, XXIV, 56. — 4. *Ibid.*, III, 8. — 5. *Ibid.*, VI, 40. — 6. *Ibid.*, VI, 4. — 7. *Ibid.*, VI, 49.

barrières à l'égoïsme et à la concupiscence ne sont qu'une image de la véritable justice, en voulant l'imiter, ils lui rendent hommage. « On s'est servi, comme on a pu, de la concupiscence pour la faire servir au bien public [1]. »

« Grandeur de l'homme dans la concupiscence même, d'en avoir tiré un règlement admirable [2]. »

Aussi les psychologues s'étonnent-ils de voir l'homme tendre vers un but supérieur à cette vie et s'en écarter sans cesse. « L'un dit : Il n'est pas né à cette fin, car toutes ses actions y répugnent; l'autre dit : Il s'éloigne de sa fin quand il fait ces basses actions [3]. » La conduite de l'homme déroute toutes les appréciations. C'est que, s'il aime naturellement la justice [4], il n'en garde plus une vue assez claire ni un désir assez profond pour y adapter sa vie. « La justice et la vérité sont deux pointes si subtiles que nos instruments sont trop mousses, pour y toucher exactement [5] ». D'autre part, la concupiscence nous aveugle pour faire notre choix, et nous arrête quand nous avons choisi [6].

Le bonheur, dont l'homme est avide, lui échappe comme la justice et la vérité. « Tous les hommes recherchent d'être heureux; cela est sans exception. Quelques différents moyens qu'ils emploient, ils tendent tous à ce but... La volonté ne fait jamais la moindre démarche que vers cet objet. C'est le motif de toutes les actions de tous les hommes, jusqu'à ceux qui vont se

---

1. *Ibid., Pensées*, XXIV, 80. — 2. *Ibid.*, XXIV, 80 *ter*. — 3. *Ibid.*, I, 10. — 4. *Ibid.*, VII, 11. — 5. *Ibid.*, III, 3. — 6. *Ibid.*, I, 8.

pendre. Et cependant, depuis un si grand nombre d'années, jamais personne, sans la foi, n'est arrivé à ce point où tous visent continuellement. Tous se plaignent : princes, sujets; nobles, roturiers; vieux, jeunes; forts, faibles; savants, ignorants; sains, malades; de tous les pays, de tous les temps, de tous les âges et de toutes conditions. Une épreuve si longue, si continuelle et si uniforme, devrait bien nous convaincre de notre impuissance d'arriver au bien par nos efforts; mais l'exemple nous instruit peu. Il n'est jamais si parfaitement semblable, qu'il n'y ait quelque délicate différence; et c'est de là que nous attendons que notre attente ne sera pas déçue en cette occasion comme en l'autre [1] » : c'est pourquoi nous ne nous lassons pas de renouveler nos tentatives, espérant de l'avenir ce que nous refuse le présent.

Mais, tandis que le présent ne nous satisfait point, « l'espérance nous pipe et, de malheur en malheur, nous mène jusqu'à la mort qui est un comble éternel [2] ».

Les uns cherchent le bonheur dans l'autorité. Et leur ambition les abuse. « Les grands et les petits ont mêmes accidents, et mêmes fâcheries, et mêmes passions. » La différence, c'est que « l'un est au haut de la roue, et l'autre près du centre, et ainsi moins agité par les mêmes mouvements [3] ». Les autres cherchent le bonheur dans les sciences; et ils trouvent surtout la preuve intime qu'ils ne peuvent « ni savoir, ni ne désirer point de savoir [4] ». D'autres s'abandonnent à la vo-

---

1. *Pensées*, VIII, 2. — 2. *Ibid.*, VIII, 2. — 3. *Ibid.*, VI, 28. — 4. *Ibid.*, XXV, 37.

lupté; et leur part est encore moins belle. « Qui voudra connaître à plein la vanité de l'homme n'a qu'à considérer les causes et les effets de l'amour. La cause en est un « je ne sais quoi » [1]; et les effets en sont effroyables. Ce je ne sais quoi, si peu de chose qu'on ne peut le reconnaître, remue toute la terre, les princes, les armées, le monde entier. Le nez de Cléopâtre, s'il eût été plus court, toute la face de la terre aurait changé [2]. »

« Il ne faut pas avoir l'âme fort élevée pour comprendre qu'il n'y a point ici de satisfaction véritable et solide; que tous nos plaisirs ne sont que vanité; que nos maux sont infinis; et qu'enfin la mort, qui nous menace à chaque instant, nous mettra dans peu d'années dans l'horrible nécessité d'être éternellement ou anéantis ou malheureux [3]. » Un peu de « terre sur la tête, et en voilà pour jamais ».

La seule chose qui nous console de notre malheur « est le divertissement. » Et c'est ce que les hommes ont senti : « n'ayant jamais pu guérir la mort, la misère, l'ignorance, ils se sont avisés, pour se rendre heureux, de ne point y penser [4] ».

« De là vient que le jeu et la conversation des femmes, la guerre, les grands emplois, sont si recherchés. Ce n'est pas qu'il y ait en effet du bonheur, ni qu'on s'imagine que la vraie béatitude soit d'avoir l'argent qu'on peut gagner au jeu, ou dans le lièvre qu'on

---

1. « Un doux je ne sais quoi trouble notre repos. »
(Corn., *Pulchérie*, II, 1.)
2. *Pensées*, VI, 43. — 3. *Ibid.*, IX, 2. — 4. *Ibid.*, IV, 5.

court. On n'en voudrait pas s'il était offert. Ce n'est pas cet usage mol et paisible, et qui nous laisse penser à notre malheur, qu'on recherche,... mais c'est le tracas qui nous détourne d'y penser et nous divertit [1]. »
« Ils ont un instinct secret qui les porte à chercher le divertissement et l'occupation au dehors, qui vient du ressentiment de leurs misères continuelles ; et ils ont un autre instinct secret, qui reste de la grandeur de notre première nature, qui leur fait connaître que le bonheur n'est en effet que dans le repos, et non dans le tumulte ; et de ces deux instincts contraires, il se forme en eux un projet confus, qui se cache à leur vue dans le fond de leur âme, qui les porte à tendre au repos par l'agitation [2]. »

II

La duplicité de la nature humaine est donc visible ; elle « est si visible, qu'il y en a qui ont pensé que nous avions deux âmes : un sujet simple leur paraissait incapable de telles et si soudaines variétés [3] ».

« Nous souhaitons la vérité, et ne trouvons en nous qu'incertitude ; nous recherchons le bonheur, et ne trouvons que misère et mort. Nous sommes incapables de ne pas souhaiter la vérité et le bonheur, et sommes incapables ni de certitude, ni de bonheur [4]. » « Quelle chimère est-ce donc que l'homme ? Quelle nouveauté..., quel chaos, quel sujet de contradiction, quel prodige !

---

1. *Pensées*, IV, 2. — 2. *Ibid.*, IV, 2. — 3. *Ibid.*, XII, 8. — 4. *Ibid.*, VIII, 10.

Juge de toutes choses, imbécile ver de terre [1] ! » « S'il se vante, je l'abaisse; s'il s'abaisse, je le vante, et le contredis toujours, jusqu'à ce qu'il comprenne qu'il est un monstre incompréhensible [2]. »

« Que deviendrons-nous, en face d'une énigme aussi violente qui n'est autre chose que nous-mêmes? Faudra-t-il « se laisser conduire aux plaisirs, sans réflexion et sans inquiétude [3] »? Non; « ce repos dans cette ignorance est une chose monstrueuse, dont il faut faire sentir l'extravagance et la stupidité à ceux qui y passent leur vie [4]. »

« Je ne sais qui m'a mis au monde, ni ce que c'est que le monde, ni que moi-même. Je suis dans une ignorance terrible de toutes choses. Je ne sais ce que c'est que mon corps, que mes sens, que mon âme et cette partie même de moi qui pense ce que je dis, qui fait réflexion sur tout et sur elle-même, et ne se connaît non plus que le reste... Je ne vois que des infirmités de toutes parts, qui m'enferment comme un atome, et comme une ombre qui ne dure qu'un instant sans retour. Tout ce que je connais est que je dois bientôt mourir; mais ce que j'ignore le plus est cette mort même que je ne saurais éviter. Comme je ne sais d'où je viens, aussi je ne sais où je vais... Voilà mon état plein de misère, de faiblesse, d'obscurité [5]. » Or de tout cela je ne puis « conclure que je dois passer tous les jours de ma vie sans songer à chercher ce qui doit m'arriver ».

« Un homme dans un cachot, ne sachant si son arrêt

1. *Pensées*, VIII, 1. — 2. *Ibid.*, VIII, 14. — 3. *Ibid.*, IX, 2. — 4. *Ibid.*, IX, 2. — 5. *Ibid.*, IX, 1.

est donné, n'ayant plus qu'une heure pour l'apprendre, cette heure suffisant, s'il sait qu'il est donné, pour le faire révoquer, il est contre nature qu'il emploie cette heure-là, non à s'informer si l'arrêt est donné, mais à jouer au piquet [1]. » « Nous sommes embarqués »; et partant le problème de notre destinée se pose de lui-même : nous sommes acculés à la nécessité d'en chercher le dernier mot.

Mais où trouver ce dernier mot? d'où peut venir la lumière libératrice?

Pascal passe d'abord en revue les diverses sectes philosophiques[2], et il les partage en deux classes : dogmatistes et pyrrhoniens. De quel côté se ranger? « L'unique fort des dogmatistes » est qu'en parlant de bonne foi et sincèrement, on ne peut douter des principes naturels. Au contraire, « les principales forces des pyrrhoniens sont : que nous n'avons aucune certitude de

---

1. *Pensées*, IX, 4.
2. Filleau de la Chaise.

« Il leur fit chercher tout ce qui pouvait donner quelque lumière et examiner premièrement ce qu'en avaient dit ceux qu'on nomme philosophes. Mais il n'eut guère de peine à montrer qu'il fallait être peu difficile pour s'en contenter; qu'ils n'avaient fait autre chose que se contredire les uns les autres et se contredire eux-mêmes. »

Étienne Périer.

« M. Pascal ayant mis l'homme dans cette disposition de chercher à s'instruire sur un doute aussi important, il l'adresse premièrement aux philosophes; et c'est là qu'après lui avoir développé tout ce que les plus grands philosophes de toutes les sectes ont dit sur le sujet de l'homme, il lui fait observer tant de défauts, tant de faiblesses, tant de contradictions et tant de faussetés dans tout ce qu'ils en ont avancé, qu'il n'est pas difficile à cet homme de juger que ce n'est pas là où il doit s'en tenir. »

la vérité de ces principes, hors la foi et la révélation, si non en ce que nous les sentons naturellement en nous »... Et « voilà la guerre ouverte entre les hommes, où il faut que chacun prenne parti, et se range nécessairement, ou au dogmatisme, ou au pyrrhonisme; car qui pensera demeurer neutre sera pyrrhonien par excellence... Que fera donc l'homme en cet état? Doutera-t-il de tout? Doutera-t-il s'il veille?... Doutera-t-il s'il doute[1]? Doutera-t-il s'il est?... La nature soutient la raison impuissante, et l'empêche d'extravaguer à ce point[2] »; « nous avons une idée de la vérité invincible à tout le pyrrhonisme[3] ».

Faudra-t-il donc opiner pour les dogmatistes? Pas davantage; car ils se divisent entre eux, déroutés par le conflit de nos deux natures.

« Cette guerre intérieure de la raison contre les passions a fait que ceux qui ont voulu avoir la paix se sont partagés en deux sectes. Les uns [4] ont voulu renoncer aux passions, et devenir dieux; les autres [5] ont voulu renoncer à la raison, et devenir bêtes brutes. Mais ils ne l'ont pu, ni les uns, ni les autres, et la raison demeure toujours, qui accuse la bassesse et l'injustice des passions;... et les passions sont toujours vivantes dans ceux qui veulent y renoncer [6]. » « Les uns considérant la nature comme incorrompue, les autres comme irréparable, ils n'ont pu fuir, ou l'orgueil, ou la

---

1. C'est l'argument de Descartes : Si je doute, je pense, si je pense, je suis.
2. *Pensées*, VIII, 1. — 3. *Ibid.*, VIII, 9. — 4. Les stoïciens. — 5. Les épicuriens. — 6. *Pensées*, VIII, 8.

paresse, qui sont les deux sources de tous les vices; puisqu'il (l'homme) ne peut sinon, ou s'y abandonner par lâcheté, ou en sortir par l'orgueil. Car, s'ils connaissaient l'excellence de l'homme, ils en ignoraient la corruption; de sorte qu'ils évitaient bien la paresse, mais ils se perdaient dans la superbe. Et s'ils reconnaissent l'infirmité de la nature, ils en ignorent la dignité : de sorte qu'ils pouvaient bien éviter la vanité, mais c'était en se précipitant dans le désespoir. De là viennent les diverses sectes des stoïques et des épicuriens, des dogmatistes et des académiciens[1] etc. »

Pascal prend pour exemple Épictète et Montaigne. « En lisant cet auteur et le comparant avec Épictète, j'ai trouvé qu'ils étaient assurément les deux plus illustres défenseurs des deux plus célèbres sectes du monde... L'un, connaissant les devoirs de l'homme et ignorant son impuissance, se perd dans la présomption;... et l'autre, connaissant l'impuissance et non le devoir, il s'abat dans la lâcheté... D'où il semble que... l'on formerait en les alliant une morale parfaite. Mais au lieu de cette paix, il ne resterait de leur assemblage qu'une guerre et une destruction générale ; car l'un établissant la certitude et l'autre le doute, l'un la grandeur de l'homme et l'autre sa faiblesse, ils ruinent la vérité aussi bien que la fausseté l'un de l'autre[2]. »

---

1. *Pensées*, XII, 11.
2. *Entretien avec M. Saci*, p. cxxxi et suiv. — « Tu me cries de loin, ô philosophie, que j'ai à marcher dans ce monde en un chemin glissant et plein de périls. Tu me présentes la main pour me soutenir et pour me conduire. Et comment puis-je me fier à toi, pauvre philosophie? Que vois-

« Levez vos yeux vers Dieu, disent les uns : vous pouvez vous rendre semblables à lui; la sagesse vous y égalera;... haussez la tête, hommes libres, dit Épictète. Et les autres lui disent : Baissez vos yeux vers la terre, chétif ver que vous êtes, et regardez les bêtes dont vous êtes le compagnon [1]. »

« Les stoïques disent : Rentrez au dedans de vous-mêmes ; c'est là où vous trouverez votre repos : et cela n'est pas vrai. Les autres disent : Sortez en dehors ; recherchez le bonheur en vous divertissant : et cela n'est pas vrai [2]. »

C'est donc « en vain, ô hommes, que vous cherchez dans vous-mêmes le remède à vos misères. Toutes vos lumières ne peuvent arriver qu'à connaître que ce n'est point dans vous-mêmes que vous trouverez ni la vérité ni le bien. Les philosophes vous l'ont promis, et ils n'ont pu le faire. Ils ne savent ni quel est votre véritable bien, ni quel est votre véritable état. Comment auraient-ils donné des remèdes à vos maux, qu'ils n'ont pas seulement connus [3]? »

Pascal examine ensuite les diverses religions [4].

---

je dans tes écoles que des contentions inutiles qui ne seront jamais terminées. » (Bossuet, *Sermon sur la loi de Dieu*, 1re p.)

1. *Pensées*, XI, 4 *bis*. — 2. *Ibid.*, I, 9 *bis*. — 3. *Ibid.*, XII, 2.
4. FILLEAU DE LA CHAISE.

ÉTIENNE PÉRIER.

FILLEAU DE LA CHAISE.	ÉTIENNE PÉRIER.
« Là-dessus, parcourant tout l'univers et tous les âges, il rencontre une infinité de religions, mais dont aucune n'est capable de le toucher,... des religions où on adore plusieurs dieux et des dieux plus ridicules que	« Il lui fait ensuite parcourir tout l'univers et tous les âges, pour lui faire remarquer une infinité de religions qui s'y rencontrent; mais il lui fait voir en même temps... que toutes ces religions ne sont remplies que

Pour qu'une religion soit vraie, il faut au moins qu'elle ait reconnu la grandeur de l'homme ; il faut aussi qu'elle présente certains titres à notre créance.

Or les religions égyptiennes, grecque, latine, mahométane ne remplissent ni l'une ni l'autre de ces deux conditions. Elles ont flatté et parfois même déifié les passions dont l'homme a besoin d'être affranchi. « Les Égyptiens étaient infectés d'idolâtrie et de magie... Les Grecs et les Latins ont ensuite fait régner les fausses déités[1]. » Et les Mahométans nous ont « donné les plaisirs de la terre pour tout bien, même dans l'éternité[2] ». De plus, « la religion païenne est sans fondement. La religion mahométane a pour fondement l'Alcoran et Mahomet. Mais ce prophète, qui devait être la

des hommes. Près de tomber dans le désespoir, il découvre un certain peuple qui d'abord attire son attention... Ce peuple se gouverne par un livre unique, qui comprend tout ensemble son histoire, ses lois et sa religion. Toutes choses sont créées par un Dieu à qui rien n'est impossible. L'homme sort de ses mains dans un état digne de la sagesse de son auteur. Il se révolte contre lui et perd tous les avantages de son origine. Le crime et le châtiment passent dans tous les hommes ; il leur reste un sentiment obscur de leur première grandeur, et il leur est dit qu'ils y peuvent être rétablis : on leur promet un Médiateur qui fera cette grande réconciliation. »

de vanité, que de folies, que d'erreurs, que d'égarements, d'extravagances... Enfin, il lui fait jeter les yeux sur le peuple juif... il s'arrête particulièrement à lui faire remarquer un livre unique par lequel il se gouverne, et qui comprend tout ensemble son histoire, sa loi et sa religion... Il y trouve, qu'après que l'homme eut été créé de Dieu dans l'état d'innocence et avec toutes sortes de perfections, la première action qu'il fit fut de se révolter contre son créateur,... que ce crime avait été puni non seulement dans ce premier homme, mais encore dans tous ses descendants... M. Pascal lui apprend encore qu'il trouvera dans ce même livre de quoi se consoler,... que Dieu enverra un libérateur aux hommes. »

---

1. *Pensées*, XI, 5 *bis*. — 2. *Ibid.*, XII, 1.

dernière attente du monde, a-t-il été prédit? Quelle marque a-t-il, que n'ait aussi tout homme qui voudra se dire prophète? Quels miracles dit-il lui-même avoir faits [1]? »

« Je vois donc des foisons de religions en plusieurs endroits du monde, et dans tous les temps. Mais elles n'ont ni la morale qui peut me plaire, ni les preuves qui peuvent m'arrêter. Et ainsi j'aurais refusé également et la religion de Mahomet, et celle de la Chine, et celle des anciens Romains, et celle de Égyptiens, par cette seule raison que, l'une n'ayant pas plus de marque de vérité que l'autre, ni rien qui me déterminât nécessairement, la raison ne peut pencher plutôt vers l'une que vers l'autre [2]. »

« Mais, en considérant cette inconstante et bizarre variété de mœurs et de créances dans les divers temps, je trouve en un coin du monde un peuple particulier, séparé de tous les autres peuples de la terre, le plus ancien de tous,... qui adore un seul Dieu, et qui se conduit par une loi qu'ils disent tenir de sa main. Ils soutiennent qu'ils sont les seuls du monde auxquels Dieu a révélé ses mystères; que tous les hommes sont corrompus et dans la disgrâce de Dieu;... qu'il viendra un libérateur pour tous [3]. »

Ainsi, c'est un double mystère qui fait le fond de cette religion. « Elle nous apprend que par un homme tout a été perdu, et la liaison rompue entre Dieu et nous, et que par un homme la liaison est réparée [4]. »

1. *Pensées*, XIX, 7. — 2. *Ibid.*, XIV, 3. — 3. *Ibid.* — 4. *Ibid.*, XII, 6.

Et là jaillit le trait de lumière si longtemps désiré : La faute originelle, voilà l'explication; la rédemption, voilà le remède.

« J'ai créé l'homme saint, innocent, parfait, dit le Dieu de la Bible; je l'ai rempli de lumière et d'intelligence; je lui ai communiqué ma gloire et mes merveilles; l'œil de l'homme voyait alors la majesté de Dieu. Il n'était pas alors dans les ténèbres qui l'aveuglent, ni dans la mortalité et les misères qui l'affligent. Mais il n'a pu soutenir tant de gloire sans tomber dans la présomption. Il a voulu se rendre centre de lui-même, et indépendant de mon secours. Il s'est soustrait de ma domination; et, s'égalant à moi par un désir de trouver sa félicité en lui-même, je l'ai abandonné à lui [1]. »

L'homme est tombé de sa grandeur primitive; et c'est là ce qui explique les contradictions de notre nature. « Nous avons une idée du bonheur, et ne pouvons y arriver; nous sentons une image de la vérité, et ne possédons que le mensonge : incapables d'ignorer absolument et de savoir certainement, tant il est manifeste que nous avons été dans un degré de perfection dont nous sommes malheureusement déchus [2]. »

Mais le Sauveur est venu nous relever de notre déchéance. Et c'est par lui que se fait le retour à l'harmonie de l'homme avec lui-même. « Avec Jésus-Christ, l'homme est exempt de vice et de misère. En lui est toute notre vertu et toute notre félicité [3]. »

---

1. *Pensées*, XII, 1. — 2. *Ibid.*, VIII, 1. — *Ibid.*, XXII, 9.

La religion chrétienne est donc seule à pouvoir allier dans l'homme la grandeur avec la petitesse, le préserver de l'orgueil et du découragement. « Elle apprend aux justes, qu'elle élève jusques à la participation de la divinité même, qu'en cet état ils portent encore la source de toute corruption, qui les rend durant toute leur vie sujets à l'erreur, à la misère, à la mort, au péché; et elle crie aux plus impies qu'ils sont capables de la grâce de leur Rédempteur... Qui peut donc refuser à ces célestes lumières de les croire et de les adorer [1] ? » « Que peut-on avoir que de l'estime pour une religion qui connaît si bien les défauts de l'homme, et que du désir pour la vérité d'une religion qui promet des remèdes si souhaitables [2] ? »

---

[1]. *Pensées*, XII, 11. On a signalé la rencontre de Bossuet et de Pascal dans le *Sermon sur la mort* prononcé le 22 mars 1662 : « D'où vient donc cette discordance ? C'est que l'homme a voulu bâtir à sa mode sur l'ouvrage de son Créateur, et il s'est éloigné du plan; ainsi, contre la régularité du premier dessein, l'immortel et le corruptible, le spirituel et le charnel, l'ange et la bête, en un mot, se sont trouvés tout à coup réunis. » Et dans le *Sermon pour la profession de Mlle de la Vallière :* « Ce qu'il y a de si grand dans l'homme, c'est un reste de sa première institution; ce qu'il y a de si bas et qui paraît si mal assorti avec ses premiers principes, c'est le malheureux effet de sa chute. »

[2]. *Ibid.*, XI, 11.

CHAPITRE III

PREUVES DE LA RELIGION

Ceux que Pascal a décidés à sortir de leur indifférence sont maintenant en état de recevoir les preuves. « J'espère, dit-il,… qu'ils seront convaincus des preuves d'une religion si divine, que j'ai ramassées ici, et dans lesquelles j'ai suivi à peu près cet ordre[1] : » « 1° La religion chrétienne, par son établissement : par elle-même, établie si fortement, si doucement, étant si contraire à la nature ; 2° la sainteté, la hauteur et l'humilité d'une âme chrétienne ; 3° les merveilles de l'Écriture sainte ; 4° Jésus-Christ en particulier ; 5° les Apôtres en particulier ; 6° Moïse et les prophètes en particulier ; 7° le peuple Juif ; 8° les prophètes ; 9° la perpétuité :

---

1. *Ibid.* IX, 1.

FILLEAU DE LA CHAISE.

« De toutes les histoires du monde, il n'y en a point de si appuyées que celle de notre Religion. C'est ce que M. Pascal aurait fait voir clairement… Et chacun en pourra juger par un petit article qu'il a laissé exprès en ces fragments, et qui n'est qu'une table des chapitres, qu'il avait dessein de traiter, et de chacun desquels il touche quelque chose dans le discours dont j'ai parlé. »

ÉTIENNE PÉRIER.

« Il y a sujet de croire qu'après cela il (l'homme) se rendrait facilement à toutes les preuves qu'il (Pascal) apporte ensuite… et qui sont le fondement de la Religion. »

nulle Religion n'a la perpétuité; 10° la doctrine, qui rend raison de tout; 11° la sainteté de cette loi; 12° par la conduite du monde [1]. »

Nous ne suivrons pas Pascal dans le développement de ces raisons dont il attend la conviction des esprits. Car la plupart d'entre elles ont vieilli par certains côtés, ou du moins ne se présentent plus comme il les a lui-même présentées.

Spinoza, dans le *Traité théologico-politique*, a pressenti et souvent formulé les principales règles qui devaient après lui présider à l'exégèse des Saintes Écritures. On ne voit rien de pareil dans Pascal. En cette matière, il n'innove pas. Il accepte en bloc l'interprétation traditionnelle, sans même songer à lui faire subir un nouveau contrôle : de telle sorte que ses considérations, pourtant si belles et parfois si suggestives, s'édifient assez souvent sur des données incertaines ou mal définies.

Mais il y a, dans son apologie, certains passages qui nous ont paru particulièrement frappants; nous voudrions en relever quelques-uns.

Pascal a d'abord clairement compris ce curieux mélange de fierté et de mépris de soi-même qui fait le fond de l'humilité chrétienne : sur ce point, il se revanche de Spinoza.

« Le christianisme, dit-il, est étrange! Il ordonne à l'homme de reconnaître qu'il est vil, et même abominable, et lui ordonne de vouloir être semblable à Dieu;

---

[1]. *Pensées*, XI, 12.

sans un tel contre-poids, cette élévation le rendrait horriblement vain, ou cet abaissement le rendrait terriblement abject[1]. » Il faut au fidèle « des mouvements de bassesse, non de nature, mais de pénitence ; non pour y demeurer, mais pour aller à la grandeur ». Il lui faut « des mouvements de grandeur, non de mérite, mais de grâce, et après avoir passé par la bassesse[2] ». « Jésus-Christ est un Dieu dont on s'approche sans orgueil, et sous lequel on s'abaisse sans désespoir[3]. » Aussi regardez à la conduite de ses vrais disciples. « Avec combien peu d'orgueil un chrétien se croit-il uni à Dieu ! avec combien peu d'abjection s'égale-t-il aux vers de la terre[4] ! »

En outre, personne n'a peut-être parlé aussi éloquemment que Pascal de la sainteté du Christ.

« Jamais homme, s'écrie-t-il, n'a eu plus d'ignominie. » « De trente-trois ans, il en vit trente sans paraître. Dans trois ans, il passe pour un imposteur ; les prêtres et les principaux le rejettent ; ses amis et ses plus proches le méprisent. Enfin, il meurt trahi par un des siens, renié par l'autre, et abandonné par tous. »

Et cependant « jamais homme n'a eu tant d'éclat. » « Le peuple Juif tout entier le prédit, avant sa venue. Le peuple gentil l'adore, après sa venue. Les deux peuples gentil et Juif le regardent comme leur centre[5]. » A quoi tient ce triomphe inattendu ? D'où procèdent cet empire, cette victoire, ce luxe incomparables auxquels les grandeurs charnelles ou spirituelles n'ont aucune part ? de ce « qu'il est venu avec l'éclat de son or-

---

1. *Pensées*, XII, 13. — 2. *Ibid.*, XII, 17. — 3. *Ibid.*, XVII, 7. — 4. *Ibid.*, XII, 19. — 5. *Ibid.*, XVII, 1, 2.

dre », « qui est celui de la sainteté ». « Il n'a point donné d'invention, il n'a point régné ; mais il a été humble, patient, saint ; saint à Dieu, terrible aux démons, sans aucun péché. »

« Qu'on considère cette grandeur-là dans sa vie, dans sa passion, dans son obscurité, dans sa mort, dans l'élection des siens, dans leur abandon, dans sa secrète résurrection, et dans le reste, on la verra si grande, qu'on n'aura pas sujet de se scandaliser d'une bassesse qui n'y est pas [1]. » En Jésus-Christ s'est manifesté dans sa plénitude le plus élevé des trois ordres, qui est celui de la charité ; et voilà le principe de sa prodigieuse magnificence aux yeux des cœurs qui voient la sagesse.

On est également frappé de la force avec laquelle Pascal a fait ressortir le témoignage des apôtres.

« Les apôtres, dit-il, ont été trompés ou trompeurs. L'un ou l'autre est difficile. »

« Il n'est pas possible de prendre un homme pour être ressuscité [2]. » Et « l'hypothèse des apôtres fourbes est bien absurde ». « Qu'on imagine ces douze hommes, assemblés après la mort de Jésus-Christ, faisant le complot de dire qu'il est ressuscité : ils attaquent par là toutes les puissances. Le cœur des hommes est étrangement penchant à la légèreté, au changement, aux promesses, aux biens. Si peu qu'un de ceux-là se fût démenti par tous ces attraits et, qui plus est, par les prisons, par les tortures et par la mort, ils étaient perdus. Qu'on suive cela [3]. » A quoi bon d'ailleurs recourir à

---

1. *Pensées*, XVIII, 1. — 2. *Ibid.*, XIX, 1. — 3. *Ibid.*, XIX, 1 *bis*.

des hypothèses? Les faits sont là; et ils ont une éloquence irrésistible. Le témoignage des apôtres a reçu la confirmation du martyre; et l'on peut croire à la sincérité de témoins qui se font « égorger [1] ».

Les divergences mêmes des évangélistes sur le détail des événements donnent créance à leurs récits : ils ne se sont pas concertés. « Plusieurs évangélistes, pour la confirmation de la vérité; leur dissemblance utile [2]. » Enfin le caractère de leur récit est une preuve de leur véracité. Auraient-ils inventé la miséricorde infinie du Maître et ses vertus jusqu'alors inconnues, s'ils ne les avaient eues sous leurs yeux? « Le style de l'Évangile est admirable en tant de manières, et entre autres en ne mettant jamais aucune invective contre les bourreaux et ennemis de Jésus-Christ [3]. » « Qui a appris aux évangélistes les qualités d'une âme parfaitement héroïque, pour la peindre si parfaitement en Jésus-Christ [4]? »

Ajoutons à ces pages la description que nous trace Pascal de la perpétuité de l'Église; il est difficile, je crois, d'en donner une idée plus saisissante.

« Nulle secte ni religion n'a toujours été sur la terre que la religion chrétienne [5]. »

« Cette religion, qui consiste à croire que l'homme est déchu d'un état de gloire et de communication avec Dieu en un état de tristesse, de pénitence et d'éloignement de Dieu, mais qu'après cette vie nous serons rétablis par un Messie qui devait venir, a toujours été sur la terre. Toutes choses ont passé, et celle-là a subsisté

---

1. *Pensées*, XXIV, 46; XXIV, 22. — 2. *Ibid.*, XXV, 188. — 3. *Ibid.*, XIX, 2. — 4. *Ibid.*, XVII, 5. — 5. *Ibid.*, XXV, 39.

pour laquelle sont toutes choses. Les hommes, dans le premier âge du monde, ont été emportés dans toutes sortes de désordres, et il y avait cependant des saints, comme Énoch, Lamech et d'autres, qui attendaient en patience le Christ promis dès le commencement du monde. Noé a vu la malice des hommes au plus haut degré, et il a mérité de sauver le monde en sa personne, par l'espérance du Messie, dont il a été la figure... Moïse et d'autres croyaient celui qu'ils ne voyaient pas, et l'adoraient en regardant aux dons éternels qu'il leur préparait... Il y avait toujours au cœur de la Judée des hommes choisis qui prédisaient la venue de ce Messie, qui n'était connu que d'eux. Il est venu enfin en la consommation des temps : et depuis on a vu naître tant de schismes et d'hérésies, tant renverser d'États, tant de changements en toutes choses ; et cette Église, qui adore Celui qui a toujours été adoré, a subsisté sans interruption. Et ce qui est admirable, incomparable et tout à fait divin, c'est que cette religion, qui a toujours duré, a toujours été combattue. Mille fois elle a été à la veille d'une destruction universelle ; et toutes les fois qu'elle a été en cet état, Dieu l'a relevée par des coups extraordinaires de sa puissance [1]. » « Les États périraient, si on ne faisait ployer souvent les lois à la nécessité. Mais jamais la religion n'a souffert cela, et n'en a usé [2]. »

« La seule religion contre nature, contre le sens commun, contre nos plaisirs, est la seule qui ait toujours été [3]. » « La seule science qui est contre le sens commun

---

[1] *Pensées*, XI, 5 bis. — [2] *Ibid.*, XI, 6. — [3] *Ibid.*, XI, 9.

et la nature des hommes, est la seule qui ait toujours subsisté parmi les hommes[1]. »

« Il y a plaisir d'être dans un vaisseau battu de l'orage, lorsqu'on est assuré qu'il ne périra point. Les persécutions qui travaillent l'Église sont de cette nature[2]. »

1. *Pensées*, XI, 9 bis. — 2. *Ibid.*, XXIV, 31.

CHAPITRE IV

PRÉPARATION DU CŒUR A RECEVOIR LA FOI.

La conviction raisonnée n'exclut ni l'abandon ni l'oubli de Dieu. On ne se convertit pas par preuve; la « foi est dans le cœur[1] »; et le cœur ne la reçoit qu'à condition d'y être préparé.

Cette préparation du cœur qui conduit au terme de l'initiation : tel est l'objet de la dernière partie de l'apologie, la seule décisive aux yeux de Pascal[2].

Pour Pascal, comme pour Descartes, la croyance a besoin de la volonté : c'est la volonté qui affirme le vrai, qui se l'approprie, qui se l'incorpore en y adhérant. Par l'entendement seul, on n'assure ni ne nie aucune chose; on conçoi seulement l'idée des choses que l'on peut affirmer ou nier[3].

Mais entre Descartes et Pascal quelle différence! Chez Descartes, cette adhésion volontaire ne procède en

---

1. *Pensées*, X, 11.

2. FILLEAU DE LA CHAISE.

« Ce qui fait que quelques-uns ne sont pas touchés de ces preuves qui sont si sensibles à d'autres, c'est que leurs intérêts et leurs passions les occupent si fort qu'ils ne voient qu'à demi tout le reste. »

ÉTIENNE PÉRIER.

« Il savait que les passions et les attachements vicieux qui corrompent le cœur et la volonté sont les plus grands obstacles et les principaux empêchements que nous ayons à la foi. »

3. 4° *Méditation*.

définitive que de la raison. C'est la raison qui meut la volonté; en sorte que, par une conséquence naturelle, « il suffit de bien juger pour bien faire [1] ».

Chez Pascal, au contraire, c'est le cœur qui détermine la volonté à donner ou à refuser son assentiment; car c'est dans le cœur que se forment les passions qui nous enténèbrent.

Sans doute, « les prophéties, les miracles mêmes et les preuves de notre religion, ne sont pas de telle nature qu'on puisse dire qu'ils sont absolument convaincants. Mais ils le sont aussi de telle sorte qu'on ne peut dire que ce soit être sans raison que de les croire... il y a de l'évidence et de l'obscurité, pour éclairer les uns et obscurcir les autres. Mais l'évidence est telle, qu'elle surpasse, ou égale pour le moins, l'évidence du contraire; de sorte que ce n'est pas la raison qui puisse déterminer à ne la pas suivre; et ainsi ce ne peut être que la concupiscence ou la malice du cœur [2] ».

« Tout ce qui est au monde est concupiscence de la chair, ou concupiscence des yeux, ou orgueil de la vie : *libido sentiendi, libido sciendi, libido dominandi* [3]. » « Ces trois fleuves de feu » : voilà ce qui nous éloigne de Dieu, ce qui nous entraîne loin de la foi.

Et si tel est notre état, ce n'est plus dans de longues et subtiles argumentations qu'il faut chercher le remède à notre incrédulité [4].

« Vous voulez aller à la foi, et vous n'en savez pas le chemin; vous voulez guérir de l'infidélité, et vous en

---

1. *Disc. de la Méthode*, 3º p. — 2. *Pensées*, XXIV, 18. — 3. *Ibid.*, XXIV, 33. — 4. *Ibid.*, XI, 1.

demandez les remèdes : apprenez-les de ceux qui ont été liés comme vous... Ce sont gens qui savent le chemin que vous voudriez suivre, et guéris d'un mal dont vous voulez guérir. Suivez la manière par où ils ont commencé [1]. »

Anéantissez-vous d'abord devant cet Être universel que vous avez irrité tant de fois [2] : Humiliez votre indocile raison. Et, pour ne point vous faire illusion sur l'intégrité de ce sacrifice, allez courageusement jusqu'au bout : Prenez de l'eau bénite et faites dire des messes etc. Naturellement cela « vous abêtira »; mais vous n'avez qu'à y gagner [3]. « Le propre de la justice est d'abattre l'orgueil [4]. » « Dieu n'a-t-il pas abesty la sapience de ce monde? *Nonne stultam fecit Deus sapientiam hujus mundi* [5]. »

Rompez vos coupables attaches; « renoncez aux plaisirs », qui rendent votre âme de plus en plus insensible au charme virginal de la vérité. « Il est juste qu'un Dieu si pur ne se découvre qu'à ceux qui ont le cœur purifié [6]. »

Ployez la machine. « Nous sommes automate autant

Pensées, X, 1. — Cf. *Imitation de Jésus-Christ*, l. I, ch. xxv : « Un homme incertain et qui balançait entre la crainte et l'espérance, un jour, accablé de tristesse, s'étant prosterné dans une église devant un autel, pensait ceci en lui-même et disait : « Hélas ! si j'étais assuré de persévérer. » Et aussitôt il entendait intérieurement la réponse de Dieu qui lui disait : « Si tu le « savais, que voudrais-tu faire? Fais présentement ce que tu voudrais avoir « fait alors, et tu en seras assuré. »

2. *Pensées*, XIII, 9.
3. *Ibid.*, X, 1.
4. *Ibid.*, XXIV, 32.
5. *Apologie de Raymond de Sebonde*, II, 12 ; S. Paul, 1ʳᵉ *aux Corinth.*, I, 20. — 6. *Pensées*, XV, 19.

qu'esprit; la coutume fait nos preuves les plus fortes et les plus crues... Il faut avoir recours à elle quand une fois l'esprit a vu où est la vérité, afin de nous abreuver et nous teindre de cette créance, qui nous échappe à toute heure; car d'en avoir toujours les preuves présentes, c'est trop d'affaire. Il faut faire croire nos deux pièces : l'esprit, par les raisons, qu'il suffit d'avoir vues une fois dans sa vie; et l'automate, par la coutume, en ne lui permettant pas de l'incliner au contraire[1]. » Ployez la machine. « Et cela diminuera vos passions, qui sont vos grands obstacles[2]. » Les mêmes passions qu'on s'était accoutumé à satisfaire, la nature s'accoutume à les combattre [3].

En un mot balayez le temple de Dieu; et Dieu y fera descendre la lumière qui sanctifie. Faites tout comme si vous croyiez. Agissez et vous verrez : le ciel est à qui le cherche.

Quant à ceux que révolte l'idée de se mettre à genoux, de prier et d'aller à la messe; qui s'autorisent même de leur manque de foi pour ne point faire le sacrifice de leurs plaisirs; qui, au lieu de pratiquer pour croire, attendent de croire pour pratiquer, Pascal les force à reconnaître que leur suprême intérêt les oblige impérieusement à servir Dieu; qu'ils ne sont pas libres, comme ils le prétendent, de rester dans l'expectative; qu'ils sont engagés dans la vie; qu'il faut de toute nécessité vivre en Dieu ou sans Dieu, dans la religion ou

---

1. *Pensées*, X, 8. — 2. *Ibid.*, X, 1. — 3. *Ibid.*, X, 10.

hors de la religion ; que du moment qu'on est tenu de choisir, le choix ne saurait être douteux, puisqu'on a tout à gagner dans le premier cas, et dans le second tout à perdre ; que celui qui se donne à Dieu, voit dans l'avenir une éternité de bonheur et qu'il est même plus heureux en ce monde, tandis que l'autre, sans être plus heureux ici-bas, risque une éternité de malheur [1].

Voilà, suivant Pascal, ce qui doit forcer l'incrédule dans ses derniers retranchements. Comment ne hasarderait-on pas, pour un intérêt devant lequel s'effacent tous les autres, ce qu'on est obligé de hasarder au cours de vie, toutes les fois qu'il s'agit de prendre un parti dans un cas douteux? « Combien de choses fait-on pour l'incertain, les voyages sur mer, les batailles...? » « Car on doit travailler pour l'incertain par la règle des partis qui est démontrée [2]. »

Que vaut un pareil argument, au point de vue apologétique? est-il légitime de jouer la religion à croix ou pile?

Un fait remarquable, c'est que le pari de Pascal n'a de nouveau que la forme mathématique qu'il lui a donnée ; il appartient, par le fond, à un grand nombre d'auteurs chrétiens [3].

Arnobe écrivait au IVe siècle : « Le parti le plus raisonnable, entre deux opinions douteuses et dans l'attente d'un événement incertain, n'est-il pas d'adopter

---

1. *Ibid.*, X, 1. — Sur le « *pari de Pascal* » envisagé au point de vue mathématique, voir p. 160 et suiv.
2. *Pensées*, XXIV, 88.
3. Platon se sert déjà de cet argument, au sujet de la vie future : « Si l'âme est immortelle, il faut avoir soin d'elle, non seulement pour ce

celle qui donne des espérances plutôt que celle qui n'en donne pas ? D'un côté, en effet, on ne risque rien, si ce qu'on nous montrait comme prochain nous échappe et ne se réalise pas. De l'autre, le dommage est très grand ; car c'est la perte du salut si, quand le temps sera venu, il se trouve qu'on ne nous avait pas abusés[1]. »

La logique de Port-Royal donne cet argument comme une des règles de la méthode : « Il n'y a que les choses infinies, comme l'éternité et le salut, qui ne peuvent être égalées par aucun avantage temporel, et ainsi on ne doit jamais les mettre en balance avec aucune des choses du monde. C'est pourquoi le moindre degré de facilité pour se sauver vaut mieux que tous les biens du monde joints ensemble, et le moindre péril de se perdre est plus considérable que tous les maux temporels[2]. »

« En croyant ce que je crois, dit Bourdaloue, tout ce qui peut m'arriver de plus fâcheux, c'est de me priver inutilement et sans fruit de certains plaisirs défendus par la loi que je professe et défendus même par la raison... Mais vous, si ce que vous ne croyez pas ne laisse pas d'être vrai, vous vous mettez dans le danger d'une damnation éternelle. Telle est la différence de nos conditions : moi qui hasarde peu, si toutefois je hasarde quelque chose, je vis sans inquiétude ; mais vous

---

temps que nous appelons la vie, mais encore pour celui qui suit ; car il y aurait un danger terrible à ne pas en avoir soin maintenant... et puisqu'elle paraît être immortelle, elle n'a d'autre refuge et d'autre salut que la sagesse et la vertu. » (*Phédon*, p. 107, c.)

1. *Adversus gentiles*, II, 4.
2. *Logique*, IV° p., ch. XVI.

qui hasardez tout, puisque vous hasardez une éternité, vous devez être dans de perpétuelles alarmes [1]. » Massillon tient le même langage à ceux qui diffèrent toujours leur conversion : « Vous dites tous les jours vous-mêmes qu'on ne risque rien en se donnant à Dieu ; qu'au fond, quand il ne serait pas si certain qu'il y aurait quelque chose après cette vie, l'alternative est trop affreuse pour ne pas prendre des mesures ; et que, dans une incertitude même effective des vérités de la foi, le parti de l'homme de bien serait toujours le plus sûr et le plus sage [2]. »

Le moraliste La Bruyère raisonne de même : « La religion est vraie ou fausse : si elle n'est qu'une vaine fiction, voilà, si l'on veut, soixante années perdues pour le chartreux et le solitaire ; ils ne courent pas un autre risque : mais, si elle est fondée sur la vérité même, c'est alors un épouvantable malheur pour l'homme vicieux [3]. »

Enfin, le philosophe Leibniz trouve très simple et très juste le raisonnement de Pascal. « M. Arnauld, dans son *Art de penser*, et M. Pascal, dans ses *Pensées*, soutiennent que le plus sûr est de vivre conformément aux lois de la piété et de la vertu, parce qu'il n'y aura point de danger de le faire et qu'il y en aura beaucoup de ne le pas faire. Ce raisonnement est bon. Il ne donne pas proprement une croyance, mais il oblige d'agir suivant les préceptes de la croyance. Car on n'a pas la croyance quand on veut, mais on agit comme on veut ; ce n'est

---

1. *Sermon sur la paix chrétienne*, 1ʳᵉ p.
2. *Sermon sur le délai de la conversion*, 1ʳᵉ p.
3. VI, ch. x, t. II, *Des esprits forts*, p. 187, Lefèvre, Paris, 1818.

pas le manque de croyance qui mérite d'être puni, mais la malice et l'obstination[1]. »

Par contre, d'autres auteurs protestent contre le raisonnement de Pascal; et Voltaire est de ceux-là. A son sens, « il est évidemment faux de dire : ne point parier que Dieu est, c'est parier qu'il n'est pas; car celui qui doute et demande à s'éclaircir, ne parie assurément ni pour ni contre ».

« D'ailleurs, ajoute-t-il, cet article paraît un peu indécent et puéril; cette idée de jeu, de perte et de gain, ne convient point à la gravité du sujet; de plus, l'intérêt que j'ai à croire une chose n'est pas une preuve de l'existence de cette chose[2]. »

Mais ces objections tombent à faux. Pascal a raison de dire que, dans la pratique, ne pas parier c'est parier contre, puisque celui qui s'abstient agit de la même manière que celui qui nie. Il ne donne pas non plus comme une preuve de la religion l'intérêt que nous avons à y croire : il a prouvé ailleurs la vérité de la religion. Il ne propose ici qu'une règle de conduite. Est-ce là d'ailleurs un calcul mercenaire qui ne sied pas à la majesté de la religion? Le calcul n'aurait rien que de naturel et de légitime, puisqu'il s'agit de notre salut éternel, que nous avons le devoir d'assurer. Mais Pascal a montré plus haut qu'il voit autre chose dans les pratiques religieuses qu'un simple calcul d'intérêt; car il a commencé par établir que ces pratiques

---

1. *Remarques sur un petit livre traduit de l'anglais : Lettre sur l'enthousiasme.*
2. *Remarques sur les Pensées de Pascal*, t. XXXVIII, p. 44.

sont le moyen d'arriver à la foi, d'obtenir que Dieu la donne : à ses yeux, c'est dans ces actes volontaires de soumission et d'humilité et dans l'habitude de les accomplir, que nous trouvons la force de vaincre les passions qui sont l'obstacle et d'ouvrir notre âme à la grâce.

D'autre part, ceux qui raisonnent comme Pascal ne semblent pas préciser suffisamment la question. Une distinction qui tranche définitivement le débat, c'est que, si la probabilité de la vie future devient infiniment petite, il n'y a plus de motif de parier. Car Pascal a beau dire, « le ciel souffre violence » : il exige le renoncement; et il ne semble pas raisonnable d'abandonner un bien certain pour un bien absolument incertain, si grand qu'il soit. C'est ce que Laplace a bien vu dans le passage cité plus haut[1]. L'argument du pari ne s'impose que s'il existe une haute probabilité en faveur de l'existence d'une destinée immortelle : Pour le rendre décisif, il faut y adjoindre des preuves.

Que l'on se fonde sur des preuves, ou que l'on se fie au risque métaphysique, la voie qui mène au salut est toujours la même : c'est la purification de la vie par la volonté. « Ceux qui cherchent Dieu de tout leur cœur, qui n'ont de déplaisir que d'être privés de sa vue, qui n'ont de plaisir que pour le posséder et d'ennemis que ceux qui les en détournent, qui s'affligent de se voir environnés et dominés de tels ennemis; qu'ils se consolent, je leur annonce une heureuse nouvelle : il y a un libérateur pour eux[2]. »

---

1. V. p. 160-162 du prés. ouvrage. — 2. *Pensées*, XVI, 15.

Ainsi s'opère ce que la raison seule n'a pu donner. « La conduite de Dieu, qui dispose toutes choses avec douceur, est de mettre la religion dans l'esprit par les raisons, et dans le cœur par la grâce[1]. » Et le jour où s'opère cette vivifiante illumination, l'âme humaine est relevée de sa déchéance : sa soif de vérité est satisfaite, puisque à la connaissance incomplète de la raison s'ajoute la lumière surnaturelle; sa soif de justice, puisqu'elle ne veut plus autre chose que la volonté de Dieu ; sa soif de bonheur, puisqu'elle a quitté les plaisirs trompeurs pour posséder Dieu.

C'est le cœur qui parle au cœur dans ce couronnement de l'apologie. C'est à genoux que Pascal conjure ceux qui oublient Dieu, de travailler à leur salut : « Si ce discours vous plaît et vous semble fort, sachez qu'il est fait par un homme qui s'est mis à genoux auparavant et après, pour prier cet être infini,... auquel il soumet tout le sien, de se soumettre aussi le vôtre pour votre propre bien et pour sa gloire[2]. »

1. *Pensées*, XXIV, 3. — 2. *Ibid.*, X, 1.

CONCLUSION

Où est l'originalité de l'œuvre de Pascal ?

Depuis que le christianisme était entré en lutte avec la religion païenne, l'apologétique comptait déjà de nombreux travaux. Puisque Pascal faisait un nouvel essai, il avait conçu sans doute une apologie d'un genre nouveau :

En quoi consiste cette innovation ?

L'apparition du christianisme dans le monde étant un fait qui, comme les autres faits, appartient à l'histoire, toutes ces apologies retombent nécessairement dans les mêmes preuves historiques : authenticité des évangiles ; véracité des évangélistes scellant de leur sang ce qu'ils affirmaient ; miracles de Jésus-Christ et leur accord avec les prophéties ; établissement dans l'empire romain, par douze hommes pauvres et obscurs, d'une religion qui mortifie la nature, etc. On a vu que Pascal se rencontre ici avec ses devanciers, qu'il présente comme eux les arguments consacrés. Il les anime sans doute de ce que Voltaire appelle « son éloquence ardente et impérieuse ».

Mais il n'y introduit rien de nouveau; et, par conséquent, c'est ailleurs qu'il faut chercher le caractère original de son apologie. Ce qui est personnel dans l'œuvre de Pascal, ce qui n'appartient qu'à lui, c'est la manière dont il force ceux qui nient le surnaturel à reconnaître que leur nature même le suppose, et les oblige d'y recourir.

Sans s'aider de la révélation, par une observation pénétrante de l'être humain, que chacun peut vérifier en lui-même, il démontre la vraisemblance, sinon la certitude, du dogme fondamental du christianisme : la chute et la déchéance de l'homme. Appliquant à ce mystère d'une manière inattendue la méthode expérimentale du physicien qui observe un ordre de faits, cherche une hypothèse qui les explique et adopte celle qui en rend raison, Pascal constate dans la nature actuelle de l'homme une anomalie que n'offre aucune autre créature, deux éléments opposés, deux principes ennemis, grandeur et bassesse, partout réunis bien qu'ils s'excluent, troublant la raison par leur contradiction inexplicable, et le cœur par leur conflit douloureux. Passant en revue toutes les hypothèses, philosophiques et religieuses, qui prétendent donner à l'homme la lumière et la paix, il prouve qu'aucune d'elles ne satisfait aux deux conditions du problème : résoudre l'énigme et guérir la misère. Seul le christianisme fournit par le péché originel l'explication demandée et par la Rédemption le remède souhaité.

Cette hypothèse est donc la seule raisonnable.

La nouveauté d'une telle argumentation a frappé Voltaire : « Il est étrange, dit-il, que Pascal ait cru qu'on pouvait deviner le péché originel par la raison [1]. »

Un autre sujet où s'accuse l'originalité de Pascal, c'est le problème à la fois si foncier et si réfractaire de la certitude. La logique, d'après lui, suffit à la procurer dans l'ordre des vérités scientifiques ; elle n'y suffit pas dans l'ordre des vérités morales. Ou bien le raisonnement ne conduit pas au but ; ou bien, s'il y conduit, il ne donne que des vues abstraites qui demeurent stériles : il éclaire et ne meut point. Encore la lumière qu'il répand est-elle si vacillante que l'on ne s'y tient pas : à peine a-t-on « sauté » jusque-là, que l'on se prend à douter derechef. Il faut donc commencer par un autre extrême l'œuvre mystérieuse de la foi. C'est par l'action que se conquiert la certitude morale ; c'est en redressant sa conduite que l'on y parvient : elle jaillit du fond même de la vie, au fur et à mesure qu'on la purifie davantage ; car Dieu qui est en nous s'y révèle d'autant plus qu'il y rencontre moins d'obstacles. Et cette certitude ne se fonde pas sur un sentiment aveugle, elle n'implique pas non plus une adhésion de la volonté qui dépasse son objet : c'est le contact vainqueur de l'éternelle vérité, une intuition synthétique et vivante en face de laquelle les difficultés d'ordre spéculatif se dissipent comme un rêve.

L'important est donc de vouloir le bien d'un vouloir efficace. Et c'est à provoquer cette démarche décisive que tendent toutes les considérations de l'apologie : l'analyse des antinomies singulières de notre nature, les

---

[1]. T. XXXVII, p. 83.

preuves historiques de la religion, le pari lui-même d'une allure si dramatique et si pressante, sont autant d'efforts pour emporter d'assaut la conversion de la grande rebelle.

Pascal ne s'en tient pas d'ailleurs, sur ce point capital, à la simple argumentation; il sollicite doucement l'incrédule par la perspective du charme croissant qui s'attache à la pratique du bien.

Cette conversion est d'abord pénible; elle se heurte à l'effort contraire de la concupiscence et produit en nous une lutte douloureuse. Mais cette douleur même est la preuve de l'action divine : si l'âme souffre, c'est parce que la grâce commence à l'attirer : « Il y a de la peine en entrant dans la piété. Mais cette peine ne vient pas de la piété qui commence d'être en nous, mais de l'impiété qui y est encore. Si nos sens ne s'opposaient pas à la pénitence, et que notre corruption ne s'opposât pas à la pureté de Dieu, il n'y aurait en cela rien de pénible pour nous. Nous ne souffrons qu'à proportion que le vice, qui nous est naturel, résiste à la grâce surnaturelle. Notre cœur se sent déchiré entre des efforts contraires. Mais il serait bien injuste d'imputer cette violence à Dieu qui nous attire, au lieu de l'attribuer au monde qui nous retient. C'est comme un enfant, que sa mère arrache d'entre les bras des voleurs, doit aimer, dans la peine qu'il souffre, la violence amoureuse et légitime de celle qui procure sa liberté, et ne détester que la violence impérieuse et tyrannique de ceux qui le retiennent injustement [1]. »

1. *Pensées*, XXIV, 61 *ter*.

On dira sans doute que cette conception de la certitude morale n'était pas neuve du temps de Pascal; et l'on aura raison. Elle a son principe dans l'Évangile[1]; elle s'est répandue de là dans les écrits des Pères et des théologiens : saint Augustin, Bossuet, saint Thomas lui-même l'ont reprise et développée. Mais Pascal en a poussé si loin l'analyse, il l'a formulée avec une telle puissance, il l'a teinte si fortement de la richesse de son âme, que l'on peut dire sans exagération qu'il l'a faite sienne.

Constater que l'apologétique de Pascal se fonde sur l'initiative de la volonté, c'en est assez pour se convaincre qu'elle est incompatible avec l'erreur du jansénisme qui déclare l'effort de l'homme inutile à son salut; pour s'expliquer que la censure de l'Église qui a frappé les *Lettres provinciales* ne se soit pas étendue aux *Pensées*. Il y aurait lieu toutefois d'établir une distinction entre la doctrine de Pascal et le tour habituel de son esprit : sa doctrine est la négation de l'hérésie des jansénistes; le tour de son esprit se ressent parfois de leur influence.

La doctrine de l'apologie est de tout point contraire à celle de Jansénius. Jansénius prétend qu'il n'y a plus dans l'homme depuis sa chute que bassesse et corruption, que notre volonté désarmée pour le bien ne peut plus se porter qu'au mal. Pascal reconnaît dans la nature de l'homme, en même temps que la bassesse,

---

1. *Ev. S. Joan.*, III, 21 : Qui autem facit veritatem, venit ad lucem; — *ibid.*, XIV, 21 : qui autem diligit me,... et ego diligam eum, et manifestabo ei me ipsum.

une invincible grandeur, sans laquelle il ne pourrait sentir sa bassesse; et l'apologie repose sur la contradiction de cette grandeur qu'il a gardée de son état primitif avec cette bassesse qui a altéré sa grandeur sans la détruire. Selon Jansénius, les justes eux-mêmes ne peuvent rien pour leur salut, si Dieu ne les a marqués pour être élus. Pascal croit que les pécheurs mêmes peuvent obtenir sa grâce. « Cette religion nous oblige de les regarder toujours, tant qu'ils seront en cette vie, comme capables de la grâce qui peut les éclairer, et de croire qu'ils peuvent être en peu de temps plus remplis de foi que nous ne le sommes, et que nous pouvons au contraire tomber dans l'aveuglement où ils sont[1]. » Jansénius nie que Jésus-Christ soit mort pour tous les hommes. Pascal rejette cette doctrine comme poussant au désespoir : « Quand on dit que Jésus-Christ n'est pas mort pour tous, vous abusez d'un vice des hommes qui s'appliquent incontinent cette exception, ce qui est favoriser le désespoir, au lieu de les en détourner pour favoriser l'espérance [2]. »

Jansénius soutient que la miséricorde de Dieu se donne aux uns et se refuse aux autres; Pascal ne permet pas à l'homme de limiter la miséricorde divine. « Je voudrais savoir d'où cet animal, qui se reconnaît si faible, a le droit de mesurer la miséricorde de Dieu, et

---

1. *Pensées*, IX, 1.
2. *Ibid.*, XXIV, 11. Dans la 17ᵉ *Provinciale*, Pascal écrit, à propos de ceux qui étant tués en état de péché mortel encourent la damnation : « quand j'ai dit... qu'en tuant ses frères en état de péché mortel on damne ceux pour qui Jésus-Christ est mort, n'ai-je pas visiblement reconnu que Jésus-Christ est mort pour ces damnés? »

d'y mettre les bornes que sa fantaisie lui suggère... Je voudrais lui demander si Dieu demande autre chose de lui, sinon qu'il l'aime en le connaissant ; et pourquoi il croit que Dieu ne peut se rendre connaissable et aimable à lui, puisqu'il est naturellement capable d'amour et de connaissance[1]. » Et Leibniz trouve l'apologie trop fidèle à la doctrine romaine : « Vous savez que M. Pascal... s'était à la fin adonné à établir la vérité de la religion... Il avait l'esprit plein des préjugés de Rome[2]. » Cette conformité de l'apologie à la doctrine de l'Église n'a pas échappé non plus à la sagacité de Voltaire : « Lecteurs sages, remarquez que ce coryphée des jansénistes n'a dit, dans tout son livre sur la religion chrétienne, que ce qu'ont dit les jésuites[3]. »

Ce que Pascal a gardé du commerce des jansénistes, c'est le tour pessimiste de sa pensée, c'est sa disposition à considérer de préférence les côtés misérables de la nature humaine, sa tendance à les exagérer et à les peindre sous les plus sombres couleurs. A notre infirmité il oppose la grandeur qu'il en juge inséparable, mais c'est surtout l'infirmité qu'il met à nu avec une impitoyable clairvoyance. Alors il ne voit plus dans l'homme qu'un cloaque d'incertitude, un raccourci d'atome, logé dans ce petit cachot qui est l'univers. L'accouplement de l'instinct bestial avec ce qu'il est resté de divin dans l'homme lui semble monstrueux. L'étrange aveuglement de ceux qui ne sentent

1. *Ibid.*, XII, 20.
2. *Lettre 5 à Thomas Burnet.*
3. *Dernières remarques sur les Pensées de Pascal.*

pas leur misère, qui n'en gémissent pas, l'étonne et l'irrite. De là ces accents émus qui prêtent à la dialectique de Pascal une étrange intensité. Avant d'atteindre au port, il a été assailli par la tempête, bien différent d'un Bossuet, d'un Bourdaloue qui semblent habiter des régions inaccessibles aux orages. Pascal a cru comme eux ; mais il n'a pas leur paisible sécurité, leur conviction sereine : il a sondé plus avant la profondeur de cet abîme qu'il nous dépeint entr'ouvert sous nos pas, entre les deux infinis qui nous enferment ; il a souffert de notre impuissance à combler le vide que nous sentons en nous et autour de nous.

Ce tourment de l'infini, que le XVIII° siècle n'a guère connu, qui, sous des formes vagues et flottantes, a été le mal de notre temps : Pascal l'a ressenti si profondément que la sensibilité maladive de nos contemporains a cru retrouver en lui l'écho de ses propres défaillances [1]. Aussi les pessimistes modernes l'enrôlent-ils volontiers dans leurs rangs et le comptent-ils pour un des leurs. Il faut dissiper leur illusion.

Le pessimisme qu'ils professent n'a rien de commun avec celui de Pascal. Schopenhauer et ses disciples déclarent que la vie est mauvaise en soi et ne vaut pas la peine d'être vécue ; que le mal qui est dans le monde,

---

1. Sainte-Beuve rapporte ce jugement de Chateaubriand sur Pascal : « La fin du XVI° siècle lui avait légué ce scepticisme qui régnait alors partout, lui avait mis ce ver au cœur. Il en a triomphé tout en en mourant. C'est là sa physionomie, c'est ainsi qu'il a sa vraie grandeur. » Sainte-Beuve ajoute avec raison : « Dans ces paroles si vives et si poignantes, il y a encore trop de l'homme de ce temps-ci, du Pascal tel que chacun le porte et l'agite en soi, du Pascal d'après Werther et René. »

inhérent à la destinée humaine, n'a pas de remède : c'est pourquoi leur pessimisme aboutit au découragement absolu, au désir de l'anéantissement. Le pessimisme de Pascal, sauf quelques traits excessifs, ne lui est point particulier : c'est le pessimisme chrétien, conséquence du premier péché. La vie n'est donc mauvaise que par la faute de l'homme ; et nous pouvons obtenir de Dieu qu'elle redevienne meilleure, puisque le Sauveur nous a rachetés. Le mal qui règne dans le monde n'est donc nullement irrémédiable. Et bien que Pascal en ait assombri le tableau, son pessimisme, au lieu de jeter l'homme dans le découragement, conduit à une soumission confiante et à une espérance immortelle. « Je tends les bras à mon libérateur, s'écrie Pascal ; et, par sa grâce, j'attends la mort en paix, dans l'espérance de lui être éternellement uni ; et je vis cependant avec joie, soit dans les biens qu'il lui plaît de me donner, soit dans les maux qu'il m'envoie pour mon bien[1]. »

1. *Pensées*, XV, 19.

FIN

TABLE CHRONOLOGIQUE

PRINCIPAUX OUVRAGES

Nous citerons parmi les ouvrages scientifiques :

1640. — *Essais pour les coniques.*
1645. — *Avis à ceux qui verront la machine arithmétique.*
1647. — *Expériences touchant le vide.*
1648. — *Traité général de la roulette.*
1654. — *Traité du triangle arithmétique.*
   Les écrits relatifs à la roulette (cycloïde).
   Travaux sur la cycloïde ; Histoire de la roulette.
1658. — *Récit de la grande expérience de l'équilibre des liqueurs.*

D'autres opuscules moins importants se sont succédé dans cet ordre :

Traité sur les nombres.
Traité des trilignes et de leurs onglets.
Traité des sinus du quart de cercle.
Petit traité des solides circulaires.
De l'égalité des lignes spirale et parabolique.

Consulter encore sur ces questions :

Correspondance de Pascal avec Fermat. — Pour toute cette partie de l'œuvre de Pascal, cf. A. Desboves, *Étude sur Pascal et les géomètres contemporains*, Paris, 1878.

OPUSCULES DE PASCAL, PUBLIÉS AVEC LES « PENSÉES »

1648. — *Prière pour demander à Dieu le bon usage des maladies.*

1651. — *Lettre sur la mort de M. Pascal le père, écrite par M. Pascal à M. et M*ᵐᵉ *Périer.*

1654. — *Entretiens de Pascal avec M. de Saci sur Epictète et Montaigne (tiré des Mémoires de Fontaine, le secrétaire de M. de Saci).*

1654. — *Sur la conversion du pécheur.*

1655? — *De l'Esprit géométrique.*

1656. — *Extraits des lettres à M*ˡˡᵉ *de Roannez (9 extraits); trois discours de Pascal sur la condition des grands, publiés par Nicole en 1670 (date inconnue).*

Fragment du traité du vide (date inconnue).

Comparaison des chrétiens des premiers temps avec ceux d'aujourd'hui (id.).

On pourrait joindre à ces opuscules dont nous ignorons la date :

Question sur les miracles.

Écrit sur la signature du formulaire.

Lettre sur la possibilité d'accomplir les commandements de Dieu, suivie d'un discours sur la distinction entre la possibilité et le pouvoir.

Enfin on attribue d'ordinaire à Pascal un :

1653. — *Discours sur les Passions de l'Amour,* publié par Victor Cousin, d'abord dans la Revue des Deux-Mondes, puis dans son livre des *Pensées de Pascal* (1844).

1656-57. — *Les Provinciales.*

1669-70. — *Les Pensées.*

ÉDITIONS

I. ÉDITIONS COMPLÈTES.

Œuvres de Blaise Pascal, à la Haye, chez Detune, 5 vol. in-8° (édition Bossut), 1779.

Œuvres complètes de Blaise Pascal, Paris, Hachette, 2 vol. in-12, 1858, et 3 vol. in-12, 1864 (Édition Lahure).

Œuvres : *Pensées, lettres et opuscules divers*, in-8º, Chaix et Cⁱᵉ, 1864.

II. ÉDITIONS PARTIELLES; DEPUIS 1656 UN TRÈS GRAND NOMBRE.

Opuscules philosophiques : édition classique, précédée d'une introduction, d'une analyse développée et accompagnée de lettres critiques, par Félix Cadet, in-12, Delalain, 1864.

De l'Esprit géométrique, de l'Art de persuader, de l'Autorité en matière de philosophie (avertissement et notes), par C. Jourdain, in-12, Hachette, 1884.

Opuscules philosophiques, nouvelle édition, Aulard, in-12, E. Belin, 1865.

Les Provinciales : Les éditions originales de 1656-1657, dont les recueils présentent entre eux d'assez grandes différences; — la traduction latine de Nicole, sous le pseudonyme de Wendrock, 1658; — l'édition de 1659, à Cologne, chez Nicolas Schouten, in-8º (ces éditions parurent du vivant de l'auteur); — l'édition François de Neufchâteau, in-12, Paris, Firmin-Didot, 1842; — l'édition Lefèvre, in-18, 1844; — l'édition de l'abbé Maynard, 2 vol. in-8º, Paris, Firmin-Didot, 1851; — l'édition François de Neufchâteau (Lettres inédites à un provincial, précédées de l'histoire des *Lettres provinciales*), Paris, Garnier frères, 1864; — l'édition Lesieur (texte critique), Hachette, 1867, — l'édition John de Soyres, Cambridge and London, 1880; — l'édition Jérôme, Paris, Garnier, 1880-85; — l'édition Ernest Havet, 2 vol. in-12, Delagrave, Paris, 1889; — l'édition Molinier, Paris, Lemerre, 1891; — l'édition Faugère, Paris, Hachette, 1886-1895.

Les Pensées : L'édition originale, édition de Port-Royal, Paris, 1669-1670, dont on a au moins cinq exemplaires assez différents; — l'édition Condorcet (remarques de Voltaire), Paris, 1776; — l'édition Frantin, Dijon, Lagier, 1835; — Firmin-Didot, in-12, 1842; — Didier, in-8º, 1843; — l'édition Prosper Faugère, 2 vol. in-8º; — Andrieux, 1844; — *Pensées choisies*, Prosper Faugère, Delalain, in-12, 1848; — l'édition Ernest Havet, in-8º, Paris, Dezobry et Delagrave, 1852-1887; — l'édition Astié, Lauzanne, Bridel, 1857; — l'édition Rocher, Tours, Mame, 1873; — l'édition Molinier, Paris, Lemerre, 1875; — l'édition Guthlin, Paris, Lethielleux, 1856; —

l'édition G. Michaut (texte critique), Fribourg (Suisse), 1896; — L'édition Brunschvicg, Paris, Hachette, petit in-16, 1896; — *Abrégé de la vie de Jésus-Christ*, d'après un manuscrit récemment découvert, avec le testament de Blaise Pascal, et un fac-similé, Prosper Faugère, in-8°, Andrieux, 1846; — *Abrégé de la vie de Jésus-Christ* (texte critique), G. Michaut, Fribourg (Suisse), 1897; — *L'Entretien de Pascal avec M. de Saci*, nouveau manuscrit, Gazier, dans la revue d'histoire littéraire de la France, 1895.

OUVRAGES A CONSULTER

I. Sur la vie et la personne de Pascal.

Vie de Pascal, par Mme Périer (Gilberte Pascal), 1684; — *Vie de Pascal*, par Marguerite Périer, 1687; — BAYLE, *Dictionnaire*, article *Pascal*, 1696; — CONDORCET, *Éloge de Pascal*, dans la collection de ses œuvres, 1776; — ANDRIEUX, *Éloge de Pascal*, 1813; — SAINTE-BEUVE, *Port-Royal*, t. II et III; — RAYMOND, *Éloge de Pascal*, Toulouse, 1816; — FAUGÈRE, *Éloge de Pascal*, 1842; — VICTOR COUSIN, *Jacqueline Pascal*, 1844; — LÉLUT, *l'Amulette de Pascal*, 1846; — l'abbé MAYNARD, *Pascal, sa vie et son caractère, ses écrits et son génie*, 2 v. in-8°, Paris, 1850; — GAZIER, *le Roman de Pascal*, dans la Revue politique et littéraire du 24 novembre 1877; — *Pascal physicien et philosophe*, Nourisson (Perrin et Cie). — J. BERTRAND, *Blaise Pascal*, Paris, 1891; — Ch. ADAM, *Pascal et Mlle de Roannez*, Dijon, 1891. — BRUNSCHVICG, *Blaise Pascal*, petit in-16, Hachette, 1897.

II. Sur les écrits scientifiques de Pascal.

DESCARTES. — *Lettres*, édit. Clerselier fils, 3 vol., 1657-1659-1667; — *Anciens mémoires de l'Académie*, t. VI, *De trochoïde*; — *Premier volume des mémoires publiés par l'Académie des Sciences*. — *Anciens mémoires de l'Académie de Saint-Pétersbourg*, années 1730-1731, t. V.

J.-A. DE LUC. — *Recherches sur les modifications de l'atmosphère*, contenant *l'histoire critique du baromètre et du thermomètre*, etc., t. I, 2 vol., Genève, 1772.

J.-F. Montucla. — *Histoire des mathématiques*, Henri Agasse, éditeur, 4 vol. (les deux derniers publiés par Lalande), t. II et III, Paris, 1799-1802.

Ch. Bossut. — *Essai sur l'Histoire générale des mathématiques*, suivi d'un discours sur la vie et les ouvrages de Pascal, 2 vol., Louis, Paris, 1802.

A. Libes. — *Histoire philosophique des progrès de la physique*, t. II, 4 vol., Paris, 1810.

D'Alembert. — *Opuscules mathématiques* (édition complète), Paris, Belin, 1821.

Deligne. — *Essai sur les travaux mathématiques de Pascal*, Dunkerque, 1865.

Carnot. — *Réflexions sur la métaphysique du calcul infinitésimal*, Paris, 1881.

J. Bertrand. — *Les lois du Hasard*, Revue des Deux-Mondes, 15 avril 1883.

J. Bertrand. — Article de mai 1890, dans le Journal des Savants, Hachette.

R. Rosières. — *La découverte de la cycloïde*, Revue générale des Sciences pures et appliquées, 20 juillet 1850.

III. Sur les autres ouvrages de Pascal.

Tirse de Molina. — *De liberi arbitrii cum gratiæ dono concordia*, 1586.)

L. P. Garasse. — *Doctrine curieuse des beaux Esprits*, 1623.

Bauny. — *Somme des péchés qui se commettent en tous états*, 1630.

Jansénius. — *Augustinus*, Louvain, 1640.

Arnauld. — *La fréquente communion*, 1643.

Caramuel Lobkowiz. — *Theologia moralis*, Francofurti, 1652.

Escobar. — *Liber theologiæ moralis*, Paris, 42° éd., 1656.

Les PP. Annat, Nouet, Brisacier, de la Comp. de Jésus. — *Réponses aux Lettres provinciales*, 1657.

Filleau de la Chaise. — *Discours sur les Pensées de M. Pascal, où l'on essaie de faire voir quel était son dessein* (publié en 1672, mais composé avant la préface d'Étienne Périer).

Ét. Périer. — *Préface (anonyme) de la première édition des Pensées*, 1670.

Nicole. — *Traité de l'Éducation d'un prince* (publié sous le pseudonyme du Sieur de Chanteresse).

Daniel (Jésuite). — *Entretien de Cléandre et d'Eudoxe*, 1694.

Craig John. — *Theologiæ christianæ principia mathematica*, Londres, 1699.

Lettre de l'évêque de Montpellier à l'évêque de Soissons, 1727.

Le Père Desmolets. — *Mémoires de Littérature et d'Histoire*, 1728.

Voltaire. — *Remarques sur les Pensées de M. Pascal*, 1728-1734.

Boullier. — *Sentiments sur la critique des Pensées de M. Pascal*, 1741.

D'Alembert. — *Mélanges de Littérature* (t. V).

Victor Cousin. — Rapport à l'Académie française : *De la nécessité d'une nouvelle édition des Pensées de M. Pascal*, 1842;
— *Étude sur Pascal*, 1844 (Perrin et Cie);
— *Jacqueline Pascal* (Perrin et Cie).

Vinet. — *Études sur Pascal*, réunies en un volume à la date de 1848, Sandoz et Fischbacher.

L'abbé Flottes. — *Études sur Pascal*, 1845.

Bordas Démoulin. — *Éloge de Pascal*, 1847.

Faugère. — *Lettres, Opuscules et Mémoires de Mme Périer et de Jacqueline, sœurs de Pascal, et de Marguerite Périer, sa nièce*, 1845.

Villemain. — *Génie et Écrits de Pascal* (en tête de son édition des *Provinciales*), 1847.

Lescœur. — *De la méthode philosophique de Pascal*, 1850.

Brunetière. — Revue des Deux-Mondes, 15 août 1879.

Gory. — *Les Pensées de Pascal, considérées comme apologie du christianisme*, 1883.

Brunetière. — *De quelques travaux récents sur Pascal*, Revue des Deux-Mondes, 1er septembre 1885.

Édouard Droz. — *Étude sur le scepticisme de Pascal*, Alcan, 1887.

Brunetière. — *Étude sur le XVIIe siècle, Cartésiens et Jansénistes*, Revue des Deux-Mondes, 15 novembre 1888.

Ravaisson. — *La philosophie de Pascal*, Revue des Deux-Mondes, 1er mars 1887.

Rauh. — Annales de la faculté de Bordeaux, 1891.

Sully Prudhomme. — *La Philosophie de Pascal*, Revue des Deux-Mondes, 15 juillet, 15 octobre, 15 novembre 1890.

J. Bertrand. — *Blaise Pascal, Les Provinciales*, Revue des Deux-Mondes, 1er septembre 1890.

Léon Brunschvicg. — *Blaise Pascal*, Paris, Hachette, petit in-16, 1899.

Giraud. — *Pascal*, Paris, Fontemoing, 1900.

E. Boutroux. — *Pascal*, Paris, Hachette (les Grands Écrivains français), 1900.

Léonce Couture. — *Commentaire d'un fragment de Pascal sur l'Eucharistie*, Lecoffre, Paris, 1899.

TABLE DES MATIÈRES

	Pages.
INTRODUCTION. — Idée du livre. — Plan....................	VII

PREMIÈRE PARTIE

BIOGRAPHIE PSYCHOLOGIQUE

1re Période, 1623-1647 : Mode d'éducation. — Découverte des 32 premières propositions d'Euclide. — Jacqueline, sœur de Pascal, et le cardinal de Richelieu. — Le *traité des coniques*. — La *machine arithmétique*. — Expérience de Torricelli. — Première conversion.. 1

2e Période, 1647-1654 : Paralysie de Pascal. — Son entrevue avec Descartes. — *Nouvelles expériences touchant le vide*. — Première idée d'une apologie de la religion. — Expériences du Puy de Dôme. — *Dissipation*. — Mort de Descartes, 28 mars 1650. — Mort de Pascal père, 24 septembre 1651. — Lettre toute chrétienne de Pascal à ce sujet. — Entrée de Jacqueline à Port-Royal. — Pascal « a depuis plus d'un an un très grand mépris du monde ». — Son activité scientifique. — Visite à Jacqueline où Pascal avoue que le monde lui répugne de plus en plus.. 18

3e Période, 1654-1662 : Accident du pont de Neuilly. — Seconde conversion. — Pascal à Port-Royal. — Lettres de Jacqueline à Pascal. — Les *Provinciales* (1656-1657). — Lettres à Mlle de Roannez. — La proposition de la *roulette*. — Mysticisme croissant. — Les « Pensées » — Les *carrosses à cinq sols*. — Pascal croit mourir en catholique... 53

DEUXIÈME PARTIE

CONQUÊTE DE LA CERTITUDE

I. — **Antinomies** : 1° Puissance de la raison.................. 78
　　　　　— 　　　　2° Impuissance de la raison.............. 87
II. — **Solution des antinomies**............................. 99

TROISIÈME PARTIE

TRAVAUX SCIENTIFIQUES

Chapitre I. — **Le physicien** : Débuts. — Inventions. — Expériences et traités... 113

Chapitre II. — **Le mathématicien** : Les coniques. — Les caractères de divisibilité. — Le triangle arithmétique et ses applications. — Le calcul des probabilités. — La roulette. — Conclusion : valeur de l'œuvre scientifique de Pascal............... 144

QUATRIÈME PARTIE

CONTROVERSE

Chapitre I. — **Le jansénisme** : Exposé et critique............ 193

Chapitre II. — **La casuistique** : Les Jésuites. — La casuistique au xvii° siècle. — Dangers de toute casuistique................ 216

CINQUIÈME PARTIE

APOLOGIE DE LA RELIGION

Chapitre I. — **Plan de l'apologie**........................... 225

Chapitre II. — **Préparation de l'esprit à recevoir les preuves**... 231

TABLE DES MATIÈRES.

 1° Contradiction et misère de notre nature.............. 232
 2° Nécessité de chercher le remède...................... 243
 3° Le remède vainement cherché......................... 248
 4° Le remède offert par la religion chrétienne........... 251

CHAPITRE III. — **Les preuves de la religion** : Son établissement. — L'âme chrétienne. — L'Écriture sainte. — Jésus-Christ. — Les Apôtres. — Moïse. — Le peuple juif. — Les prophéties. — La perpétuité. — La doctrine. — Sainteté de la loi. — Conduite du monde... 253

CHAPITRE IV. — **Préparation du cœur à recevoir la foi..** 260
 1° Purification du cœur................................. 262
 2° Application de la règle des partis................... 264

Conclusion. — Originalité de Pascal. — Pascal et le Jansénisme. — Pascal et le Pessimisme............................ 271

www.ingramcontent.com/pod-product-compliance
Lightning Source LLC
Chambersburg PA
CBHW071535160426
43196CB00010B/1773